奉书献给曾并肩奋斗
以及每一位朋友

一出手
就成交

马林 著

机械工业出版社
CHINA MACHINE PRESS

《一出手就成交》不仅探讨了销售的本质，还深入剖析了购买心理学，并且提供了实用的销售策略和方法。

前两章是客户购买和销售原理的探讨：第1章"销售的本质"通过比较拿底薪和高收入的销售人员，以及推销员与销售顾问之间的差异，来探讨销售到底是艺术还是科学。第2章"购买心理学"则揭示了决策背后的心理机制，购买行为是如何发生的，以及销售为何会遭到拒绝。

中间两章给出了具体的策略和步骤：第3章"销售的三个阶段"详细阐述了销售过程中建立联系、推介方案和促进决策的三个阶段。第4章"成交的六个步骤"具体介绍了从初次沟通到最终锁定胜局的详细流程，包括起式、虚实、出招、大招、后手和收式。

最后是从销售管理的视角，探讨如何批量复制销售冠军，如何整体提升团队的销售能力。第5章"从销售到管理"则是为那些希望提升到管理层的销售人员准备的，提供了"三段六式"的落地策略，以及销售管理的建议和销售经理的日常运作。

本书是一本实用性很强的销售指导手册，适合不同层次的销售人员和销售管理者阅读和参考，旨在帮助他们提升个人能力，实现销售业绩的飞跃。

图书在版编目（CIP）数据

一出手就成交 / 马林著. -- 北京：机械工业出版社，2024.8. -- ISBN 978-7-111-76263-8

Ⅰ．F713.55

中国国家版本馆 CIP 数据核字第 2024FV8392 号

机械工业出版社（北京市百万庄大街22号　邮政编码100037）
策划编辑：解文涛　　　　　　　　责任编辑：解文涛
责任校对：王小童　张雨霏　景　飞　责任印制：张　博
北京联兴盛业印刷股份有限公司印刷
2024年9月第1版第1次印刷
170mm×242mm · 17.25 印张 · 3 插页 · 244 千字
标准书号：ISBN 978-7-111-76263-8
定价：69.80元

电话服务　　　　　　　　　　网络服务
客服电话：010-88361066　　　机　工　官　网：www.cmpbook.com
　　　　　010-88379833　　　机　工　官　博：weibo.com/cmp1952
　　　　　010-68326294　　　金　书　网：www.golden-book.com
封底无防伪标均为盗版　　　　　机工教育服务网：www.cmpedu.com

推荐序一

销售的创新

创新是企业在竞争激烈的市场环境中保持持续竞争力的关键。在当前的经济环境下，全球经济增长放缓，地缘政治紧张，大国竞争加剧，市场需求不振，全球供应链正在剧烈地重组。在这种情况下，企业作为市场经营的主体，面临着残酷的存量竞争，陷入持续的内卷。因此，创新显得尤为重要。

创新不仅仅局限于重大技术突破或引领行业变革。实际上，创新包括技术创新、模式创新、市场创新，以及管理创新等多种维度。对于广大企业来说，持续投入研发，提高产品竞争力固然是创新，更是企业的核心竞争力，但研究新的管理模式和优化企业流程也是创新的重要组成部分。

除了大力投入研发，改进产品技术，企业的创新也可以体现在探索新的商业模式，以适应市场变化。例如，销售模式从产品售卖转为产品订阅、产品方案打包，从交钥匙的交付转型为共担风险、共创收益的销售模式。企业还可以通过优化管理流程、引入新的管理工具，从而提高决策效率和质量，提高资源使用的精准度，最终提高企业的运营效率和销售转化率。

我长期从事管理学研究，创新管理是我重点研究的课题。二十多年前，我在浙江大学竺可桢学院任教的时候，马林曾经是我的半个学生，旁听过我的课程。如今，这位"蹭课"的同学在海内外互联网产业工作多年，并成长为了一名用户增长和营销专家。他把理论学习与自身的工作实践相结合，凝结为个人的知识体系后，写出了这本销售及销售管理的工具书。我发现本书颇有可圈可点之处。

推荐序一 销售的创新

第一，这本书不只是一本销售经验的实战手册，还涉及了对销售理论的探索。

书中的观点主要提炼自马林的工作实践，但难能可贵的是，这本书也进行了比较广泛的理论探讨，多个心理学、管理学、组织行为学的经典理论都在他的销售体系中得到了具体应用。在介绍销售方法论和技巧之前，作者对消费者决策的心理、购买的心理、犹豫的过程，甚至拒绝的心理做了细腻的分析。看来马林同学对二十多年前在我们学院或选、或蹭的一大堆课程并没有忘记。

而在方法论的介绍中，作者搭建了自己的销售理论框架，按照客户的心理状态，把销售过程分了三个阶段：建联、推介、关单；又把销售行为分解为六个步骤：初次沟通、明确需求、推介方案、关单逼单、止损保温、锁定胜局。行文结构清晰，节奏环环相扣，名字起得也非常接地气，各种招式和口诀，朗朗上口。

相信本书不只对销售从业人员有所帮助，从产学结合的角度，对销售管理理论的研究人员如何推动理论落地，也有很大启发。

第二，这本书不只是一本销售业务的工具书，还是一本销售管理之作。

虽然作者聚焦于讲解销售技巧和方法，出发点都是如何提高销量，但作者目前也在经营一家企业，可以站在企业管理者的视角看待销售。销售不只是一个岗位，也是一个企业职能，企业经营管理者需要关注的是如何通过管理创新、流程创新、组织创新，在企业整体范围内实现所有销售人员的高绩效表现，以提高企业竞争力。

尤其是第4章中提到的"线索的全生命周期管理"理论令人耳目一新，对于销售线索实现了高度精细化的管理，体现了对企业资源的体系化利用，是比较典型的业务流程创新，必定可以带来生产效率的提升。

而最后一章"从销售到管理"则搭建了一个微观管理模型，非常具体地描述了一个销售团队的过程管理和目标管理，把深奥的管理理论拆解成了一个个具体的管理动作，让基层的销售管理干部可以非常轻松地理解并接受。

第三，这本书把创新的精细化运营理念注入了传统的销售领域。

精细化运营思想始于互联网的兴起，底层驱动力是大数据的爆发。精细化运营之所以精细，因为它是高度数据驱动的：所有的业务过程数据、用户数据、市场数据都可以被企业获取并充分利用，企业的管理人员可以通过数据的深度挖掘和分析，获取很多有价值的信息，比如：

- 企业对市场和用户有了深刻洞察、对历史趋势有了精准分析后，可以更精准地定位产品。
- 企业充分了解用户的购买倾向、需求阶段、消费能力等特征画像后，可以对用户进行千人千面的精准营销。
- 企业充分把握了用户的使用习惯、偏好后，可以为其匹配对应的服务，极大地提高用户体验。

销售是一个古老的行当，广泛存在于各种组织形态中，是所有企业必不可少的职能。在传统的理解中，销售更多的是靠人与人的关系驱动的，销售的核心价值是产品和服务，而运营在销售过程中的角色是非常边缘的，甚至是非常单薄的。

但是作者提出一个新颖的观点：销售运营不仅仅是一个支持岗位，也不只是为管理者提供销售报表，而应该成为企业的销售工程师。负责销售运营的销售工程师应该帮助企业设计销售流程和策略，包括线索的全生命周期策略、销售 SOP、销售管理 SOP、销售 CRM，甚至是销售的薪酬激励制度等。这个观点对于管理学研究人员以及企业管理者也颇有启发。

希望马林同学能够在销售及销售管理的研究道路上持续努力，持续精进，持续产出。

是为之序，以飨读者。

陈劲

清华大学技术创新研究中心

推荐序二

一次出手所需要的时间与空间

一出手就成交？一开始听到这句话，我的内心是有疑虑的。我一直相信与客户建立长期信任的重要性，纷享销客的价值观也是"以客户的成功定义成功"，这是一个长期陪伴的过程。一出手就如何如何，这听起来像是爽剧中"霸道总裁"的情节，但看完马林这本书，我打消了疑虑。

马林在生活中不是"霸道总裁"，在书中的人设更不是。这些年来，他在中国和海外市场接受多元文化的浸润，跟跨国巨头交锋，也和街头司机称兄道弟。他既是脚踏实地的登山者，也能"一览众山小"地给出远景判断。他的身上积累了不少"穿越周期"的经验。

马林以理性与人文兼具的视角，通过销售与运营的融合，时间与空间的谋划，让我们得以窥见"一出手就成交"的奥秘所在。

销售方法与运营思维的结合，是马林这本书和很多销售类畅销书最不一样的地方。

十年销售，十年互联网运营，正如马林所说，能在这两个岗位上切换的人不多。一般人觉得，销售是跟人打交道，运营则是跟数据和表格打交道。一个在前一个在后，两者的能力模型看起来不一样，销售部门也要把销售岗和销售运营岗分开设置。

但其实，两者的底层有不少相通的地方。销售人员如果懂得市场预测，能从数据中看到趋势与机会，能基于数据来进行客户运营，优化客户管理，其职业发展就可以走得更远；而运营人员如果能够洞察人性、善做交易，其工作成果必定和纯粹的"数据分析师"大不一样。

销售人员如何做"时间与空间的谋划"则是本书的另一大看点。

对于企业级产品而言，销售人员从拿到线索到最后成交，必然经历繁复的过程。关于成交率的数据，不同的行业差异极大。但是在当今竞争激烈的市场环境中，成交率低是大家都有的共识，这既导致了巨量的资源浪费，也让很多从业人员劳累且缺乏成就感。

要改变现状，我们需要重新做"时空规划"。流程的价值之一在于搭建共同工作的空间，同时保证大家不会"错失良机"。我们做 CRM 系统，也是在帮客户落地一套流程和最佳实践，构建从线索到回款（LTC）的一整套体系，用数字化的方式让整个流程"提质增效"。

书中把客户需求生命周期划分为了起念、寻源、权衡、明确四个阶段，强调需要一套成熟的销售流程，让销售人员在客户寻源或者是权衡阶段就参与进去，持续产生影响，这就是时间规划的重要性。

至于空间规划，则事关如何在与客户互动的场域中，酝酿出达成交易的化学反应。空间即情境（Context），不管是做销售还是做管理，塑造情境都是至关重要的能力，信任的构建，往往也是情境之下的产物。本书的有趣之处在于，对于这一部分的论述，既有体系化的"三段六式"，也有从人文与心理角度催化信任的心法。"神明在现场，魔鬼在细节"，如果你想了解里面的门道，不妨多看看书中的论述。

最后再多说一点，看这本书，也会对我们找到高质量增长之路有所启发。创新来自于跨界，增量来自于存量之外，当下一些行业和企业都面临着内卷的困境，我们需要拥有马林这样的跨界思维，"跳出销售看销售"，"跳出行业看行业"，这是我们找到新增长点的关键。

罗　旭

纷享销客

前　言

▲
我为什么写这本书

在整个职业生涯中，我走过了十年的**销售**之旅。大部分时间我在做一线销售顾问，而最近几年，我的工作重心放在销售管理和销售体系搭建上面，帮助公司搭建销售和供应链体系。

在十年的销售生涯中，我从事过多个销售岗位，包括：大客户销售、渠道销售、零售等。我卖过 IT 设备、ERP 软件、咨询服务、技术服务、广告等企业级解决方案，也带领团队从事过汽车租售、金融信贷等业务。甚至在大学期间，我就尝试在宿舍区的每一栋楼去地推，向刚刚入学的大一新生兜售电话卡、文具等日用品。

我也接触过各行各业的客户，他们的业务属性有着天壤之别。我曾经把大型项目和软、硬件系统卖给电网公司、电力集团、跨国企业、大型互联网公司、汽车主机厂等巨型客户；我和团队也接待过一个个想要买车、租车的网约车司机师傅。

我曾是新人，入行时和所有新人一样青涩，面对客户和突如其来的竞争，也曾经手忙脚乱，甚至束手无策。我赢过巨大的订单，做过销冠，获得过高额的奖金，我的业绩曾经长期排名第一，并且我也曾几年内连续获得晋升。我也曾经长期不开单，领过 PIP（业绩改进计划），濒临被"优化"的边缘。一个销售可能会经历的，我都完整经历过。

为了做好销售这份工作，我读过大概几十本销售类的书籍，其中有偏理论的大部头教材，这些书几十年前就是大学里市场营销专业的教科书了；也有好几本有关成功销售的人物传记，他们通过自己娓娓动人的故事，为读者提供了强大的情绪价值，为销售人员注入了能量；还有各行各业的销售实践，提供了很具体的销售实操方法；甚至还有好几本以销售为题材的小说，每个行业的销售都有着各自不同的精彩实战内容。但让我受益最大的是几本与销售息息相关的心理学书籍，它们让我理解到：所有的行业、所有的销售岗位、所有的销售层级，不管卖什么东西，其实万变不离其宗，背后都是客户需求在驱动，驱动客户对销售、对产品方案的信任度不断提高，最终瓜熟蒂落，做出购买决策。

除了十年的销售经历，我还有十年的互联网从业经历。在我的职业生涯中，我还有另外一个身份——**互联网运营**。

我是中国移动互联网、O2O 领域比较早的一批运营经理，做了五年一线业务，主要工作就是运营移动出行平台，运营的对象包括：用户、司机、平台等。我每天的工作就是开发渠道、搭建模型、预测增长、做各种 AB 测试、计算投入与产出、计算 ROI、设计流程、优化流程……

我有幸经历了十年的互联网辉煌期。在这十年中，互联网行业充分享受了中国经济的发展红利、人口红利、工程师红利、通信技术红利、基础设施红利、资本红利等各种红利，经历了一个极度繁荣的时期：电商、社交、游戏、O2O、信息流、短视频、Fintech、在线教育、区块链、Web3 在短短的十年内接连爆发，令人应接不暇。

也正是享受了时代的红利，各大互联网公司有了充足的资本作为弹药发起了一场场的大战："百团"大战、电商大战、打车大战、短视频大战……在这个大背景下，补贴成了增长的最主要驱动因素，而为了最大化投入产出比的运营岗也应运而生。运营是一个高度数据驱动、策略化、精细化的工作。

在一线运营工作中，经我亲手策划、设计、配置、审批的金额高达几亿元，包括各种补贴、奖励、优惠券、折扣等。

我们以发优惠券为例，运营人员需要研究如何发券才能撬动更多的用户购买。如何发券包括：券的类型（折扣、现金、满减等）、数量、金额、条款、使用场景、目标用户。而用户行为包括：注册、购买、加购、复购、推荐等。我们一般不允许运营人员在配券的时候自由发挥，那往往意味着巨额资金的无效使用。

运营工作都是在一个标准化的框架内进行的，用一个被证明最佳的模型去操作，以确保撬动更大的用户回报，避免无效的资源投入。就算是要创新，也必须首先进行小样本量的 AB 测试，推广之前也要进行灰度测试。

十年的销售经历叠加十年的互联网运营经历，这种情况是非典型的，运营、销售两者似乎都有结界，但鲜有跨界。销售转运营非常稀有，会面临很多从业技能上的短板，包括：体系化思考能力、框架性思考能力、模型搭建能力、数据处理能力等。

而运营转销售也困难重重，对于运营人员来说，做销售需要一天到晚和人打交道，面临太多的拒绝和挫折，令人心力交瘁。相较于销售人员，运营人员往往依赖协作，单兵作战能力不足，面对最直接的竞争时，缺乏一些冲劲儿和韧性。

我非常珍惜销售和运营这两类工作经历。销售是一门高度以人为本的学问，研究人的心理和感受，并且需要从业者有较强的心理素质和同理心。如果销售属于"文科"，那么运营就是典型的"理科"。运营需要把用户的行为公式化、模型化、流程化，通过纷繁复杂的数据，在多样的用户行为中发现用户的行为规律，以可控的投入获取可预期的产出。

正是因为运营与销售两者巨大的差异，鲜有人尝试跨界，跨界成功的人更是凤毛麟角，所以我才想写这本书：希望从运营的角度来解释销售，把销售过程公式化、模型化、流程化，发现客户的购买规律，用最小的成本促进成交。

除了销售顾问、运营经理这两个角色，我还是一个**管理者**。我承担过非常多而复杂的管理职责：

我管理过销售团队，也管理过运营部门。

我管理过几十个兼职的大学实习生，也管理过上千个全职的销售人员。

我管理过扁平的创新、开拓型组织，也管理过层级众多的金字塔形组织。

我管理过单一业务，也管理过综合业务。

我管理过一个城市的业务，也管理过一个国家的业务，还管理过多个国家的业务，甚至横跨了多个大洲和文化圈。

我作为一个土生土长的中国人，管理过发展中国家的人，也管理过发达国家的人。

管理者这个角色对我非常重要，多元化的经历也让我有了更多的体验和洞察，也让我有了更丰富的视角。我们需要跳出销售看销售，跳出运营看运营，甚至是跳出公司看公司，跳出行业看行业。我希望这本书能够帮助销售人员从更高和更广的视角来看待自己的工作，从而给他们带来新的思考、新的收获。

我希望销售人员不再漫无目的地尝试，不再被动地请求，不要在一次又一次的拒绝中耗尽自己的热情。我希望每个销售人员都能够享受自己的职业生涯，每个销售人员都能成长为销售冠军，每个销售管理者都可以在团队批量复制销售冠军。我希望所有的销售人员都可以**"一出手就成交"**。

本书出自一个**销售老兵**，一个曾经的销冠，来自于他多年、多个行业、多类型客户打单的实践和经验。

本书出自一个**运营经理**，用互联网运营的思维模式去搭建一个销售框架，把成功的销售经验公式化、模型化、流程化，使用体系和流程要求每一个销售按照销冠的标准要求自己，从而都能够成为销售冠军。

本书出自一个销售体系的搭建者，一个公司的**管理者**。管理好销售，功夫却在销售之外，在薪酬激励制度，在组织、文化建设，在信息系统建设，在战略和目标的设定……

用信息系统支持销售流程，让销售的过程在信息系统中留痕，尽可能获取更多的销售过程数据，对从线索到成交的每一个环节进行精细化管理，包括线索的全生命周期管理、商品运营与销售匹配策略、销售分层与激励的策略等，并且用运营的手段持续进行优化。

书中会有一些模型，但都以极其简单的图形进行展示；会有一些流程设计，但都是单线程的示意，节点不超过五步；也会有一些"策略"，但都是以"如果……，那么……"这种单句形式存在的。书中没有数字，就算有，也是展示用的，读者可以不用看。我力求用高可读性的方式，写一本尽可能严谨的标准销售作战手册，来帮助各位销售及销售管理者。

虽然书店里的营销书籍汗牛充栋，营销界群星闪烁、人才辈出，但我依然觉得有必要写这样一本书：

一本用科学的方法解构销售打单过程的书。

一本用科学的体系搭建销售管理框架的书。

一本基于实战，帮助销售提升技能和业绩的工具书。

一本方法论和理论扎实，横跨不同行业却又通用的销售教科书。

在上大学的时候，我用的很多教材就是由机械工业出版社出版的。在我心目中，机械工业出版社代表了硬核知识和专业严谨。本书能够由机械工业出版社出版，对我来讲是一种至高无上的荣誉。如果本书的理论和体系能略有一些学术价值，能够对业界的学者和专家略有一些启发，我将更加不胜荣幸。

也谨以本书献给我的团队，包括一直在支持着我的团队，以及曾经支持过我的团队，希望你们有更好的职业生涯，希望你们得偿所愿，希望你们"一出手就成交"。

目　录

推荐序一　销售的创新
推荐序二　一次出手所需要的时间与空间
前　　言　我为什么写这本书

第 1 章　销售的本质 ... 001
　　第 1 节　底薪 3000 元和月赚数万元 ... 002
　　第 2 节　推销员和销售顾问 ... 003
　　第 3 节　销售是艺术还是科学 ... 006

第 2 章　购买心理学 ... 013
　　第 1 节　决策是怎么做出的 ... 014
　　第 2 节　购买是如何发生的 ... 022
　　第 3 节　销售为何被拒绝 ... 032
　　第 4 节　成交三定律 ... 049

第 3 章　销售的三个阶段 ... 055
　　第 1 节　阶段一：以友好建立联系 ... 059
　　第 2 节　阶段二：以理性推介方案 ... 066
　　第 3 节　阶段三：以感性促进决策 ... 070

第 4 章　成交的六个步骤　　… 073
第 1 节　初次沟通（起式）　　… 076
第 2 节　明确需求（虚实）　　… 109
第 3 节　推介方案（出招）　　… 133
第 4 节　关单逼单（大招）　　… 158
第 5 节　止损保温（后手）　　… 180
第 6 节　锁定胜局（收式）　　… 191

第 5 章　从销售到管理　　… 199
第 1 节　"三段六式"的落地　　… 201
第 2 节　几条销售管理的建议　　… 204
第 3 节　销售经理的一天　　… 224

附　录　销售法则 80 条　　… 249
购买心理学　　… 250
销售的三个阶段　　… 252
成交的六个步骤　　… 253
从销售到管理　　… 258

后　记　　… 260

第1章　销售的本质

第 1 节　底薪 3000 元和月赚数万元

我在一家车辆销售公司任总经理，该公司的目标客户为网约车司机，主要业务是车辆的销售和租赁，以及通过新媒体运营对车辆进行品牌推广，并且获取销售线索。团队的主要成员包括上千个一线的销售人员。他们中的很多人我都认识，尤其是销售冠军，更加令人印象深刻。在行情好的年份的旺季，有人可以在一个月之内签订近百个销售订单，包括车辆租赁、车辆销售、二手车处置等，销售人员的月收入可高达数万元；但是也有垫底的销售人员曾经三个月不开一单。

我曾经在一年之内走访了 32 个城市的销售门店，与 100 多位销售经理和业务员进行了交流，交流内容包括：旁听他们打电话给客户、在客户到店之后陪着他们一起谈客户，或者直接访谈他们，甚至是听取他们的工作汇报……因为我一直在寻求一个问题的答案，这个问题我思考了很久——同样的工作岗位，同样的市场行情，同一个城市，为什么一个销售顾问的收入是另一个销售顾问收入的几十倍？

他们两个人看起来明明是如此的相似，相似的年龄和背景，相似的工作时长，相似的工作能力，跟客户聊起来都是同样的滔滔不绝。

对于这些成功的销售人员，问起他们成功的经验，每个人给出的答案都不尽相同。

有的人天生看起来就比较漂亮、英俊、朴实、诚恳、踏实、乖巧，容易取得客户的好感，销售转化率超高；

有的人人脉很广，擅长交朋友，客户推荐源源不断；

有的人擅长运营流量，抖音、快手、小红书、BOSS直聘等各种平台的账号都玩得很溜；

有的人业务知识非常丰富，是一个百事通，客户有事就找他咨询；

有的人超级勤劳，有的人非常聪明……

《安娜·卡列尼娜》中有句著名的开场白：

幸福的家庭都是相似的，不幸的家庭则各有各的不幸。

这句话非常有道理，不仅适用于婚姻家庭，也适用于很多其他领域，如销售。

成功一定不是因为某些单一因素做得非常好，一定是弥补了可以导致失败的短板，失败的因素可以有很多，可以是任何一条木板出了问题，只需要一个破点，就会让木桶漏水。正如木桶的各条板子都严丝合缝、长短一致，才能成就一个可以装水的木桶。

本书希望探讨的就是：成就一名销售冠军，需要几条板子？

销售不应该成为靠禀赋吃饭的行当，大客户销售、解决方案销售的门槛较高，可能需要较强的专业背景和人脉资源，但零售、电销行业也不乏一些资质平平、出身普通的朋友，他们取得了非凡的成就，获得了高额的收入。所有的成功背后是否有些共通的东西，可以被快速理解，并且复制，从而帮助更多的销售朋友成功，这是本书想要探讨的。

第2节　推销员和销售顾问

出差的时候，我们在火车站经常会遇到发送各种小卡片的地推人员，他们开门见山："住宿吗？""打车吗？""办卡吗？"……

他们没有太多时间和客户建立友好的连接，客户总是脚步匆匆；

他们也不需要挖掘客户需求，只要客户出现在那个场所，大概率会有相关的需求；

他们直入主题，推出自己的产品和服务，他们不怕吃闭门羹，不怕客户粗暴的拒绝和冷漠的回应，大不了再去问下一个人。

这种以产品和服务推介为中心的销售方式，被称为"推销"；与之对应的则是以客户为中心的"顾问式销售"。

	推销	顾问式销售
自我定位	推销员	专家/顾问
目的	售卖产品	解决问题，长期合作
销售动作	不管对方是否有需求，进行告知、说明、解释，并请求购买	建立信任，识别需求，引导行动，解决问题
销售策略	大面积覆盖，大量重复，低转化率	精准定位客户，高转化率
收入水平	低	高

我并非贬低推销，推销也是有价值的，尤其场景地推是很多公司常用的销售方式。

推销员在低转化率、高流动性的销售场景下，追求大的客户基数。在特定的场所明确地告知潜在客户自己的来意，如果客户有意向甚至不拒绝就继续介绍产品，如果客户有问题和异议，他们也有相应的话术进行应对，最后期待成交。推销适用的场景往往满足下面三个条件：

（1）需求相对明确。

（2）单个订单的销售时间较短。

（3）线索充足。

我们以在火车站推销住宿、打车、办卡等各种服务为例：

（1）目标客户都是旅客，对于住宿、打车、商旅会员很有可能有潜在的需求。

（2）客户的脚步几乎不会为他们停留，他们必须用短短的几秒钟完成销售的过程，所以他们也没有时间做销售的前期准备工作，如建联、挖掘需求等。

（3）他们简单、粗暴的销售转化率很低，但是潜在客群数量也巨大，流量充沛，线索充足，他们不必守着一个潜在客户耗费太多时间。

我自己也做过推销员。在初中的时候，每到过新年，我就会提前从小卖店买几十甚至几百张贺卡，这样就可以让老板便宜点，然后在学校里以原价卖给同学，每张能赚几毛钱。这就是一种典型的推销，场景就是新年前的校园，当年大家都有互送贺卡的习惯，挨个班级推销一遍非常快速。

我在大二的时候给刚刚入学的新生推销过文具和生活用品。新生入学的时候，行李中往往不会打包太多低价值的东西，如衣架、抽屉锁、肥皂、笔、纸等，但是一入学这些东西就会用到，于是我也曾经去市场批发了一批这种小商品，去新生的宿舍楼一个一个地推销。

但是推销有个很大的问题，就是推销员这份工作进入门槛非常低，销售技术含量低，所以推销人员的收入也很低，同时工作也非常辛苦。推销员不是一个好的职业发展方向，所以希望所有的销售人员都有机会成长为"顾问式销售"。

与"推销"以产品或服务为中心不同，"顾问式销售"则是以客户为中心的。销售顾问基于与客户建立的信任，抽丝剥茧地挖掘客户的需求，从而有针对性地呈现相应的解决方案，推介产品或者服务。在交易达成之后，销售顾问会十分重视关系的维护，以期与客户达成更深、更广的合作。

商品和服务的价值越高，决策越慎重，就越适用"顾问式销售"，对于企业级的产品和服务，大都适用"顾问式销售"。

二手车交易市场的销售人员会站在路边进行推销，拍每一辆路过的车辆的引擎盖，或者拦住经过的路人，问："卖/买车吗？"

但是豪华车4S店的销售人员绝不可能拉住每一个进店的客人，追问他："买车吗？"

主机厂的大客户销售经理也不会打电话给资产管理公司的老板,上来就问:"买车吗?"

不幸的是,很多销售人员本来应该成为"顾问式销售",但依然像一个推销员一样去联系客户,然后一次又一次地被拒绝。

本书的定位是面向"销售顾问",帮助读者掌握"顾问式销售"的方法论,从而让自己的职业生涯有更好的发展空间。如果没有额外说明,本书中所有的"销售人员"都是指"顾问式销售"。

除了推销,还有一种销售模式,我们称之为"关系型销售",本书的方法论也未必完全适用。

当销售的产品与竞品完全同质化的时候,销售人员就很难定义自己为"销售顾问",因为产品既然同质化,买谁的都一样,没有什么好顾问的,那就只能拼谁的关系硬。

"关系型销售"和"顾问式销售"在客户建联阶段的道理是相通的,但因为产品同质化,所以产品方案的价值就不再是核心竞争力了,在推介方案阶段我们强调的重点就不太适用。

如果你做的是"关系型销售",销售完全同质化的产品,那么我希望你有一个好酒量、好口才,希望你深谙人情世故,也希望你的公司可以把产品的成本极致地压低,给你留有足够的空间杀价格,这才是"关系型销售"的核心竞争力。

但是,我也希望本书的理论对你的工作有所启发。

第 3 节 销售是艺术还是科学

销售是为了让客户为销售人员推荐的产品或服务买单,销售人员推介的产品或服务可以是任何东西,有形的,无形的,可能是:货物、解决方案、服务、体验、情绪价值……

客户所支付的成本也不一定是金钱，当然最有可能的是金钱，也有可能是投票、喝彩、点赞、关注并成为粉丝（以后也有可能会掏钱）……

这里有个非常著名的故事，讲的是让客户掏钱购买情绪价值。

第一幅图：一个盲人坐在街头乞讨，他立了一块牌子，上面写着"我是盲人，帮帮我！"。但路过的人很少为之驻足，更少施以援手。

第二幅图：一个好心人路过，决定帮助这个可怜的盲人，于是拿过他的牌子，准备帮他修改一下。

第三幅图：这句文案的修改效果立竿见影，每个路过的行人都会为之驻足，并施以援手。那句神奇的文案是什么呢？

牌子上面写着——今天真美丽，可惜我的眼睛看不见。

盲人乞丐销售的是自己悲惨的故事和人设，如果路人愿意为这个故事买单，就可以获得同理心的满足。牌子上面的那段文案其实就是销售话术。盲人乞丐收到的施舍显著增加，话术起到了决定性的作用。

那么：文案，是艺术，还是科学？

艺术，可以触动人的内心，但更多的是一种灵感驱动。"今天真美丽，可惜我的眼睛看不见"，这个话术触动了路人的心灵，触发了他们的同理心。"他真的好惨啊！真的好可怜！相对这个可怜人，我多么幸福啊！"有了这种想法，路人就会停下来，手掏向口袋，一次支付决策就完成了。这其实也是一次购买，支付了几元钱，购买了同理心的满足。

我们的目的是让所有销售人员都成为销冠，但艺术有更大的随机性，很难批量复制。文案作为一种文学形式，是否有规律可循？

科学，则遵循严谨的客观规律，满足一定的条件，就会再现，可以批量复制。如果销售是科学，话术是科学，那就有成功的模式，可以被批量生产。

有些大师级销售人员的销售简直是艺术，说的比相声还好听，说的比唱的还动听,我就喜欢和这些销售人员聊天。销售人员口吐莲花,客户听得心神荡漾,心甘情愿地买单。我尝试为大家把成功销售的科学性部分抽取出来,标准化,从而广泛复制,让所有的销售人员都能成为销售大师。

在从业生涯中,我有幸服务过众多客户,为他们提供广告营销、销售代理服务。这些客户很多都是销售型组织,他们一直在探索如何提升销售能力。在本书成书的过程中,我访谈了很多优秀的销售管理者,曾经拜访、暗访过很多销售门店,同各个行业的销售人员有过较多的交流,学习到很多。

汽车经销商是其中的佼佼者,它们积累了多年的经验,无论是在销售门店管理还是销售SOP(标准操作流程)上,都有非常多值得我们学习的地方。

而随着新能源汽车的崛起,很多主机厂开始铺设直营门店,它们预算很充足,组织和人才有厚度,直营销售的发展非常迅速,贡献了客观的销量。但是,它们在管理精细化水平上也不尽相同,这也是我们需要关注和学习的地方。

资产管理公司、租赁公司主要以资产运营为主,销售主要靠租赁订单,销售不是它们的强项,它们更多地依赖市场上的中介渠道触达客户,营销费用也一直居高不下,随着市场竞争越来越激烈,它们更多地希望发展直营销售能力,从而降低销售成本。这是它们的挑战,也是它们的机会。

此外,在IBM、SAP的工作经历也让我有幸服务过很多零售行业的客户,包括消费品企业、服装企业、商超等,回顾之前的行业经验,我也有良多启发。在本书成书的过程中,我也借消费的名义在很多销售门店访谈了店员、店长,也借鉴了很多他们的销售体系搭建的经验。

在吸收同业优秀经验的同时,我也发现了很多可以改进的空间。

我在同一家4S店问了几位不同的销售人员:某款车A和直接对标竞品B相比,有什么优劣?几位销售人员回答了不同的要点,有人说价格、有人说服务、有人说品牌、有人说某些具体的功能……而与竞品的直接对比需要统一话术,集中培训,并且通过考试确保知识的掌握,不应该任由销售人员凭自己的理解自由发挥。千人千面的回答反映出销售管理中存在的不足，关键销售话术没有标准化。

另外一次经历也很有趣。在广州的某条路上有并排的两家4S店，都是大型综合门店。我早上九点多去看它们如何开晨会。其中一家是新势力车企主机厂的直营客户中心，装修非常新，充满了互联网风格。但是九点半了销售人员才陆陆续续到，着装也不太统一，十点多才准备好可以试驾。我借口等了很久不太满意，要求见店长，但店长十点半才到。

而另外一家老牌主机厂的4S店是一家加盟店，老板九点就早早地来到店里，带领员工打扫卫生，开晨会，宣布一天的销售目标，喊喊口号，给员工打气。到了十点多店里开始忙碌起来。

两家店的销量不可同日而语，也许并不只是产品力的区别。在看不见的时段和地方，对比极其强烈，它们背后的管理体系、激励机制有着天壤之别。我希望可以整合多年的销售经历、销售管理经验、销售体系搭建的经验，也帮助我的客户都能成为企业中的"销售冠军"。

一个销售人员，不能靠天赋吃这碗饭；一个企业，也不能靠天赋去销售。作为企业的销售管理者，我们不要抱怨产品力，因为这是我们决定不了的客观因素。对于销售人员来讲，产品是一个公司的"天赋"，是一个销售人员无法改变的常量，而销售人员只能改进自己的销售技能，销售部门只能改进自己团队的销售能力。

同样，企业销量的提升也不能依靠巨大的营销预算。很多企业砸钱做广告、铺渠道、开门店，大力也许会出奇迹，但一定不持久。这一定会抬高企业经营成本，造成亏损，也不见得能够打开销量。没有销售体系的沉淀，没有组织能力的提升，这种销售规模带来的增长就是无根之草、无源之水，当预算被迫削减的时候，销量一定会大幅度下滑。

一个企业的销售能力不是靠几个销售团队撑起来的，更不是靠个体销售人员撑起来的。很多公司看起来业务规模不小，但就靠几家门店养活着，并且很多门店的销售冠军可以贡献近一半的销量，很多公司的业务骨干可以掌握公司最重要的客户资源，从而裹挟了整个公司的经营，这也是不健康的。

企业应该把销售部门打造成一支正规军，一支有纪律的队伍，而不是一群啸聚山林、靠利益绑定在一起的乌合之众。

企业应该把销售部门打造成一个能够新陈代谢、生长迭代的有机体，而不是靠巨额预算和投入养着的"雇佣兵"。

企业的销售部门应该依靠 SOP、CRM（客户关系管理系统）、激励政策、管理制度去发掘销售冠军、复制销售冠军，把每个人都变成销售冠军，而不是把公司的业务托付给几个"游侠"式的销售冠军。

我曾经跟一位广告行业的销售负责人有过交流，她是一个大的广告平台的销售副总裁，她曾向我表达了自己的困惑：

我们的目标客户是广告预算规模为百万元的企业客户，需要跟企业老板直接谈，但这种客户的老板都是身价上亿元的企业家，我们的销售人员都是资历尚浅的年轻人，不管是行业经验，还是谈吐气质都很难打动客户。我们如何招募更高段位的销售人员？或者如何培养出段位更高的销售人员？

我当时的回复是：我们永远不可能招到和这些企业家客户同一个段位的销售人员，我们也永远不可能把销售人员培养成和企业家客户同样的段位。

首先，到达这么高段位的销售精英凤毛麟角，这对招聘和薪酬提出了巨大的挑战，一个规模化的企业不可能依靠少数几个精英来撑起自己的业务，这不现实。

其次，就算公司有几个高段位的销售精英，可以搞定几个大的企业客户，这样的业务也有很大的不确定性。精英的离开，对业务是毁灭性的；甚至精英的情绪波动，对于业务的打击都是沉重的。

一个销售人员一旦达到了企业家的段位，有了企业家的认知水平，他很有可能会选择自己成为企业家，而不是继续做销售。不留存，会对业务产生巨大的冲击；如果要留存，留存成本有可能会超过在职产出。

我的建议是：

你的销售顾问肯定无法达到企业家客户同样的段位，不要有这种不切实际的期待。销售顾问无法凭自己的行业认知和解决方案提供能力去打动客户，但是公司作为一个整体是可以的。公司有从业多年的资深销售管理人员，有丰富的行业经验、解决方案提供能力和客户资源。客户也许不会因为你的销售顾问而倾心折服，但是如果你们公司是一个非常有实力的广告平台，那客户无不心生向往。

我们不应该依靠销售个体的力量，而是应该依靠公司的力量；我们不应该靠销售人员去打动企业家，而是应该靠企业家去打动企业家。而销售顾问是公司的代表，是企业家的分身。

我们可以穷举广告行业中客户遇到的所有问题，分门别类、归纳总结，并且给出标准化的解决方案，然后把整个打单过程标准化，制定成销售SOP。这样，每一个销售人员就不再是那个"资历尚浅的年轻人"，而是成了这个大广告平台高管的分身；每一个销售人员的表达也不再代表他自己的认知水平，而代表了他所属公司的行业地位。

所以，这个问题的简单回答就是——销售SOP，即标准销售流程。

在一个销售型组织里，SOP、CRM、激励机制、管理制度、文化建设等都是非常重要的课题。本书专注于销售打单的过程，而这个过程对于管理者而言，也是一个标准作战流程，希望能对各位企业销售管理者有所启发。

第2章 购买心理学

第1节 决策是怎么做出的

本章的标题是"购买心理学",旨在探讨客户的购买心理,但在此之前,我们先谈谈客户如何做决策,这对于购买的行为至关重要。

人的购买行为是非常矛盾的:

有人购买香烟,有人购买戒烟产品,也有人购买了戒烟产品之后还会继续抽烟。

有人酷爱甜食和油炸食品,过一时的嘴瘾;有人对身材的要求很高,花钱去减肥,甚至要遭很大的罪,包括节食、吃药、健身,甚至抽脂。但奇怪的是也有人一边花钱减肥,一边大量地消费让自己更胖的食物。

这些购买行为如此的对立,但最不可思议的是这些做着相互矛盾的事情的人,都是同一个人。为什么人如此的撕裂?是什么让同一个人做出截然不同的决策?为什么同一个人会有完全相反的消费倾向?

这些看起来完全矛盾的消费行为,是两套非常撕裂的决策系统独立做出的。这两套决策系统有交互,但是又互相独立运行,此消彼长,交替主导着人类的行为。就像你脑子里面有两个小人,你是它们的主人,它们的工作是帮助你拿主意,从某种意义上说:它们也是你的主人。这两个小人是好朋友,但是性格和思维方式完全不同,擅长的领域也不同,常常意见相反。这就需要英明的你,可以明辨是非,在合适的场合下采取它们不同的建议。

这两套决策系统是:理智和本能。

它们的决策方式不同：一个靠理性；一个靠感性。

它们的决策偏好也不同：一个信奉长期主义；一个着力解决眼下的问题。

它们的决策速度差异巨大：一个决策偏慢，一个决策可以考虑几个小时、几天、几年，甚至一辈子；一个决策非常快，最快只需要几毫秒。

它们的决策依据也大相径庭：一个爱讲道理，一个爱讲感受。讲道理的那个小人不谈感情，重视感受的小人听不进去道理……

就是这么两个小人，帮助你做出了每天一个个的决策，控制着你的行为。

一、理智和本能

理智：慎重决策系统，深度思考，权衡利弊，考虑长远，负责影响重大的关键决策。

本能：快速决策系统，负责处理大量简单、日常的事务。

在漫长的人类进化历程中，尤其是在远古时期，本能决策系统起到了非常重要的作用，帮助人们做出实时判断和反应，比如：

原始人在草原上，见到食物就猛吃；见到异性就追求；感觉到恐惧就逃跑；没有危险时就休息和娱乐；受到攻击就会反抗……

这都是人类在漫长的进化过程中形成的本能反应，是我们胜出的基因决定的，没有这些本能反应，人类早就灭绝了，本能决策系统是非常有效的。

看到食物就多吃点，囤积足够的脂肪，这样在打不到猎物或者采集不到果实的时候，不至于被饿死。

看到异性就去追求，这种本能让自己的基因延续下来，一代又一代地繁衍生息。

看到狮子就逃跑，就不会被吃掉，这种本能让个体生存下来，那些胆子过分大的原始人的基因已经伴随着肉体进入狮子的肚子里了。

当没有危险的时候，就休息一下，减少能量消耗，并且为繁衍做好准备。

受到攻击时要反抗，否则自己的家庭、部落就会被更强的人消灭掉……

本能决策系统占据大脑的主要区域，源自于我们的基因，强化于一遍又一遍的行为，形成思维的肌肉记忆，也就是固定的神经反射弧。

没有本能决策系统，人类就无法生存、繁衍下来，但是，如果只有本能，那人类到今天就跟一群狮子、一群鬣狗一样，不会进化到今天的文明社会。我们人类足够幸运，进化出了理智决策系统，拥有了理性思考的能力。

看到美食，不会一味地暴饮暴食，这保证了健康。

看到异性，也不是直接上去传宗接代，而是要考虑一下得不得体、合不合理、合不合情、合不合法，于是形成了伦理和社会。

看到狮子，也未必要跑，而是集结起来，用标枪一起向它投射，形成了部落。

理性思考的能力，让我们克服了基因里天生的惰性，让我们学习劳作，探索进步。

理性思考的能力，也让人类更加克制，大量减少了原始部落中的互相残杀，学会了谈判和对话，形成了政治，建立了部落同盟和国家……

丹尼尔·卡尼曼，诺贝尔经济学奖获得者，在心理学名著《思考，快与慢》中详细分析了人的思维模式。他把理智和本能简单做了一个比喻：慢系统和快系统。越重大的决策，慢系统介入的程度就会越深；但日常更多的则是快系统的快速处理。作者做过一个统计，人类80%的行为是受快系统支配的，只有20%的行为有慢系统介入。

你、我抽的每一根烟，吃的每一份垃圾食品，玩的每一局游戏，刷的每一条短视频，都是由本能驱使的，跟理智没有太大关系。生活中大量的决策都是由本能驱使的，快速地做出的。人类是自然选择的产物，本质上来说，你、我都是基因的奴隶。绝大部分人的绝大部分时候，都是由本能、习惯支配，过完了一生。

300多万年，从在非洲大陆发现第一个人类露西（lucy）的头骨算起，已经有300多万年的历史。

5000 年，不管从两河流域的苏美尔文明开始算起，还是从华夏文明开始算起，人类文明的长度只有几千年而已。

500 年，在 1543 年，有两部著作问世：一部是哥白尼的《天体运行论》，另一部是维萨里的《人体构造》。历史学家认为，这两部著作的出版是现代科学出现的分水岭，是人类理性时代的开端，从此人类开始逐渐远离了蒙昧和迷信。

人，在历史长河中，更多的是作为一种动物存在了几百万年，理智只是最近进化的结果。在以动物的状态存在的过程中，本能是最重要的决策机制。

二、新脑和旧脑

我们把时间继续往前调，调到人类尚未出现的远古时代，看看我们的决策中枢——大脑是怎样一步一步进化成现在的样子的。

6 亿年前，多细胞动物的突触状的细胞传递了第一波钙离子电信号，标志着神经细胞的诞生。

5 亿年前，原始动物的网状神经系统开始出现了向身体前方集中化的趋势，这一趋势最终演化出了头部，聚集了比较大的神经节。随后的几亿年，进化继续。

4 亿年前，脊索动物的神经节持续聚合，形成了大脑和脊髓。从此，身体最高指挥中枢登上了历史舞台。

最开始的大脑没有太多功能，也无法进行复杂决策，只能做一些简单的本能反应，咬合、吞咽、扭动，甚至逃跑，就是他们可以做出的最复杂动作，让自己可以勉强生存下去。但我们不要小瞧这个蠢萌的原始大脑，它虽然历经了沧桑的进化，但直到今天依然存在于脑袋的最中心的位置，就像 4 亿年前一样，依然忠实地行使着 4 亿年来进化赋予它的使命——本能。

但是进化之轮总是滚滚向前，随着外部环境变得复杂，感观进化得越来越灵敏，在原始脑的基础上，动物进化出了更加复杂的大脑部分。大脑进化得越来越复杂，脑容量也越来越大，脑子一开始努力向外生长，但后来头部空间不够用了，于是大脑皮质在外层反复折叠，形成了今天皱巴巴的样子。但是更不要小瞧这些皱巴巴的大脑皮层，因为后期进化出来的高级功能，全在这一层里面，也就是我们说的理智。

打个比方，大脑就像一个高度精密的 IT 系统，人脑的进化就像 IT 系统的开发、迭代一样。造物主不停地在祖传的代码上面加各种各样的功能模块，代码层层堆叠，数据接口互相调用，经过了几亿年的开发、迭代，功能已经无比强大。但抱歉，系统架构从来没有重构过，系统内核还是 4 亿年前脊索动物使用的那个，也是中生代爬行动物使用的那个，新生代的哺乳动物在上面继续开发了一大堆新功能，现在传给了人类，还得继续使用下去。

我们现在用的脑子现在是这样的，但可不是一下子就长成这样的，而是从第一个神经细胞开始，经历了无数个版本的迭代、无数个功能的堆叠，才成为现在这样的。根据进化的顺序，我们简单地将其分为两层架构：旧脑、新脑，分别对应着《思考，快与慢》一书中的快系统和慢系统。

我之所以把"快系统""慢系统"用"旧脑""新脑"来替代，是因为脑子这个概念有着更加直观的形象，脑子的两层架构更加容易想象，从而更加容易被读者所理解和接受。最重要的是旧脑、新脑分别只有两个字，而快系统、慢系统各有三个字，作为一个互联网运营经理，我一直坚信：简化、简化、简化。在确保受众能看懂的前提下，用最少的文字来传递信息，这个原则不仅适用于 app 的页面、营销口号、产品说明书、展示用的 PPT、汇报用的材料，还适用于人脑的决策系统的定义。

在此，我借用了美国营销专家帕特里克和克里斯托弗所合著的《销售脑》中的旧脑、新脑这两个名词，但在我的理论中，它们与该书对旧脑、新脑的定义并不相同。在本书中，"旧脑"指的是卡尼曼教授书中的"快系统"，"新脑"指的是"慢系统"。这里我们略花点时间进行编译，后文中我会大量引用新脑、旧脑的概念。

旧脑位于大脑的中心和底层位置，更加古老；新脑位于大脑的外层，最近几千万年进化出来，功能更新了很多。新脑和旧脑在决策上的分工是：

越底层（内层），越本能，决策越快速；

越顶层（外层），越理智，决策越慎重。

这个概念非常重要，在购买心路历程中，客户总是面临快速决策和慎重决策的矛盾。客户是出资方，是产品购买者，由于对产品信息了解的不对称，客户往往也是风险承担的一方，所以客户总是倾向于慎重决策；而销售人员恰恰相反，销售人员是付出劳动来进行售卖的一方，只要成交就会有收入进账，交易拖得越久，付出的劳动就越多，不确定性也越大，所以销售人员总是希望客户快速决策，推进成交。

尤其是对于大额购买，不进行慎重的权衡，客户根本就不会决策；如果决策非常慎重，那么决策会非常缓慢，销售的成本就会过高；有些客户如果过于慎重，甚至最终会放弃购买，销售人员的前期投入就打了水漂。对于销售人员来讲，控制客户的决策节奏，至关重要。该慎重的时候慎重，该快速的时候快速，让整张单子按照销售人员的节奏向前推进。

而其中的诀窍就在于：掌握客户决策的开关，在不同的销售环节，触发客户不同的决策机制，也就是触发客户的新脑、旧脑。

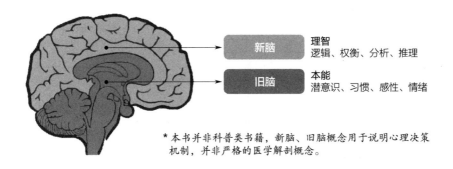

* 本书并非科普类书籍，新脑、旧脑概念用于说明心理决策机制，并非严格的医学解剖概念。

触发对方新脑、旧脑的秘诀就两点：

用自己的新脑和对方交流，就会触发对方的新脑；

用自己的旧脑和对方交流，就会触发对方的旧脑。

也就是说：

你跟对方讲感受，他的旧脑负责处理被输入的信息，就会唤醒他的感性思维，他就变得感性。

你跟对方讲道理，他的新脑负责处理被输入的信息，就会唤醒他的理性思维，他就变得理性。

还记得上一章的盲人乞丐的漫画吗？

"我是盲人，帮帮我！"

这个文案向路人陈述了一个理由，外加一个请求。这是一个客观表述，尝试向路人讲道理。路人看到之后，新脑被成功激活了，于是路人会用理性来思考：

你是盲人，关我什么事？

或者，骗子太多了，我怎么知道你真是盲人？

世界上需要帮忙的人太多，我帮得过来？

……

然后路人就会径直走过去。

"今天真美丽，可惜我的眼睛看不见。"

这个文案在赞美生活，并且描述了自己痛苦的感受。外界的美好和盲人的痛苦形成了鲜明对比，触发了路人的旧脑，路人仿佛对盲人的痛苦感同身受，成功地触发了他的同情心、同理心。一旦同理心被触发，施以援手就成为一种本能。于是路人停下匆匆的脚步，手掏向口袋，一次支付决策就完成了。

这其实也是一次购买，支付了几元钱，购买了一种心理上的满足。

我们再试想一下：在家吃完晚饭，先生正在跟太太讨论谁该刷碗。

先生：我做的饭，你刷碗。

太太：上次我做的，你也没刷。

先生：上次是例外，我在忙，之前我都刷。

太太：这次你刷，补回来。

先生：这次你又没事，上次我是在工作啊！

你只要讲道理，对方就有无穷无尽的道理跟你讲，因为你成功地触发了对方脑皮层里负责逻辑思辨的那个功能区域。但显然这种辩论是无益的，双方的感受都比较差，双方的情绪开始变得激动，于是，你开始谈感受。

先生：我受够了，我又要工作，还要做饭，竟然还要刷碗！

太太：我也受够了，我不工作吗？你管过孩子吗？

先生：你那点收入算什么啊？再说你管孩子管得很好吗？孩子每次考试都倒数！

太太：我不管了，以后你管吧！

先生：离婚！

你只要讲感受，就会成功地触发对方的旧脑，激活对方感性的一面。但不幸的是，在本案例中，激活的是她的负面情绪，她大脑中的杏仁核高度兴奋，下丘脑疯狂地分泌激素，愤怒值瞬间拉满。

如果我们换一个策略，一开始沟通的时候就打感情牌，触发她的旧脑，激活她正面的感受，也许结果就不太一样。

先生：亲爱的，我喜欢给你做饭，好吃吗？

太太：好吃/还行。

先生：我有点累了，能帮我刷一下碗吗？

你无法通过讲道理来说服你的先生或者太太去刷碗，销售人员也无法通过讲道理来说服客户来购买。没有任何一个客户会承认自己是被销售人员说服才购买某个产品的，那会让自己看起来很傻，甚至是觉得自己被骗了。

先生或者太太决定去刷碗，那是因为自己愿意；而客户购买也是因为自己需要，客户的决策都是自主做出的，销售人员只是进行信息输入、大脑触发、行为引导。

不管是人与人的沟通，还是面对客户的销售，如果方法得当，结果确实会非常不一样。

第2节 购买是如何发生的

我们不着急开始销售方法的探讨，在此之前，我们先研究一下购买行为。

很多销售人员的核心关注点是如何销售产品，然而，最终的决策权却在客户手中。毫无疑问，客户是决定性的因素，客户才应该是销售人员的核心关注点。

因为客户拥有"购买（销售）"流程的最终决定权，所以销售人员需要始终站在客户的角度思考问题。从客户的角度看，这个过程不被称为"销售"，而是"购买"。

在深入探讨销售过程之前，我们最好先了解客户的购买过程是如何发生的。所有销售人员都会高喊"以客户为中心"的口号，但是，如果忽视了客户的购买心理而仅仅谈论销售方法，那就不再是真正的"以客户为中心"。

购买有很多种，企业客户叫作"采购"。越大额的采购，往往利益相关方越多，流程越复杂，决策越谨慎。这是企业采购和个人购买的主要区别，也是大额购买和小额购买的区别。对于企业，采购生产设备的流程一定比采购办公耗材复杂很多；对于个人，买辆家庭用车也一定比买个手机更加谨慎。

个人购买和企业采购，其实两者没有本质的区别。因为企业也是由个人构成的，企业的采购决策也是个人购买倾向的集体作用力的结果，只不过在采购的过程中增了很多讨论、评审和招投标流程。同样对于个人客户来讲，大额的商品也涉及集体决策，也涉及流程。比如，买房、买车往往都不是一个人可以决定的，对于很多个人客户的大额购买来讲，预算方、使用方、关键决策人都是分离的，也有很多讨论和看不见的"流程"，只是不需要书面的审批而已。

搞定企业客户的采购，也是搞定企业中一个个活生生的人，从这个角度来看，企业客户销售跟个人客户销售的原理是一模一样的。大客户销售、渠道销售、零售、电话销售等销售的形式，它们的底层逻辑都是相通的。我们在把产品、服务卖给客户之前，要先花点时间搞清楚客户是怎么做出一个购买决策的。在下文中，我会把个人客户的购买和企业客户的采购统称为"购买"。

一、购买是个过程

购买不是突然发生的单一行为，而是一个逐步发展的过程。在销售环节中，购买行为是最终的步骤，但在达到这一步之前，客户会有一个心理历程。在这个过程中，客户的购买需求逐渐明确，对产品的了解逐渐加深，购买欲望逐渐增强，最终决定购买，或者放弃购买。

在这个过程中，销售人员的介入越早越好。

首先，第一印象往往有"锚定效应"。销售人员如果可以在最初期介入，就可以锚定客户对产品的认知和好感度。

"锚定效应"是一个心理学名词，指的是人在做决策时，往往会过度重视最初获取的信息，这些信息就像"锚"一样把客户之后的决策限定在最初的范围之中。比如：

客户想要扩建生产线，需要采购一套全新的设备，A公司的销售人员首先发现了客户的需求，首次给客户普及了 A 公司该设备的知识，包括功能、性能、参数、价位等。

那么 A 公司的产品就有可能锚定客户心智，之后客户有可能会接触更多的供应商，但兜兜转转都是在 A 公司产品基础上的对比，A 公司的产品就是那个锚，如果产品力没有大的缺陷，在之后的竞争中有更大的心理优势。

其次，如果不能第一时间介入，越早介入就越有优势。客户的需求有一个从模糊到明确的过程，客户对于产品的认知也会慢慢地固化，客户能够接受的信息量也是有限的。越早介入就越能在客户心智中占有一席之地，越有机会改变客户心智，越有可能向销售有利的方向引导客户。如果太晚介入，陪跑的风险会变大。

最后，一般来说，人的感情也是越早认识越深。销售人员越早介入客户的购买过程，就越早和客户建联，就会建立更稳固的客情，让后续的竞争更加有优势。

对于销售顾问而言，如果客户突然主动联系你并表示要购买产品，这通常意味着你可能已经错过了与客户建立关系的早期阶段。这种突然主动出现的客户并不常见，如果销售人员仅依赖这些偶然的机会而没有进行早期的准备工作，那么成功的可能性就非常低。

在企业级的销售中，特别是涉及招投标的情况，如果一个客户在购买阶段突然与你联系，很可能他们只是想要多个报价以供比较，销售人员很有可能会白忙活一场，所有的努力付诸东流。

当然，也有可能后来加入的销售人员能够通过提供更低的价格或具有显著优势的产品来赢得订单，但这样做往往需要付出更大的成本。在竞争中处于相同起点的情况下，早期介入无疑是有优势的。

销售过程就像谈恋爱，双方一见钟情的、冲动型的关系确立总是罕见，绝大多数都需要有一个循序渐进的过程。开始于彼此产生好感，之后会频繁地互动、试探，增加对彼此的了解。在这个过程中，好感逐渐积累，感情开始强烈，然后确立关系，成为恋人。而这个过程依然没有停止，随着了解更加深入，好感更加强烈，最终两人把关系再推进一步，走入婚姻。

零售行业是例外，因为产品的客单价低，购买频次非常高，购买这些产品是客户的常规需求，这个心理过程早就完成，并且日复一日地成了客户的本能。即便是这样，客户从看到产品展示到伸手购买并且完成支付，也有个心理过程。只是这个心理过程非常短，很多决策早就重复做过，已经固化成为常规行为了。

我们在第1章介绍过"推销员"和"销售顾问"的工作差异。作为超市导购或者"推销员"，可以忽视客户的购买心理变化，但"销售顾问"的销售标的是高客单价的产品，就必须深刻洞察客户的购买心理变化，在客户购买过程的最初期就能介入，并且施加自己的影响力。

二、需求生命周期

购买是由需求所驱动的，购买的过程，就是需求演进的过程。在我们讲销售的招数之前，先进入客户的视角，看一下客户的需求是怎么产生的，又是怎么一步一步演进的。

在讨论挖掘"客户需求"时，常见的误解是认为这仅仅涉及询问客户需要哪种产品或服务，甚至细化到具体的功能、型号和规格。如果客户能明确且坚定地表达他们的需求，销售人员的工作将变得非常简单，只需引导客户完成购买即可，这种情况被称为"捡单"。然而，这种情形并不常见，依赖它就像守株待兔一样不可靠。

在实际的销售活动中，多数客户往往不清楚自己真正需要什么。他们的需求可能会不断变化，时而强烈时而微弱，使得销售人员需不断调整策略以适应。客户最初表达的需求（A）可能与实际需要的（B）不同，而最终购买了（C），可能受到竞争对手的产品（D）的影响很大。

客户的购买决策是一个过程,这个过程由他们的需求驱动。需求在初期可能是模糊和多变的,但随着深入的沟通和了解,客户需求会逐渐清晰化。通常,当需求变得明确时,意味着已经有销售人员与客户建立了深入的连接。此时新介入的销售人员没有客情基础,成功的机会相对较低。所以我们再次强调销售人员要早点介入客户的需求阶段。

站在客户的视角,一般消费者的大额购买行为或者企业的购买行为,都会经历以下四个阶段,我们称之为"需求生命周期",分为起念、寻源、权衡、明确四个阶段。下面我们逐一进行分析。

第一个阶段:客户需求的源头是一个不成熟的想法,我们称之为起念。

人想要的东西很多,人的欲望永远不会停止,人的欲望永远都在升级,人每天都有各种稀奇古怪、异想天开的想法,所以客户的需求是旺盛的,起念是频繁的。

但是,念头也是不稳定的,客户的注意力转移了,念头就消失了;或者客户脑子里另外一个相反的念头冒出来,然后就抵消了原来的念头。

念头看起来像是一种需求,但这种需求往往都是弱需求、无效需求、转瞬即逝的需求,甚至是假需求。绝大部分的需求在起念阶段都会自动消失,要么需求并不强烈、优先级不高,就被轻易放弃了;要么是客户又想了一下,发现需求不太靠谱;要么是客户太忙顾不上,或者忘了……

就算客户的念头很强烈,需求也客观存在,但是一谈到付出代价去获取,又有很多客户会退却。不管这个代价是金钱、时间还是努力。大部分的客户需求会慢慢冷下来,客户在进行成本收益对比,进行心理上的权衡之后,会自我否定、消解掉。只有很少的想法会被付诸行动,客户付出时间和精力进行寻源、权衡、决策,并且付出金钱买单,最后实现了这个需求。

客户内在的需求通常是真实的、坚定的，这种需求更有可能转化为实际的购买行为。然而，也存在一些需求是在销售人员的强烈推销下形成的，在这种情况下，客户本身可能并不太确定自己的需求，只是被销售人员的口才所说服。由于客户内心的不确定性，这种由销售推动的需求通常会遇到很多阻力。如果销售人员在遇到困难时选择放弃，那么这个需求也就很可能随之消失。

这相当具有迷惑性，销售人员总是在客户无效需求上花费太多的精力、时间和劳动，客户动动嘴，销售人员跑断腿，浪费了宝贵的销售资源。销售人员必须学会辨别客户的真伪需求、强弱需求、高/低优先级需求、成熟/不成熟需求。做到：

去伪存真，抓强弃弱；

跟进高优先级需求，搁置低优先级需求；

先摘成熟的需求，后摘不成熟的需求。

具体怎么做？我们在第4章中会有一节来详细阐述。

第二个阶段：需求如果是真实、有效的，客户就会付诸行动，进行潜在购买的寻源。

有些念头足够强烈，想法足够成熟、明确，并且具备相应的客观条件，如有充足的预算等。这些念头就形成了有效需求，有效需求才会真实驱动客户付诸行动。客户会四处去找解决方案，四处打听、搜索内容、在网上浏览信息，或者主动联系供应商，我们称之为寻源。

这时候客户的需求就不再是一个念头，客户已经采取了行动。也正是因为客户寻源的动作会在网上被动留痕，甚至客户会主动留资，这些客户信息就构成了销售的线索，来自不同供应商的销售人员纷纷开始跟进。

寻源的动作有很多，泛泛的寻源包括逛街、刷电商网站、刷带货直播间，企业也会"逛街"，如逛会展、参加论坛……当客户做这些事情的时候，往往会给商家留下自己的联系方式和初步意向，这就是一种销售线索，反映出背后的商业机会。

还有一些精准的寻源，如搜索、浏览垂类网站、采购寻源、搜索供应商库、发起招标等。客户主动联系供应商自然会让供应商获取销售线索，就算是客户浏览和搜索第三方网站，也会提供大量的客户意向信息，在征得客户同意的前提下，相关网站可以生成销售线索，从而让商家联系客户，进行推销。

	泛泛寻源	精准寻源
个人客户	逛街、 刷电商网站、 刷带货直播间	搜索、 浏览垂类网站
企业客户	逛会展、 参加论坛	采购寻源、 搜索供应商库、 发起招标

客户的需求正在从弱变强，从小变大，客户对于产品方案信息量的掌握在持续增加，所以需求在第二阶段是比较发散的、多变的，甚至是不稳定的。在这个阶段，需求的成熟度不高，很有可能逛着逛着热情就退却了，也有可能随着掌握的信息量的增加，客户忽然觉得自己不想要了，购买过程中止。对于销售人员来讲，就鸡飞蛋打了。

在这个阶段，销售人员首先要继续识别需求，低优先级跟进弱需求、小需求、无效需求；高优先级跟进强需求、大需求、有效需求，并且需要持续强化客户的需求，防止客户改变主意。

第三个阶段：**客户获取了多个备选的产品方案之后，就会开始权衡。**

客户泛泛的"逛"，加上精准的"搜"，一圈下来会获得大量的市场信息、产品知识，甚至有一些心仪的备选方案。当客户觉得自己有了足够多的信息之后，就开始了对比、权衡，开始更深入地思考自己想要的、需要的、能要的到底是什么。在这个过程中，诸多产品方案环肥燕瘦、各有优劣，客户免不了纠结。

这是个必经的心理过程，我们称之为权衡。权衡几个备选的产品方案，来回进行对比；也有可能是锚定一个产品方案，权衡到底要不要买，以什么样的条款、价格、节奏购买。

这个纠结的心理过程，根据购买金额的大小，时间有长有短。如果买一部新款手机，很有可能当周，甚至逛街的当天就可以决定；如果买一台车，可能会考察几个星期，甚至几个月才会决策；如果公司采购一套大型设备，合同金额几百万元、几千万元，就需要请示领导并且走相关流程，可能光立项申请就需要半年的时间。

招标也是一种权衡，是一种流程化、公开化、制度化的集体权衡，但如果项目到了招标销售人员才参与进去的话，往往就太迟了。企业客户在权衡阶段初期就开始撰写需求文档或招标书了，内容包括各个功能模块、业务流程、数据流、资金流、项目时间表、成本预算等信息。招标书往往会经过多个版本的修改，少不了各个供应商的参与，参与的供应商都会在功能、参数、标准上面下功夫，希望招标书有利于自己的产品。

招标书最终定稿后，招标的日期也定下来了。虽然几家供应商都会参与投标，但他们的胜算却天差地别。有人做的工作多，有人做的工作少，这些工作都体现在招标书的倾向性、评委的初步意向，以及投标流程等细节中了。

销售人员要尽可能在客户寻源阶段，或者权衡的早期就参与进去，越早参与，就越有可能影响客户，引导客户向自己有利的方向决策。如果在客户需求成型的过程中，销售人员没有任何参与感和影响力，只是后期过来投个标，那么，除了杀价格，这张单没有赢的希望。

经过了权衡的过程，客户对自己需求的理解也越来越清晰，需求慢慢成形，最终明确，并且付诸购买。

第四个阶段：明确需求，并且做出购买决策。

一旦客户的需求变得明确，销售人员就可以开始正式的商品方案推介和报价工作。虽然有可能需要投入大量的时间和精力来制作方案，但销售人员至少可以放心，不再需要担心客户需求的不断变化。

需求明确之后就相对稳定，再往后就主要看销售人员的表现了。当销售人员前前后后付出了那么多的努力，克服了种种艰难险阻，客户做出购买决策，终于可以成交、回款、收佣了，这实在是令人欢欣鼓舞。

而客户支付了可承担的成本，得到了自己心仪的产品或者服务，希望可以准时、保质、保量交付，享受产品或者服务的价值，真是皆大欢喜。

这四个阶段构成了我们所说的"需求全生命周期"，它反映了客户在购买过程中的心理变化。如果销售人员只关注自己的观点，而忽视客户的需求和感受，那么成交的可能性将大大降低。就像在两性关系中，如果一个人只关心自己的感受，而不考虑对方的感受，那么双方就很难快乐地在一起。

客户"需求全生命周期"与销售流程应该是匹配的，与销售的三个阶段相呼应。"需求全生命周期"是从客户的视角出发，"销售流程"是从销售人员的视角出发，它们就像硬币的两面，紧密相连且不可分割。

关于"销售流程"的内容我们会在第三章中进行更详细的阐述。

销售人员是通过客户留下的信息才找到客户，开始了销售的过程，这些信息就构成了"销售线索"（Sales leads），后文统一简称"**线索**"。线索需要包含两个信息：一是客户的潜在购买意向，二是客户的建联方式。

在需求的生命周期中，一旦销售顾问发现并核实了客户的需求，需求就变成了商业机会，简称为"**商机**"。商机则会带来订单，订单会带来实打实的收入。销售人员需要了解这些重要的销售术语，以及它们之间的关系。

"起念"阶段的线索不多。某天客户看了某些广告，或者客户听朋友推荐了某款产品，或者客户突发奇想……这些销售人员是无从得知的。只有销售人员长期跟进客户，和客户的沟通非常密切，才能在起念阶段获取销售线索和商机。

也有很多客户是浏览了线上信息，或者点击了广告才起念，商家也可以在第一时间发现"销售线索"，但是大部分销售人员在客户起念阶段是不知情的，只有等到客户开始"寻源"，开始联系商家，销售人员才会发现客户的需求。

- 客户致电、发邮件询问产品信息，这毫无疑问是一个重要的销售线索。
- 很多企业会在网上进行广告投放，客户看到广告点击就会生成线索。
- 客户在网上进行搜索、浏览、点击也会留痕，客户会暴露自己的潜在意向，而很多网站和APP就可以精准地投放广告，发现销售线索。
- 客户往往在一个圈子里，他们会相互打听、相互推荐，也会给销售人员提供非常有价值的线索。

....

销售人员需要扩大自己的线索来源，从而获取更多的商机。

有了销售线索，销售人员就可以开始销售的过程了。从线索到成交的过程，往往有着非常多的不确定性，每往前推进一步都会承受较大的折损，最初的线索最后转化成交的所剩无几。

在很多行业里，这个比例甚至会低至个位数。低转化率的背后，是企业资源的浪费，是销售人员的无效劳动。销售人员需要投入大量的时间、精力跟进客户，尤其是对于企业客户，需要大量先期投入，如免费的方案设计、安装试用、测试环境搭建，中间涉及大量的差旅、工时、设备、物料、方案成本、招待费用。如果销售人员前期出手阔绰，但最终客户没有成交，销售方将会承担比较大的机会成本和投入损失。

销售人员需要做的就是尽可能地提高销售转化率，避免无效的销售资源投入，最好是一击必中，一出手就成交。这样才能让自己、让公司利益最大化。下面我们会深入探讨从线索到成交的整个销售过程，帮助销售人员掌控销售节奏，提高转化率，尽可能出手即成交。

第 3 节　销售为何被拒绝

从下一章我们就开始探讨如何推动客户成交，也就是销售的方法论及流程。但是在研究如何成功销售之前，我们先研究一下销售是怎么失败的吧，也就是销售人员是怎么被拒绝的。或者说，拒绝到底是怎么一回事。

用兵之法，无恃其不来，恃吾有以待也。

——《孙子兵法》

这句话的意思就是：不要指望敌人不来，要做好准备，敌人来了我也有应对之策！

对于销售人员来讲，面对拒绝就如临大敌，但客户的拒绝是不可避免的，因为销售人员肯定会向客户提要求，有要求就一定有被拒绝的概率。销售人员应该做万全的准备，以求从容应对。

- "不"是拒绝。
- 但很多情况下客户并不直接说"不"，沉默也是一种拒绝。
- 更糟糕的是，很多时候客户明明答应了，嘴上说的是"好的"，但其实销售就是无法成交，这未尝不是另外一种软性的拒绝。

拒绝不仅不可避免，事实上被拒绝才是销售的常态。从起念到明确需求，从销售线索到最终成交，在每一个环节稳扎稳打，提高转化率，促进成交。这个道理很简单，但现实很遗憾，在真实世界中，从线索到成交的转化率是很低的，大部分的销售努力都以失败告终，大部分销售人员的尝试只会换来客户冷冷的拒绝。

销售人员不能奢望客户不拒绝，而应该了解客户为什么会拒绝，而拒绝之后自己应该怎样应对，并且列举所有可能拒绝的因素、拒绝的方式，相应地准备应对策略和话术，真正做到"恃吾有以待也"！

下面我们来分析一下，到底何为拒绝，而客户又为何会拒绝。

一、拒绝的六个层次

"真的很感谢，你是个好人。"

很多人不肯承认失败，他们不肯承认自己被拒绝了。他们生活在自己的幻想中，总是把客户委婉的拒绝往好处去想，不停地麻痹自己，让自己感觉好一些。

对于销售人员来讲，开始了销售过程就在付出劳动，只要客户拖着不购买，只要客户不同意把销售过程向下一步推进，就是拒绝。因为销售过程不推进，就无法最终关单成交，销售人员的努力就白费了，那就是失败了！

我们之前讲过："不"是拒绝，不说"不"也是一种拒绝，更糟糕的是，很多时候客户嘴上说"好的，好的"，但其实也是一种软性的拒绝。销售人员要深刻地认识这一点，最重要的是学会如何应对客户的拒绝，化解客户的拒绝，并且引导客户持续推进销售流程。

所以，销售人员不管客户嘴上有没有说"不"，一旦被拒绝了，就要启动应对措施。不要自我安慰，不要自我麻痹，不要害怕拒绝！拒绝会导致失败，但拒绝不是失败，只有当销售人员糟糕地应对拒绝之后，那才是真正的失败。

我把所有的拒绝分门别类，分为了六个层次，每一层都比上一层拒绝得更深，更不容易挽回，需要更有力的应对。当然，对于客户而言，拒绝每深入一层也比上一层更难做出，客户需要克服更多的心理障碍。我做成了一个表格，方便读者整体理解、记忆。

拒绝类型	拒绝程度	含义
敷衍	☆	客户不认可,但不希望引起尴尬
沉默	★	客户不认可,并且不在乎尴尬
否定	★★	客户直截了当地不认可
提出异议	★★★	客户不认可,并且有自己的观点
反驳	★★★★	客户不认可,有自己的观点,并且攻击销售人员的观点
断然拒绝	★★★★★	客户中止了销售过程

下面我们一个个来分析不同类型的拒绝。

1. 敷衍

"哦"是一句非常敷衍的话,敷衍到你很清楚地知道:对方在敷衍你。但有的敷衍看起来热情洋溢,让你觉得对方在盛情邀请。但其实本质上也是拒绝的姿态,表面上的热情是一种客套,目的是维系良好的气氛和关系。

周末你和家人在逛商场,忽然遇到一个多年不见的老同学。

…………

"改天请你吃饭啊!"

"好嘞,到时候约啊!"

邻居来串门,聊到下午6点了,饭都已经快做好了。

…………

"要不在这将就吃点?"

"不啦不啦,我晚上还有事。"

销售人员初次拜访客户,详细讲解了公司的产品方案,客户赞不绝口。

"感谢,今天学到很多,希望以后有机会再交流。"

"客气,多交流。"

这些场景是否很熟悉？看起来像是非常正面、积极的回应。但抱歉，这些都是典型的客套，客套就是敷衍，敷衍就是拒绝。

"改天吃饭"意味着老同学不排斥有空一起吃饭，叙叙旧，但绝对不是这个周末。具体是哪一天，要看你俩的交情，具体的心情和时间，有可能是下周某天，也有可能是遥遥无期的某天。

在第二个场景中，"要不""将就"还有一个"？"已经给了邻居充足而明确的信号：别留下！"要不"和"？"表达了主人其实想客人走，不想客人留下来吃饭；"将就"意味着主人没准备好，不太想用晚饭招待客人。如果邻居就坡下驴真的不走了，主人可能内心深处叫苦不迭，又要挖空心思准备其他的话术，或者干脆出去买点即食熟食，真的只能临时将就一下了。

第三个场景销售人员经常遇到，销售人员大老远地跑过来给客户介绍了一通，虽然现在客户没有意向，但客户也不好意思给出任何消极的反馈，保持联系总是好的，多个朋友多条路，多个敌人多堵墙，犯不着直白拒绝，让销售人员感觉不爽。客户说有机会再交流，其实这个机会并不大，如果客户真的有意向，想要继续交流，不需要"希望""以后""有机会"，客户可以马上安排，现在就确定好下一步交流的机会。

敷衍的本质是拒绝，但是不排斥以后合作的可能性，所以不希望引起销售人员的反感，希望保持和销售人员的联系，所以避免了生硬的拒绝。

但销售人员却不可以自我安慰，觉得这张单子很有希望，客户多么热情啊。没有用的，如果是敷衍，客户再热情，你也不会成交。如果销售人员做出错误的判断，只会不停地空耗时间、精力和公司的销售资源。

2. 沉默

敷衍可以避免尴尬，对销售人员和客户来讲都是舒适的。但是，敷衍需要技巧，也需要心思，如果客户本想委婉拒绝，但是一时间又整不会了，或者开始不耐烦了，那么敷衍就会升级为沉默，沉默是无言的拒绝。

沉默会冷场，冷场会尴尬，尴尬会破坏客户与销售人员之间的关系，会在貌似融洽的水面投下第一枚石子，让双方的心理荡起一阵阵涟漪。风起于青萍之末，浪成于微澜之巅，如果销售人员不能很好地应对，这些小的涟漪持续"发育"，就会演变成巨浪，严重影响客情。

销售人员想要维持客情，其实客户也希望和销售人员保持联系，尤其是当销售人员所代表的产品有一定的市场影响力时。搞砸与销售人员的关系意味着少了一个选择，与销售人员维持良好的关系意味着多了潜在收益，销售人员可以帮忙争取更好的条款，包括价格、折扣、赠品、服务等。就算客户不买你的产品，但保持联系，未来买别人的产品时，至少可以用来压价吧？

销售人员不喜欢冷场，客户也不喜欢，人们都不喜欢冷场，但有的时候客户想要表达拒绝，不小心让气氛尴住了，客户自己也并不享受这一刻。当客户陷入了沉默，销售人员千万不可以陪着客户一起沉默。记住，让沟通继续下去是销售人员需要承担的责任，毕竟是销售人员更想要把东西卖出去。

当客户变得沉默，销售人员应立即停止提出进一步的要求。客户的沉默通常意味着时机尚未成熟，如果在这种情况下强行推进，结果往往是遭遇更坚决的拒绝。此时，销售人员可以巧妙地转换话题，使用幽默来轻松地打破沉默，友好地开个玩笑，这些都是有效的策略，能够打破沉默，并改变对话的氛围。

销售人员应该是天生的气氛组，一旦气氛陷入沉默，销售人员应该马上抛出新的话题，可以是临时应变，也可以是事先准备好的冷场话术。对于销售人员来讲，沉默的时间不应该超过3秒。

3. 否定

销售人员只要问出封闭式的问题，就会换来客户封闭式的答案。而答案只有两个："是"与"否"。

否定可以发生在需求确认阶段：

"贵公司有开展国际业务的计划吗？"

"暂时没有。"

也有可能发生在方案推介阶段：

"这个配置您确认一下？"

"这些功能我用不着！"

当否定的是销售人员的建议、意见、方案、报价等销售动作时，这些否定就是拒绝升级。

但否定随时有可能发生，甚至有可能发生在初次见面时：

"今天是开车过来的吗？"

"不是，我打车来的。"

这些否定肯定算不上拒绝，但即便这种无足轻重的否定也要尽量避免。销售人员在与客户沟通的过程中，要引导客户多给正面的、肯定的回应，因为"累积效应"正在发挥作用，好感、信任、承诺会积累，正面的、肯定的回应也会积累。

"今天您是怎么来的？"

"我打车来的。"

"打车好啊，这里不太好停车。"

或者

"今天您是怎么来的？"

"我开车来的。"

"开车好啊，开车方便。"

不管这些问题多么无足轻重，也许只是关于天气、交通的寒暄，但不管天气晴朗、阴雨，客户开车、打车，销售人员都需要引导客户做出正面的、肯定的回应，让客户跟自己沟通的时候处在一个积极正面的情绪中。随着客户做出一个个正面的、肯定的回应，在沟通中客户会逐渐养成肯定你的习惯，直到销售过程的最后关头，时机成熟，销售人员推介方案、报价、出手关单、成交。

但否定总是不可避免的，客户对销售人员没有那么百依百顺，尤其是进行大额购买的时候，客户总是顾虑重重，非常谨慎，客户的否定往往是出于对自己利益的保护。而销售人员也不是客户肚子里的蛔虫，无法精准把握客户的所有需求和想法，难免会做出不符客户预期的判断和推介，这时候客户就会否定。如果销售人员想要尽快推动销售过程，而客户积累的好感和信任还不足够，客户也会挑三拣四，通过否定一些细节来让自己有更多权衡的时间。

销售人员如果被客户否定，不见得是一件坏事。从拒绝升级的角度来看，明确的否定比敷衍、沉默更加坚决，但从与客户沟通的角度来看，明确的否定更加坦诚，客户更直接地说出自己的想法，销售人员反而可以更清晰地了解客户想要的是什么。

成功的销售人员会追问客户，如果你不认可我说的，那么你的想法是什么呢？并且与客户进行友好的探讨，有针对性地调整自己的销售策略和产品方案。

失败的销售人员会试图说服客户，希望扭转客户的观点。不要试图说服客户，没有人会被说服，就算有人被说服了，他也不会承认，他只会觉得是自己改变了主意。销售人员需要尊重客户的观点，并且从中挖掘出可以匹配产品方案的需求。

4. 提出异议

当客户提出异议的时候，代表着客户不认可销售人员的观点，并且已经有了自己的观点，异议比否定的拒绝程度更深了一层，但这不是坏事。

这至少表明，客户是坦诚的，愿意与销售人员分享自己的想法。只要客户愿意如实沟通，只要销售人员了解了客户的想法，就可以有针对性地采取措施。

客户的想法有可能对销售人员不利，但没关系，一切都可以谈。方案可以谈，价格可以谈，服务可以谈，一切条款都可以谈。不怕客户有想法，就怕客户有想法不跟销售人员说。就算客户的想法是竞争对手灌输的，虽然这种情况对销售人员的挑战更大一些，但销售人员依然需要感谢客户，因为客户给了自己一个解释和澄清的机会，只要客户愿意跟你谈，你就有希望把单子谈下来。

面对客户的异议，销售人员最大的武器是共情，销售人员要理解：客户有自己的立场。客户既要满足自己的需求，又要守护自己的钱包。

首先，销售人员可以不认同客户的观点，但是销售人员需要理解客户，并且认同客户观点的合理性。客户是基于自己的需求、预算等实际情况得出自己的观点的，销售人员需要深刻共情。

其次，销售人员和客户既然还在沟通，客户没有拍屁股走人，说明销售人员和客户还是有利益共同点的。销售人员需要淡化分歧，寻求双方的共同观点，求同存异，强调一致性。是销售人员和客户的共识推动了最终的成交，而不是意见的分歧。

如果客户非常喜欢一台车，但是看到了最终的报价，和销售人员说：

"太贵了！"

销售人员首先需要跟客户共情，要接受并且认可客户此时的感受：

"确实，这款车做工精细，配置充足，性能充沛，产品经得住市场充分的检验，有着很强的产品力和品牌，但就是价格比较坚挺。"

但是既然客户已经看了这么久，还选了配置，肯定是有较强需求的，并且不可能不知道这款车的价格区间。销售人员要分析一下客户嫌贵的真实心理，从而找到利益共同点，求同存异。

- 可以为客户提供分期的金融方案。
- 也可以帮助客户减配，从而降低成本。
- 可能客户只是想要点额外的赠品或者折扣，销售人员可以适当满足。
- 甚至客户嚷嚷贵，只是想听销售人员夸夸这辆车有多好，夸夸客户很有钱……

但是，销售人员最不应该的就是跟客户说：

"一点都不贵，好不好！"

这是个非常普遍的误区，当客户提出异议的时候，销售人员会试图说服客户改变主意，这只是从销售人员的角度出发，是一厢情愿的想法。"贵"是一个异议，也是一个主观感受，客户说贵那就是贵，销售人员非说不贵算什么事？但贵有贵的办法，客户说贵，又没说不买！

从客户的角度来说，没有人会被说服而改变想法，更不会被说服而花钱购买。所有的购买行为，客户都会觉得是自己自主做出的决策。不信我们可以问问自己，回想一下上一次去商场买衣服、买鞋。我们觉得自己是被说服而购买的吗？这感觉太傻了！

我们内心非常笃定：我购买某个东西，是因为我喜欢、我需要，甚至我乐意，而绝不是我被谁说服了。

没有一个客户是被销售人员说服而购买的，销售人员只是帮忙、参谋，并且在这个过程中对客户进行引导。销售人员不要试图说服客户，更不要去跟客户辩论，销售人员要放下自我，一切销售策略和销售行为围绕客户展开，以客户为中心。销售人员要向客户展示出自己的态度：我不是要给你推销任何东西，我只是在帮你，我跟你是一边的！

5. 反驳

反驳的拒绝程度又升级了,客户不但不认可销售人员的观点,并且还有自己的固有看法,更糟糕的是客户竟然攻击销售人员的观点。

当客户反驳销售人员的时候,最重要的就是——不要回击。客户的异议和反驳都需要回应,但绝对不要回击。

不管是对客户反驳的回击,还是态度友好地指出客户观点中的谬误,我在此都不建议,回击会把反驳升级成辩论,销售人员永远不要跟客户辩论,与客户辩论是赢不了的。辩论赢了,单子就输了;辩论输了,说明你的产品方案不行,单子也输了。

销售人员需要解释自己观点的合理性,而不要分析客户观点的不合理性;销售人员要强调两方观点的共同之处和相通之处,弱化不同的部分。

面对客户的反驳的处理方式和异议类似,只是现在的客户更加笃定,更加决绝,更加不客气,甚至还有一些情绪,带有一些攻击性。所以,销售人员首先要化解客户的攻击性,而化解客户攻击性的最好方式就是认同他。

"没错。"

"我同意。"

"您说的有道理。"

首先,销售人员认同客户,客户赢了,客户的反驳已经失去了靶子,反驳就会暂时停火。

然后,帮助客户梳理一下逻辑,用实际行动表达自己的支持和赞同。你看!我也理解你的思路了,我是真的懂你,你说的是有道理的。

最后一步是重点,销售人员需要寻找自己观点和客户观点的相同之处,也就是之前一直在强调的求同存异,强调共识,淡化分歧。你看!其实我本来的想法和你是一致的,没有本质区别,咱俩是一边的!

这三步走完,除非客户和销售人员有非常重大的分歧,基本上大部分的客户反驳都会消弭。

6. 断然拒绝

在我们的定义中，拒绝是一个广义的概念，敷衍、沉默、否定、提出异议、反驳都是某种形式的拒绝，但有一种拒绝是最终意义上的拒绝，那就是断然拒绝。

断然拒绝是拒绝程度最高的，但也不代表无可挽回。本章的主要目的是解释销售为何失败、何为失败，对于如何处理拒绝不做过多的探讨，后面的章节会进行更加深入的阐述。但在这里，我言简意赅地把六种拒绝及其应对策略都列在了下面这个表格上，方便读者总览。

拒绝类型	拒绝程度	含义	对策
敷衍	☆	客户不认可，但不希望引起尴尬	切换话题，或者择日再聊
沉默	★	客户不认可，并且不在乎尴尬	切换话题，使用冷场话术，让话题继续
否定	★★	客户直截了当地不认可	继续沟通需求，相应地调整策略
提出异议	★★★	客户不认可，并且有自己的观点	尝试理解客户，并且深刻共情，求同存异
反驳	★★★★	客户不认可，有自己的观点，并且攻击销售人员的观点	可以回应，不要回击；表示理解和支持；强化共识，弱化差异
断然拒绝	★★★★★	客户中止了销售过程	三次拒绝处理原则

二、拒绝三定律

在理解了拒绝的六个层次，以及背后的心理动机之后，我们总结一下拒绝的三个非常重要的特性，我称之为"拒绝三定律"。掌握并充分遵循这三定律之后，就可以有效地避免拒绝。

拒绝定律一：拒绝会累积，会升级

一旦客户开始拒绝，如果销售人员不能有效应对，那么客户就倾向于坚持自己的观点，而拒绝也会在客户的坚持中一遍又一遍被强化，最后升级成无可挽回的断然拒绝。

从外在表现上来看：拒绝会累积，小的拒绝会升级成大的拒绝，我们称之为拒绝的"累积效应"。

为了更好地理解这个效应，我们试想一男一女在晚上用微信聊天的场景。

两个人在微信上有一搭没一搭地聊了一会儿之后，其中甲开始失去了兴趣，开始回复：

"哦。"

"哦"其实是一个小小的拒绝，因为"哦"是一句消极的回应。如果一个人打出这个字的时候，代表了他已经无话可说了，想中止这场对话。

但在这个时候乙想要挽回这场对话，想让交流继续下去，于是继续努力尝试聊下去。万一方法不得当，并没有重新调起甲的兴趣，那么很有可能让拒绝升级，于是甲就开始回复：

"去洗澡。"

"要睡了。"

"要忙去了。"

这些虽然还是属于"**客套**"，但已经更加直截了当。当对方打出这些话术的时候，往往挽回当次聊天比较困难，因为这些话术说的都是非常正当的理由，中止本次聊天是理直气壮的、不伤和气的。

但如果乙总是搞不清楚状况，当甲释放出的信号已经很明确的时候，还是尝试拖住对话，那么甲就会表现出已读不回，甚至不读不回的状态拒绝就从客套升级成了**沉默**。

如果每一次的交流都是如此的无疾而终，每一次聊天都以这种形式终结掉，那么甲就会觉得有必要把话说透：

"谢谢你，但我对你没有兴趣。"——**否定**。

乙还不放弃，依然死缠烂打，甲想了想，摊牌了：

"你别白费功夫了，我已经有喜欢的人了。"——**提出异议**。

但是乙觉得自己还行，还想争取一下，还是天天晚上凑上来嘘寒问暖。于是，甲的心态也慢慢不好了：

"你很烦啊，我受够了啊！"——**反驳**。

乙也钻牛角尖了，非得一条路走到黑，到最后，甲终于忍无可忍，于是祭出了终极大招——拉黑。这就是我们所说的"**断然拒绝**"，断然拒绝是一个非常严重的拒绝，严重到几乎无可挽回，意味着你们的关系彻底终结。

一个个的"哦"最终积累成了话题的终结；而一次次话题的终结最终沦为了关系的终结；一次次的拒绝最终升级成了没有退路的决裂，直至无可挽回。

拒绝的背后是一种反感情绪，拒绝累积的背后是这种反感情绪的累积和强化，从好感慢慢演变成无感，从无感转化为反感，又演变成排斥，最后演变成了厌恶，而厌恶逐渐强化，变得非常强烈从而不加掩饰，最后导致关系彻底撕破。

拒绝定律二：初次拒绝别人是最难的，随后难度逐渐降低

你可以设身处地地想象一下这个场景：熟人第一次向你提出一个请求，比如，借 1000 元钱，开车送个人，或者让你在周末照顾一下猫……

这时候，拒绝他是比较困难的，很多人抹不开脸面，往往不情不愿地就答应了。而事后又觉得不痛快，觉得自己被道德绑架了，吐槽他利用了自己的善良，这种例子比比皆是。

但如果之前你曾经拒绝过他，那么再次拒绝就会变得更加容易，没有任何心理障碍。上次都说了不借、没空、不喜欢猫了，怎么还问？还是不行啊！

这正是拒绝定律二在默默地发挥效用：初次拒绝别人是最难的，随后难度逐渐降低。

拒绝别人是不友好的，甚至是一种对抗行为。作为一种社会性动物，历经了上百万年的进化，在人类基因的设定中，同类之间总是倾向于协作，倾向于避免对抗，因为不友好行为会导致一定的风险，会影响生存的概率。

这种倾向经过了上百万年的自然选择，已经深深地印入了我们的本能决策系统，在我们的潜意识中不自觉地发挥作用。在帮助别人，收到别人感谢或者赞美的时候，人类会产生快感；而在拒绝别人的时候，人类会感受到来自于远古本能的压抑，会感觉到一丝不快。

这个倾向因人而异，在有些人身上表现得非常强烈，表现为很难甚至无法拒绝他人，这种倾向甚至呈一种病态。而大部分人拒绝他人时，都是需要克服一些心理障碍的，需要暂时忍受一时的不快。

但是不要高估这种协作倾向，人类总体上是谨慎、警惕的动物，这种本能更加强烈。有两个事件可能会触发人类谨慎的本能，这两个事件构成了销售人员提出请求的**绝对禁忌**，命中任何一个都有被拒绝的风险，如果两个都命中了，结果不容乐观。

第一，不熟的人提出请求。

朋友之间提要求尚且会被拒绝，更何况陌生人？如果在和客户的客情尚未稳固之时，销售人员就开口提要求，就会降低客户初次拒绝的难度。而客户一旦做出了初次拒绝，之后销售人员就被动了。

第二，提出较大的请求。

向陌生人问路是一个很小的请求，指路人没有任何损失，也不浪费太多时间，反而会享受到助人的快乐，享受到求助人的感激和赞美。这种请求不太会触发人的警惕心。

销售人员要求和客户见面是一个中等的请求，客户有可能会浪费时间，但自己毕竟也有购买需求，销售人员或许可以提供一些有价值的信息，这种请求也算是合理的。如果请求方式得当，客户很有可能答应。

但是，销售人员要求客户购买是一个非常大的请求，这需要对方掏出真金白银来买单，尤其是在对产品、对销售人员都不熟悉的情况下，客户答应这个请求的风险很大。

很多销售人员跟客户刚刚见面，就上来急于推销，于是完美地触犯了这两条禁忌，很容易被客户拒绝。而销售人员不应轻易给客户拒绝自己的机会，同时，销售人员也不应给客户留下一个容易被拒绝、经常被拒绝的印象，而频繁的推销会强化这种印象。

心理学上有个"破窗效应"。美国斯坦福大学心理学家菲利普·津巴多于1969年进行了一项实验，他把一辆汽车停在纽约贫民区布朗克斯区，并对这个车做了一些小小的破坏：把车牌摘掉，打开了汽车的引擎盖，营造出被废弃的样子。被"废弃"10分钟内，这辆车就遭到了破坏，在仅仅一天之内，汽车上几乎所有值钱的东西都被拆了个精光。车辆遭到了各种随意的破坏：车窗被砸碎、组件被扯下、内饰被撕坏。

如果放在富人区是不是好一些呢？没错，这个实验有个对照组，他把另外一辆同样的"废弃"车放在硅谷的帕洛阿尔托区。人们路过、开车经过它，看着它，整整一个星期，竟然没有任何人对它"下手"。对于素质较高的人群来讲，"破窗效应"的门槛也相对提高了。

津巴多将车放在斯坦福大学校园内，并把车窗砸出一个大洞。这就像打开了潘多拉魔盒，过路的行人立刻加入车辆的破坏中，仅仅过了几个小时，汽车就被翻了个底朝天，彻底被毁坏了。

如果一辆完好无损的车摆在那里，很少有人会想到去破坏它，就算有好事者也要掂量一下后果和责任。但是一旦这辆车的窗子是破的，那么就意味着有人砸了它并且没有受到惩罚,至少目前没有。对于没有任何后果的破坏,总有路人会跃跃欲试。

销售也是同样的道理:客户初次到店,与你相谈甚欢。快结束的时候,你提了一个微不足道的小小请求,比如,让客户填写一下客户接待的反馈问卷。客户拒绝它需要克服一定的心理障碍,拒绝会破坏你们融洽的交流,会让场面尴尬,没人喜欢尴尬;拒绝会让你心里不爽,也没人会故意惹别人不爽而树敌……这些都是客户需要克服的心理障碍。而这个请求如此之小,客户答应了也不会失去什么,犯不着去拒绝你。所以客户大概率会答应填写你的问卷。

而如果请求的不是填写问卷,而是要求客户购买一台价值20万元的车,客户会斩钉截铁地拒绝。首先,客户只是初次到店,对销售人员的信任没有建立起来,客户和销售人员还不熟;其次,签一张20万元的单是一个很大的请求。两条禁忌同时命中,所以,客户会毫不客气地说"不",销售人员成功地申请到客户的初次拒绝。

而这个时候,"破窗效应"已经在生效,"破窗效应"中投石头的可能是一群人,也有可能是一个人反复砸车!

哪怕销售人员退而求其次,仅仅要求客户在客户问卷上写点好评,客户也大概率会拒绝,因为他已经把窗子打破了,再补一榔头也没什么大不了。

拒绝定律三:越正式的拒绝越难做出

面对面,看着对方的眼睛,拒绝对方很难;

电话拒绝其次;

发信息再次;

发邮件拒绝相对容易;

最容易的拒绝是耗着,不拒绝、不承诺。

人都有同理心,人能感受到对方的快乐、痛苦、愤怒,从而被感染,进入同样的情绪。每个人都渴望处在正面情绪中,都避免处在痛苦、愤怒、焦虑、消极等负面情绪中。

当客户看着销售人员的眼睛，对销售人员说：

"我买了其他公司的产品了，你别忙活了。"

拒绝的话脱口而出，需要克服很大的心理障碍，因为客户能看出销售人员眼中的失望，能看到他表情的变化，能感受到他的情绪忽然间低沉了下来。面对面地拒绝对方，需要当场接受对方所有的负面情绪，失望、悲伤、愤怒……不管是销售人员，还是客户，心里一定是很难受的。

而这一切都是人的本能所排斥的。所以，大部分的拒绝都不是以这种正式的形式表达的，因为，这太难了。

电话拒绝稍微好一点，毕竟不会被对方犀利的眼神"凌迟"，不会当面承受对方的负面情绪，但负面情绪依然可以通过声音传递过来，冷冰冰的沉默让你不知道如何结束这段难熬的通话。

如果情绪足够强烈，就算打字也能感受得到，一个笑脸符号，一个"呵呵"，一个"对方正在输入中……"都会让自己备受煎熬。发信息拒绝已经非常不正式了，但依然是一种实时的沟通方式，也不是那么容易应对。

所以很多拒绝是以邮件的形式进行的，通知你没有中标，通知你没有考上，通知你没有晋升，通知你明天别来了——万一你没看到，明天还来了，那就不得不选择最艰难的沟通方式了。

当然，最轻松的做法是把困难留给别人，最轻松的拒绝是不拒绝，拖着，直到对方主动放弃。这其实是一种软性拒绝，软性拒绝说明客户对产品是有顾虑的，但又不希望破坏与销售人员的关系。对于有经验的销售人员来讲，可以通过逼单反败为胜；对于新手销售人员来讲，后果是灾难性的，意味着无休无止的投入和等待。

第4节　成交三定律

我们说了这么多关于拒绝的道理,但是应该怎么做才能避免被拒绝?如何才能推动成交呢?

拒绝的对立面是承诺。当销售人员提出了请求,如果避免了被拒绝,自然就获得了承诺。如果在推动整个销售的过程中,销售人员可以一直避免被客户拒绝,或者有效应对客户的各种拒绝,继续推进销售过程,自然最终就可以成交。

为了更明确地说明应该怎么做,我们特提出了"拒绝三定律"的三个反向定律,称之为"成交三定律"。"成交三定律"与"拒绝三定律"一一对应,底层原理是一致的,解释了客户成交的心理动因。

销售人员掌握并严格遵循这三个定律,可以极大地降低销售被拒绝的概率,真正做到"一出手就成交"。

成交定律一:信任和好感会累积,承诺会升级

拒绝定律一:拒绝会累积,会升级。反之亦然,正面的情绪也会累积,好感也会累积,信任也会累积。客户的承诺也会积累:

客户提供信息是一种承诺;

客户答应销售人员面谈是一种承诺;

客户明确了自己的需求是一种承诺;

而销售人员克服了重重阻力,推动客户成交则是获取了终极承诺!

在整个过程中,销售人员从一个个小的承诺开始积累,慢慢积累成一个大承诺——成交。

美国心理学家罗伯特·西奥迪尼写过一本风靡全球的畅销书《影响力》,里面提出了一个非常有效的销售方法,也就是先提出一个小的请求,然后再升级成一个大的请求——这样比直接提大的请求有更大概率被对方应允。一旦你的小请求被对方所应允，就相当于他做出了一个承诺，那么对方就会尽量让自己前后言行一致。哪怕最后你提出的请求很大，对方也有可能会答应。从这个角度来说，"累积效应"也适用于请求和承诺。

在《影响力》中，心理学家苏·弗朗茨描述过一个巴黎的募捐骗局。募捐者在街头走向路人，请求他们在一份"支撑聋哑人"的请愿书上签字。这是一个非常小的请求，答应这个请求不会有任何的损失，绝大部分的路人都会欣然应允。一旦路人签字完成，骗子就会请求路人向聋哑儿童捐款，而很多人都会给钱，以确保自己的行为和刚刚的支持态度一致。而实际上，募捐者其实只是一个熟稔心理学的骗子。

在请愿书上签字是那个小的请求，签个字只是举手之劳，而不签字反而显得自己粗鲁又冷漠，所以路人比较容易答应签字。签字本身不是骗子想要的，但签字背后的心理暗示才是骗子想要的：路人签字表达了支撑聋哑人的立场，并且树立了"爱心人士"的人设。在这种人设下，骗子提出募捐的请求后，路人是很难拒绝的，因为那相当于推翻了自己的人设，说得严重一点，相当于打自己的脸，那需要克服很大的心理障碍。

销售是一个避免被拒绝的过程；销售是一个积累好感和信任的过程；同样，销售也是一个积累承诺的过程，最终的目的是获得一个大的承诺——成交。

顾问式销售过程比街头募捐要复杂得多，获取签名后可以直接跳到索取5欧元的捐款，但从客户接通电话到签约100万元的合同中间还有很长的路要走。在本书的理论中，至少还有三个阶段，包括四到六个步骤，后面会详细介绍。

客户关系就像两性关系，总是从陌生人开始，双方没有信任，只有一些需求，或许有点好感。但如果进入良性发展的轨道，好感就会慢慢累积，信任逐渐建立，交流变得频繁、坦诚，交流的层次也逐渐深入，对彼此的需求也更加明确。从日常到工作，到生活，到情感，最终走入婚姻。

在这个过程中，"累积效应"至关重要，一切都是为了积累，积累的内容包括：客户的好感、信任、需求明确度、客户的承诺，从而最终**一出手就成交**。

反而言之，如果没有信任的累积，没有承诺的升级，销售人员就不要强行出手推销（hard sell），否则一出手就被拒。

成交定律二：对产品价值的认可 + 对销售人员的信任 = 成交

拒绝定律二：初次拒绝别人是最难的，随后难度逐渐降低。给销售人员的启示就是：在销售过程中，不要轻易给客户拒绝自己的机会，尤其要避免被客户初次拒绝。因为一旦完成了被客户初次拒绝，就会次次被客户拒绝。

反之，销售人员需要做的是不停地积累客户的好感和信任，不断地获取客户小的承诺，每次只推进一小步，到最后时机成熟，才提出最终的那个请求——关单，从而一出手就成交。

成功的销售人员一出手就成交，背后有两个至关重要的条件。

第一，客户充分认可产品的价值。

产品能满足客户需求，这是产品的价值所在，也是客户购买的最原始驱动力。这句话有两层意思：

- 如果客户不认可产品的价值，就不会购买，销售人员不要硬卖；
- 如果客户没明确自己的需求，就不会认可产品的价值，就不会购买，销售人员不要硬卖。

当客户需求非常明确，并且100%确定这个产品是自己想要的产品时，销售人员的关单请求就变成一个非常合理的建议。成交也不再是一件难事，成交并不是销售人员的索取，也不是客户的施舍，而是两者的等价交换。

当然，客户可能会有其他的顾虑：会不会买贵了？会不会买到假的？会不会服务不好？等等。

这就需要第二个条件。

第二，客户对销售人员充分信任。

这种信任表现为对销售人员个人的信任，因为是销售人员在主导这个过程，是销售人员和客户建联，是销售人员在维护客情。但是这个信任的内容更广泛，包括了很多层面上的信任：

对销售人员人品的信任；

对销售人员所推介的产品的信任；

对销售人员背后的公司的信任；

对公司品牌的信任；

对后续服务的信任；

…………

当这些信任达到一定程度，客户购买的顾虑就消失了，客户购买就不会遇到任何阻力。

只要满足了这两个条件，销售人员**一出手就成交**，客户一般不会拒绝。

而失败的销售人员一出手就被拒绝，很有可能是出手的时机不对，两个条件不满足。尤其在销售周期的早期，对应的是客户需求周期的前期，客户的需求未明确，客户对产品价值不认可，对销售人员不熟悉，一般不会轻易购买。

但是，很多销售人员过早提出关单请求，也就过早地积累了一个初次拒绝，还是一个大的、直接的拒绝。从此一步错，步步错，客户已经学会了如何拒绝，已经适应了心安理得地对销售人员说"不"，之后不管向客户提出什么样的请求，客户都会习惯性拒绝。

成交定律三：关单过程要正式，不要给客户轻易拒绝自己的机会

成功的销售人员一出手就成交，客户总是很难拒绝他。销售人员与客户建立了非常友好的关系，充分了解了客户需求，并且提供了有价值的方案，做足了前期铺垫工作。当最后，销售人员看着客户的眼睛，真诚地提出关单的时候，气氛都已经烘托到这个份上了，就算客户内心还是有点犹豫，但拒绝却很难说出口，最后还是选择成交。

失败的销售人员一出手客户就会拒绝，很有可能是销售人员选择了容易被拒绝的方式，自己给了客户拒绝自己的机会。

永远、永远不要让客户拒绝自己的时候太轻松！只要请求有一定概率被拒绝，就尽可能当面提。有些时候客户是比较犹豫的，对于销售人员的某些请求，客户虽然心中还是有顾虑，但也不是不可以勉强接受。这个时候请求的场合和方式就起了决定性的作用：当犹豫的客户当场看着你的眼睛，看到了你眼中的期待和友谊，看到了拒绝之后你的失望和愤怒，看到了成交之后的合作前景，客户也许一动摇就答应了。

也有可能在本来要成交的关头，销售人员不在现场，客户在答应的那一刻，忽然间一些杂念涌上心头，或者竞品的销售人员横加干预，甚至是旁人无意的负面评价，都会让客户先拒绝再说，毕竟慎重点也没什么不好，毕竟发条信息拒绝起来也很容易。一旦被拒绝，之后销售人员想要翻盘就更加困难了。

这很考验销售人员的功力，一旦销售人员提出请求的方式不对，那本来可以成交的订单就会节外生枝。我们可以给出几个具体的建议。

不要在电话里、微信上、邮件里报价！来，现场聊，看着客户的眼睛报价！

不要在线上讨论方案！现场谈，客户哪里不满意，看着我的眼睛告诉我！

不要在线上提任何要求！现场提，饭桌上提，球场上提，哪怕让客户填个问卷，如果可以也要在他面前把链接发给他！

打单的过程可以灵活、随意，但关单的过程需要正式，甚至需要一些仪式感。

关于关单的仪式感，有的读者也许会举出一些反例，如网上一些令人尴尬的求婚、表白。

男生手捧一大堆玫瑰，毫无征兆地在人群中向女生下跪，然后是亲友团和人群的热烈起哄。男生自以为仪式感满满，但女生却或惊慌失措，或万分尴尬，或突然暴怒，最后不欢而散……

这些"仪式感"的反面教材恰恰印证了拒绝定律中"提出请求的两条绝对禁忌"。

第3章　销售的三个阶段

销售的过程与篮球投篮有很多相似之处：篮球高手不会随意浪费球，而是在最合适的位置和时机，采用最标准的动作，力求一击命中；同样，销售高手也不会随意推销产品，而是等待最佳时机，以最合理的方式和最专业的产品方案进行推介，一出手就追求成交。

客户的需求不是忽然间产生的，购买也不是突发性事件。需求从起念到明确，是一个心路历程；购买从需求到付款，也是一个心路历程。在这个过程中，客户会发生一系列心理变化：客户需求从模糊到明确，对产品方案从陌生到熟悉，对销售人员从心存戒备到打开心扉，客户与销售人员从陌生人到朋友，客户从顾虑重重到彻底放心……

对于销售人员而言，把握客户的心理状态至关重要，这直接决定了销售的策略，决定了销售的推进节奏。我们已经谈论了很多客户的心理学，也谈论了很多客户需求的心路历程。那么，站在销售人员的视角，相应的销售过程应该是怎样的呢？怎样才是最合理、最有效的销售节奏呢？

销售的周期开始于获取线索，结束于客户成交，之后会有客户推荐和口碑传播，带来更多的线索，更多的销售周期周而复始、循环往复。**从线索到成交就是单次销售的完整过程，为一个销售周期。**

从客户心理状态的角度来看，一个销售周期可以分为三个大的阶段：客户建联、推介方案、决策成交，我们称之为"销售三段"。

这三个阶段客户的心理状态完全不同，客户时而感性，时而理性；这三个阶段客户的决策方式不同，有的阶段以本能决策为主，有的阶段以理智决策为主，客户的新脑、旧脑会交替主导客户的决策。而一个销售周期顺利走完，中间需要客户做很多个决策，克服很多心理障碍，销售顾问需要根据客户的心理状态，采取相应的应对策略。

从销售策略的角度来看，销售过程可以拆解为六个步骤：初次沟通、明确需求、推介方案、关单逼单、止损保温、锁定胜局，我们称之为"成交六式"。这六式正好对应了功夫中的起式、虚实、出招、大招、后手、收式，非常好理解，也容易记忆。

每个步骤都是一套SOP，一起构成了完整的销售全流程SOP。这六个步骤详细定义了销售人员需要做的具体的事情，确保销售过程稳步地向下一步推进，直到成交。

一套行之有效的销售SOP基于一个科学的方法论，"销售三段"是方法论，只有理解了原理，才能掌握销售技巧。先得道，而后有术，否则生搬硬套不会有效果。

在实际业务中，公司在培训销售人员、落地销售SOP之前，需要解释清楚这些冗长流程背后的原理，否则销售人员就会把流程看成负担，心生抗拒；又或者死记硬背，无法理解原理，自然执行不到位。再好的方法和流程，如果执行打了折扣，销售效果自然也会打折扣。

客户建联、推介方案、决策成交的"销售三段"是销售流程，对应了客户的需求过程。客户建联、推介方案、决策成交的三个阶段也一一对应了客户的"需求生命周期"的起念、寻源、权衡、需求明确四个阶段。

从客户"起念""寻源"开始，销售人员就开始相应的"客户建联"；客户对产品方案的"权衡"对应了销售的"推介方案"；而客户最终"需求明确"，销售人员就可以推动客户"决策成交"。

销售要卖，客户要买，这两者就像硬币的两面，是紧紧耦合在一起的。对于销售顾问而言，一定要有客户视角，站在客户的角度思考整个销售（购买）的过程，才能真正把握客户心理，掌控销售节奏。

在销售的三个阶段中，客户会经历三种心理状态，采取三种决策模式，本能和理智都会同时在线，但会交替起主导作用，交替支配客户的决策机制。根据我们之前的理论：新脑负责理性，决策谨慎；旧脑负责感性，决策冲动。销售顾问可以依据销售阶段，相应使用理性和感性的工具，触发客户的新脑和旧脑，从而引导客户成交。

对于客户而言，新脑、旧脑都参与决策是非常必要的：如果只依赖旧脑，甚至大额产品也冲动购买，客户很有可能会多花冤枉钱，甚至有可能被骗；但如果只依赖新脑，就会过度谨慎，迟迟做不了决定，客户正常的需求迟迟得不到满足，对客户的时间、精力也是一种浪费。

客户在购买过程中会交替使用新脑、旧脑进行决策，这要求销售人员必须同时擅长理性沟通和感性沟通，要求综合使用多种销售策略来应对，销售人员无法指望一招鲜吃遍天。销售人员无法只靠冷冰冰的话术、干巴巴的产品参数、赤裸裸的价格优惠去打动客户，这只会让客户陷入警惕、怀疑、无休止的对比，以及下定前的犹豫。销售人员也不应该纯打感情牌，与客户攀交情、请客户吃饭、投其所好是无法真正为客户提供商业价值的，不把商品方案的价值点讲清楚，客户是不会轻易购买的。

销售人员需要发挥销售的科学性和艺术性，通过理性+感性的沟通方式，充分调动客户的新脑和旧脑，最大化地促进成交，为客户创造价值。

第一阶段 旧脑主导 以友好建立联系

第二阶段 新脑主导 以理性推介方案

第三阶段 旧脑主导 以感性促进决策

这三个阶段是层层递进的关系,销售人员需要循序渐进,不得跳过。必须做足充分的工作之后,才可以推进到下一阶段,操之过急就会导致客户抗拒,让销售过程失败。现在让我们走进这三个阶段,一窥究竟。

第1节 阶段一:以友好建立联系

面对陌生人,每个人都会有防备心,尤其是在面对销售人员的时候,防备心就变得更重。因为他知道,对面这个人想要赚他的钱。花钱倒也没那么可怕,更可怕的是受骗,是花冤枉钱!

销售人员需要深刻理解:客户对于自己会花钱这件事非常谨慎;不只是客户,所有人对于自己可能会失去金钱这件事都非常谨慎。尤其是在陌生的场所、向陌生人、花大额的金钱,购买一个陌生的物品,这会激活客户的理智决策系统,让客户的新脑疯狂计算,陷入深深的怀疑。

销售人员需要充分尊重客户的这种感受,并且消解客户的防备心,否则根本无法开始一个正常的销售过程。很多销售新人上来就开卖,明确地表达推销意图,刚好踩中客户的心理雷区,只能换来客户扭头就走或者直接挂断通话的结果。

在与客户接触的初期,销售人员和客户从陌生人到建立客情,我们称之为"建联"。建联不只是一个动作,而是一个过程,在这个过程中销售人员会得到客户越来越多的信任和好感,客情会逐渐加强。

客情是销售人员与客户之间的关系状态。人与人之间有人情,亲人有亲情,朋友有友情,爱人有爱情,而销售人员与客户之间的情谊就称为"客情"。建联之后,销售人员才能逐步消解客户的防备,建立良好的客情,并且维护、增强客情,这样后续一系列的销售步骤才有可能发生。

大部分零售行业不太重视维护客情,但对于"顾问式销售",客情是一个重要的概念,在书中会多次出现。

首先,千万不要过早地开始推销。这样会强化客户的防备心,很容易换来客户的初次拒绝。尤其是在建联阶段,别把客户当成客户!真诚地把客户当成普通人!

当销售人员把客户当成一个充满情感的"人",而不是一台行走的提款机时,销售人员就会真诚地尝试与客户交朋友。朋友之间要首先谈感受,而不是首先谈利益、谈生意。

"以友好建立连接",就要尽量避免触发客户的新脑,要充分调动客户的旧脑,激发他感性的一面。当客户的旧脑被激活时,客户不再是做生意的对象,而是变成了客人;销售人员也不再是卖东西的,而是在客户购买的时候,帮忙出谋划策的。客户之后的所有行为都是由本能决策系统驱动的,对销售人员的友好给予对等的回应。

销售人员以饱满的能量对客户释放友好的信号,客户也会对等地报以善意;

销售人员向客户微笑,客户也会向销售人员微笑;

销售人员主动出门迎宾,热情地向客户招招手,客户一般也会挥挥手;

销售人员关心客户冷不冷、热不热、要不要坐、喝不喝水,客户就会感谢,心生好感;

销售人员以朋友的方式与客户交谈,客户也会宾至如归,像朋友一样进行回应;

销售人员在初期多给客户一些松弛感，客户就会慢慢地卸下防备心理；

这时候，销售人员想要加客户为好友，给客户一些资料，询问客户的基础信息，客户会欣然应允。

在建联阶段，销售人员可以充分地利用各种感性的力量，调动客户的旧脑。这些感性的力量包括：友好的话术、温暖的语言、情绪的力量、肢体动作、微笑的表情、友善的互动……

但是，如果销售人员不幸触发了客户的新脑，就会激活他理性的一面，他之后所有的行为都是由理智决策系统驱动的，对销售人员的表达进行分析、判断、讨论甚至反驳。

销售人员上来就问客户要买什么，客户的防备心就会替他回答：我就是来看看！

销售人员上来就给客户推销某款产品，客户的理智马上就告诉他：我暂时不需要！

销售人员喋喋不休地给客户介绍产品功能和性能的时候，客户的注意力一定会放在那些不足之处，希望找到产品的破绽。

销售人员和客户聊了几句就开始报价，客户的内心独白是：我还没决定要买呢！

销售人员为了让客户尽快买，于是主动打了个折，客户不会感谢你，他只会想：一定还能更便宜！

在建联阶段，一旦销售人员非常直白地推销，客户的理智决策系统就会马上被激活，客户也会变得非常理性且直白，甚至会有些粗暴。在第一阶段，主要的目标就是友好地建立联系，建联阶段越初期，销售人员越应该避免谈论产品功能、产品性能、客户需求、客户预算、价格、折扣、优惠等。

其次，销售以顾问的身份为客户提供咨询，会建立巨大的心理优势，建立良性的沟通模式。 而一旦把自己定位成卖东西的，客户就会获得巨大的心理优势，销售人员的沟通就会被动。

销售人员很容易压制不住内心的销售冲动，时刻寻找产品的推介时机，只要开口卖，就已经把对方当成客户。而客户心中就会立刻构建起"销售—客户"的沟通模式，客户天经地义地就会把自己当成"上帝"，因为在销售领域里"客户就是上帝"是一条铁律！

也许你并不赞同"客户就是上帝"，其实我本人也未必赞同这个观点，但是所有的客户都赞同。这个理念已经被宣传了几十年，已经深入人心，客户在心理上都会感觉比销售人员高一等，客户倾向于成为主导的一方，客户相对于销售人员有巨大的心理优势。如果不信，你去看企业之间的合同，大部分销售方都是乙方，大部分客户都是甲方。

对方一旦确认了自己客户的身份，就锚定了自己的心理优势地位：客户可以随时与你通话，也可以随时挂断电话；客户可以随时来你的店，也可以随时离开；客户提问你要回答，客户想安静你不要打搅；客户不介意自己的失礼行为，销售人员也习以为常……之后，甲乙方之间就不再会平等，乙方需要持续地献殷勤并且投入，甲方欣然接受一切，因为甲方觉得自己最终会买单 —— 但问题是大部分的客户最后都无法完成购买！从开始建联到支付的转化率低得令人发指。

把对方当成客人，一切就不同了。对方是客人，销售人员就是主人，我们就在心理上锚定了一个更有优势的地位。我们作为一个热情的东道主，对客人友善地欢迎，并且引导，适时地提供帮助和支持，起到的效果会截然不同。

> 欢迎来到我的门店，您随意逛逛，有问题找我；
> 累了坐一坐也无妨，您先休息着；
> 欢迎来到我们公司，让我来带您先参观一下我们的厂区和生产线；
> 欢迎来到我的知识领域，让我来给您介绍一下这个行业的门道；
> …………

有读者可能会提出异议，我和客户先在商言商谈合作，后来也慢慢成了朋友，感情也很好。这种情况是有可能的，但这种情况早就跳过了建联阶段，甚至跳过了初期的几次销售循环，已经进入销售的良性循环了。持有这种观点的读者可能已经是多年的老销售，甚至在经营自己的生意，可能已经忘了自己是销售新人的时候如何苦苦拿下第一单的经历了。我们的目的是让销售人员在建联阶段尽量高效，以更少投入获得更大收获，更高转化率地完成订单。

友好沟通才是有效的沟通模式，才是良性的沟通模式。当我们与客户建立起这种沟通模式之后，销售过程就会变得简单、顺畅，宾主之谊转化成商业合作也顺理成章。希望销售人员可以记住：不要单方面的殷勤，而要双向的友好。

再次，建联的过程也是筛选无效需求的过程，建联困难的客户往往是低意向客户。

很多销售人员可能有顾虑：如果客户到店、来电、留资，我不殷勤地去推销，万一错失商机怎么办？

但作为销售人员，我们会痛苦地发现，自己大部分殷勤的推销都没有产生收益。如果从客户接待到支付的转化率是10%（很高了），那么90%的推销工作都是无效劳动，越殷勤越白费力气。我们当然希望减少在这些工作上的投入，但问题是到底这些工作是哪些工作呢？

建联的定语是"友好"，这种友好是双向的，销售人员对客户友好，用自己的饱满的热情去感染对方；客户也会对销售人员回报以友好的态度。也有可能销售人员已经尽力了，但客户没有对等回应，态度依然非常不友好，建联依然不太成功。

比如，客户不存销售人员的电话，不加销售人员为好友，不接电话，不回信息，也不主动联系；或者每次主动联系都是咨询和索取，客户很少投入自己的时间、精力和资源，不愿意到店，不接受销售人员的登门拜访，甚至都不愿意介绍自己的情况；甚至有的客户态度非常无礼，完全不在乎销售人员的感受……

这些现象都在说明：客户的意愿度不高，销售人员要考虑客户的需求是否真实、强烈、有效，是否需要继续尝试与这类客户建联。

建联的过程也是筛选无效需求的过程，销售人员不要在无效需求上浪费太多的时间和精力。另外也不要对没有有效需求的客户用力过猛，因为这样做不仅不会给客户创造价值，销售人员也会收获很多很多拒绝，无谓地消耗自己的能量和情绪。

虽然做销售难免会被拒绝，甚至是被冷嘲热讽，被粗暴打断，尤其是在职业生涯的早期，这些情况都会遇到。这都是正常的，但这也是要尽量避免的，因为每次发生这些情况都是一种对销售人员情绪上的打击，都是对销售人员能量的消耗。

销售是依赖内心能量值的岗位，一个销售冠军一定是个高能量的人，能量值越高的销售人员，业绩越好。这种打击和消耗多了，一定会影响销售人员的业绩，多到一定程度，销售人员也就油尽灯枯，干不动了。

在门店里，销售人员友好地招呼客人：

欢迎来到我的门店，您随意看看，有问题找我。

或者：

累了坐一坐也无妨，您先休息着。

如果客户根本不回应，甚至都不用正眼看销售人员，那没有关系，销售人员并没有损失什么。

客户自己浏览了展示的产品、价格标签、参数表之后觉得不合适，这种无效的需求就自然地被筛选出去。

客户和太太一起逛男装店，客户看中了一个非常帅气且正式的套装，但是太太马上浇灭了他的念头:"你一年能穿几次?再说家里已经有好几件在吃灰了……"这属于转瞬即逝的需求、不真实的需求,销售人员最好也不要太殷勤地跟进。

有时客户只是纯逛,没有特定的购买需求,属于弱需求。面对一个新客户,销售人员想凭空创造需求,或者把弱需求放大,难度非常高。而那些充分寻源、浏览、体验之后,带着具体的问题和友好的态度过来的客户,才是真正的潜在客户,他们是销售人员建联的对象。

欢迎来到我们公司,让我来带您先参观一下我们的厂区和生产线。

一个大客户销售人员,成功地把客户邀请到自己公司的厂区,客户已经表达了积极主动的意愿和友好的态度。但此时依然不要急着推销具体的产品和型号,可以带领客户在厂区进行参观,根据客户的兴趣,给客户普及一下生产领域的知识、供应链的知识、上下游行业的知识,顺便了解一下客户的需求、痛点和计划。客户如果对你们公司的产品有兴趣,自然会抓住话题,有来有回地进行交流。

聊着聊着,自然而然地走到公司产品的陈列区,把话题转向产品知识。这样自然能筛选出客户的有效采购需求,而不用啰唆地推销太多客户不需要的东西。

最后,与客户建立友好的连接,才能获取足够多的客户信息,为之后的销售打下基础。

在心理上首先锚定的是客人和主人的关系,销售人员就更容易消除客户的防备心理,从而建立朋友式的连接模式和沟通方式。但在工作中,销售人员不是为了社交而交朋友,而是为了做生意而交朋友,目的依然是为之后的销售铺路,需要把客人转化成客户。建联完成后,客人就变成了潜在客户,销售人员就可以推进到下一阶段。那么如何判断建联成功呢?

建联成功的最主要标准就是:得到充足的客户信息,从而可以制定相应的销售策略。这些信息包括客户基本情况、客户需求、购买的时间节奏、预算等。

前文我们曾经说过：

在建联阶段，要充分调动客户的旧脑，尽量避免触发客户的新脑。

建联阶段越初期，销售人员越应该避免谈论产品功能、产品性能、客户需求、客户预算、价格、折扣、优惠等。

你不让我问这些理性的问题，我怎么知道客户的这些信息呢？

建联是个过程，不是一个"ON/OFF"的开关。要先展示友好，不要一上来就表明销售意图，询问客户太多的个人、企业、商业信息。面对陌生人，客户会认为这些信息是隐私，如果问得过于粗暴和直白会吓跑他们；而面对业务上的合作伙伴，这些则是需要提供的必要信息，客户不会觉得需要保密。

但面对信任的销售人员，这些信息是客户理应要提供的，并且乐于提供的，否则客户跟销售人员聊这么久是来干什么的？在沟通的过程中，随着客户防备心理的消弭，销售人员可以引导客户主动表达，获取客户的相关信息。

第 2 节　阶段二：以理性推介方案

在建联阶段，走心是最重要的；在方案阶段，走脑是最重要的。

在第一阶段，我们花了大量篇幅劝说销售人员不要一上来就卖，这个"卖"其实就是推介方案；而在第二阶段，"卖"就是一个主要任务了，我们主要探讨如何卖得更有效果，可以"一出手就成交"。在这个阶段，销售人员要让客户充分了解方案（包括产品和服务）和它的价值，之后再帮助客户做出决策。

曾经有个段子在网上流传甚久，问：如何才能把梳子卖给秃子？

很多销售"高手"给出了不同的答案：有的人的方案是把梳子做成工艺品，让它具有收藏价值；有的人会将梳子包装成功能产品，宣传它的生发功效……

但正确的答案是：不要把梳子卖给秃子。

首先，销售人员要对推介的产品方案负责，必须要满足客户的真实需求，必须能给客户提供价值。

销售人员推介的产品或服务要真正为客户创造价值，这是区分销售行为和忽悠、传销、欺诈行为的关键标准。传销可能为某些客户提供了致富的机会，但其产品的价值通常与其宣传严重不符；而邪教通过洗脑手段为其信徒提供强烈的情感价值，但它们的教义实际上并无实质价值。

客户购买一定会经历一个慎重的决策过程，越大额越应该慎重，因为不慎重的后果很严重。尤其是企业采购，客户各个相关方一定会深思熟虑、反复权衡。

但是有的销售人员确实能力很强，他们往往拥有强大的气场、迷人的魅力、丰富的经验和高超的技巧，能够非常有效地引导客户的行为，影响客户的心理。有些没有经验的客户很容易被带偏，甚至连产品的具体配置都没搞懂，功能也不了解，就贸然先付钱买了。结果事后越想越不对劲，发现自己被严重地过度推销，被捆绑销售了很多附加功能和配置，被多收了很多钱，其中很多东西自己都不需要。在这种情况下，要么客户吃哑巴亏；要么客户回来维权、退货、引发纠纷、诉讼、舆情；要么客户怀恨在心，四处贬损企业品牌，影响企业声誉。这些都不是我们所乐见的。

既然客户跟销售人员建立了信任，销售人员就不要辜负这种信任，不要利用这种信任只赚一票钱，赚完钱拍屁股就走。要借助这种信任，充分理解、挖掘客户的需求，给他推介最有价值的方案，从而跟他建立长期的合作，获取更大的收益。

销售是一个可以长期发展的职业路径，在这条道路上，需要大量积累客户资源、人脉，销售人员应该珍惜自己的声誉和口碑，这会给自己带来源源不断的新的商业机会。如果仗着自己的销售技能，对客户过度销售、强行销售，这无异于杀鸡取卵、竭泽而渔。

其次，在推介方案阶段，销售人员需要树立专业的人设，从而引导客户的新脑。

客户购买的金额越大就越慎重，新脑的介入程度就越深，客户的理智就会起主导作用，权衡的时间就越久。权衡的因素包括内部自身因素如需求、预算、时间节奏等，外部因素如品牌、价格、功能、性能、外观、款式、体验、安全、口碑、服务、售后等。

权衡的内容如此之多、如此复杂，客户就容易举棋不定、难以决策……

在这个阶段，对于销售人员来讲是推荐方案，对于客户来讲是选择方案，客户会进行理性的思考，新脑会被充分调用。销售人员需要以理性回应理性，以新脑来回应新脑，这样频道才能对得上，才能进行有效沟通。客户明明关注的是产品功能、技术细节、价格细项等客观问题，如果销售人员的回答驴唇不对马嘴，无法予以正面、直接、合理的回答，那就会逐渐失去客户的信任，给客户留下一个不专业的印象。

销售人员不应该一味地搞关系、套近乎、输出情绪价值，在建联阶段主要靠走心，这些策略没有问题。但是在推介方案阶段，应该切换到开始走脑，走新脑，走专业路线。销售人员越专业，越容易打动客户的新脑。

销售人员的价值体现在可以在纷繁复杂的备选方案之中，在竞争对手的步步紧逼之下，化繁为简、深入浅出地帮助客户了解自己的需求，了解自己要买的东西。销售技巧一直都很重要，但在推介方案阶段，销售人员的专业素养至关重要，如果没有过硬的专业知识，销售技巧就成了无用的花拳绣腿，不堪一击。

我们试想：一个客户正在 4S 店里选购新能源车，他每年有几次要开车 800 公里回老家，最介意的就是续航里程，这是客户的真实需求。销售人员和客户已经充分建联，客户把自己的家庭情况、需求、预算全告诉销售人员了。销售人员正在天花乱坠地推介某款车：这款车非常合适客户，续航很长、很扎实、不虚标……

这时候客户提出了几个问题：

这款车的电池是多少度？

电池供应商是谁？是什么材料的？

每百公里电耗是多少？

为什么同样大的电池，你们的车比竞品多跑50公里？

销售人员卡住了！然后开始岔开话题……

这些问题的答案跟销售技巧无关，知道就是知道，不知道就是不知道，不管用什么样的技巧来掩盖自己对于产品知识的不足，客户最终没有得到自己想要的答案，就不会安心做出购买决策。

客户有可能会觉得销售人员不懂装懂，更糟糕的是他有可能觉得销售人员在掩盖产品的缺陷，不管客户怎么想的，销售人员很有可能失去客户的信任和尊重。

但是，如果销售人员可以很流利地说：

这款车是单电机版本的，电池是80度。

是我们自研的三元锂电池，甚至出口到欧美。

每百公里电耗13.5度。

因为我们这款车采用了低风阻的设计，风阻系数低至0.19；采用了电池厂家最新的BMS技术；整个电器架构集成度非常高，能量管理的各个方面都做到了极致……

客户边听边赞许地点头，心中默默认可销售人员的专业表现，并且完全吸收了销售人员想要传达的信息。

销售人员的专业表现，首先强化了客户和销售人员之间的友好连接，并且也立下了一个专业、权威、可信赖的人设。就算客户的新脑依然在权衡、犹豫，但是客户的新脑已经认可销售人员的新脑，认可了销售人员的专业、理性。之后销售人员再说什么，客户也都能听得进去了。

第3节　阶段三：以感性促进决策

在客户做出购买决策之前，销售人员要充分理解客户的需求，充分沟通方案，让客户认可产品方案的价值。但如果已经充分沟通，客户还是不做决定，依然在反复权衡，那么沟通对双方就都无益了。

对客户是一种精神内耗，耽误了客户使用产品和业务进度；对销售人员也是一种无效劳动，浪费了销售人员的时间和精力，也浪费了公司的销售资源。不要拖拉，马上推动客户做出决策！

如何判定产品方案的沟通已经充分了呢？

标准很简单，一些双方都清楚的问题，还是翻来覆去地讨论时，就说明产品方案的沟通已经充分了。炒冷饭的时候，饭其实已经熟了，过度翻炒的时候就应该装盘了。当客户把双方达成共识的东西又翻出来讨论的时候，就该提醒客户做决策了。

销售人员经常会遇到这种情况，客户意向明确，预算就位，对产品的方案已经了如指掌，但他就是纠结。他会很频繁地跟销售人员聊一聊，甚至主动约销售人员见面，同一个问题一遍又一遍地不厌其烦地讨论，但他就是不签合同、不下定金。

这个时候，客户脑子里有两个小人，这两个小人的观点不同、理念不同，因此吵得不可开交，不断相互拉扯。在这个过程中，人的心力就会被消耗。个人客户早点购买产品早点使用，企业客户早点采购设备早点开工，早点产生效益；如果是购买服务，客户早点购买，早点享受服务，早点解决问题。它不香吗？在这种情况下，选择任何一方都比耗在那里要好。

对于销售人员来讲，时间都是有成本的，该传递的信息都已经传递到位，该说的道理也都说得差不多了，再多说就无益了。所以赶紧开始关单。

在第二阶段，新脑起了非常大的作用，但是在第三阶段，新脑可以先休息一下。第三阶段是决策阶段，太理性是不容易做出决策的，客户需要一些魄力，甚至是冲动，是由旧脑驱动的。而销售人员则需要用一些销售技巧，调动起客户的旧脑，让客户的感性、情绪、勇气、冲动等发挥作用。

客户李先生看中了一套家具，非常喜欢，新房子已经快装修完成了。这套家具30多万元，确实有点贵，但客户的新房接近200平方米，客户有这个实力，预算也留足了。但是客户一直在纠结要不要买这么贵的家具，已经来店里看了三次了，也去别的家具店比较过，可就是喜欢这套的款式。客户在微信上也经常跟销售人员磨，眼看新房就要装修完毕，但是一直下不了决心。

今天客户又来店里了，找到销售小王，问道："你说这套家具的玻璃从黑色换成茶色会不会更好看？"于是销售小王热情地和客户讨论起配色方案，从十点聊到中午，还帮客户点了外卖……

这是一个非常典型的销售场景，不管是在零售行业还是大客户销售领域，客户最后的举棋不定对于销售人员都是巨大的消耗。在犹豫期客户很有可能被竞争对手挖走，销售人员就前功尽弃、损失惨重了。在这个阶段，理智决策系统已经没有起到什么积极作用了，销售人员不应该继续迎合客户无休止的权衡、分析、讨论，而应该唤醒客户的旧脑。销售人员应该基于之前对客户的充分了解，综合使用各种关单技巧，调动客户的旧脑，让快系统介入，加快决策。

如果客户事业有成，是个自信的人，销售人员可以唤醒客户的自我意识，让客户的自我意识帮他做决定。

首先，可以先结束关于玻璃颜色的讨论，不要在这上面浪费时间了：

李总，您的第一眼审美永远是对的，你喜欢黑色这么久了，黑色就是您的最爱，其他的想法都敌不过您内心真实的选择。

然后继续激活客户的自我意识：

李总，您来了这么多次，跟您这种有实力的成功人士交流真是受益匪浅……您的审美水平很高，看您家的装修图真让人羡慕……

销售人员可以观察客户给的反馈，判断客户的旧脑是否已经开始活跃，比如：客户开心地与销售人员互动、微笑地表示过奖过奖，甚至是得意扬扬地应和……如果客户的旧脑已经被充分激活，进入了感性决策模式，销售就应该马上开始催促客户关单：

李总，您是一个很有主意的人，已经来看了好几次了，肯定已经拿好主意了。我也很希望之后能继续服务您这种高端客户，我把合同已经准备好了，之前谈好的折扣、安装、售后等条款都在里面，请您过目。

这样就很可能成功地把销售过程推进到签约阶段，最终成功关单。

当然客户有可能是完全相反的个性和类型，话术一定不能死记硬背，需要在第一阶段（客户建联）、第二阶段（推介方案）中持续收集客户信息，分析客户并且有针对性地制定销售策略。我们在成交六式中，会予以详细说明。

第4章　成交的六个步骤

"销售三段"主要是依据客户的心理状态而划分的,在这三段中,主导客户行为的分别是旧脑、新脑、旧脑。这要求销售人员相应地用不同的销售策略来应对。

本章我们来到销售人员的视角,继续对"销售三段"进行拆解。在销售实战中,从销售人员需要做的具体动作出发,我们把销售周期拆解成了六个环环相扣的环节,对应了六个关键动作,分别是:初次沟通(起式)、明确需求(虚实)、推介方案(出招)、关单逼单(大招)、止损保温(后手)、锁定胜局(收式)。在下文中,我们将其简称为"成交六式"。

我们把销售流程比喻成六个武功招式,主要是方便销售人员理解、记忆。只有销售人员对于销售方法论和流程理解了,才会认可,才会记得住,经过一遍又一遍的实战练习才会变成肌肉记忆,广泛应用,从而提高整体业绩。

虽然我们把"成交六式"比喻成功夫,但销售人员需要意识到客户绝对不是你的对手,这套招式绝不是用来征服客户、打败客户的。没有一个客户会承认自己是被销售人员说服而购买的,在销售过程中,客户是决策人,销售人员只是帮他参谋,并适当加以引导。这套招式不是为了与客户对战,而是与客户共舞。

销售人员也不需要刻意打击、贬低竞争对手,这样很有可能会引起客户的反感和不适,销售人员最大的对手其实是自己。销售人员要学会控制自己的情绪,采取正确的招式,控制自己的能量值,在恰到好处的时机采取正确的措施,不出手则已,一出手就成交。

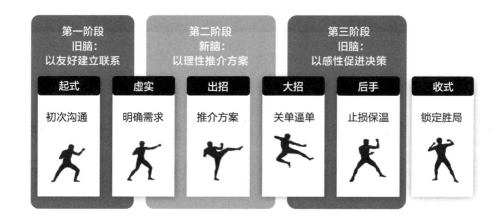

在进入"成交六式"的细节之前,我们有几点需要说明一下。

第一,我们可以看到,与"销售三段"一样,"成交六式"也是步步推进的关系,一环扣一环,直到最终成交。但是很多时候,销售人员用完了最后的手段,投入了大量的时间和精力,好说歹说客户依然迟迟不能成交。在这种情况下,销售人员应该停止投入,及时止损,但也不能跟客户断联,应该与客户保持一定频率的接触,以期待后面还有机会转圜——这就是所谓的后手"止损保温"。

第二,"成交六式"是销售人员的六个具体的动作步骤,这些步骤落在不同的销售阶段。有的步骤甚至横跨了两个销售阶段,说明有的招式需要综合调动客户的新脑和旧脑,销售人员要综合使用理性沟通和感性沟通去影响客户。

比如,"明确需求"这一步在建联阶段就开始了,甚至在初次沟通的时候销售人员就会初步了解客户的需求。但对于"顾问式销售",完成建联之后,销售人员需要进行更加专业的访谈和调研,对客户需求进行深入的挖掘和梳理。

这就要求销售人员在建联阶段就调动客户的旧脑，让客户放下戒备心，打开倾诉欲，充分分享自己的需求和各种背景信息——这些属于旧脑（感性）驱动的；然后继续深入，调动客户的新脑，充分挖掘和梳理客户需求，从而提出专业的产品方案——这些属于新脑（理性）驱动的。

第三，在上图中，在特定阶段新脑和旧脑中的其中一个会更加主导客户的决策，但另外一个也会处在待机状态，是可以被随时激活的。但在任何一个阶段，客户都会综合使用自己的理智和本能来决策，新脑和旧脑的作用此消彼长，但绝不是泾渭分明的。

我们举几个例子：在初次沟通阶段，如果销售人员的亲和力非常好，客户会非常开心和销售交个朋友。客户会介绍自己的工作、家庭背景、需求等信息，但客户在披露自己关键隐私的时候，同样还是会非常理性、非常警惕的。

客户跟销售人员产生了一些情感的连接，客户的旧脑很活跃，不代表客户的理智下线了。哪怕酒过三巡，感情正浓，但如果销售人员冷不丁提出一个过分的条款，客户也会马上酒醒。

"成交六式"是基于不同行业中销售冠军的成功经验，抽象出来的一个标准流程，大部分销售人员打单常见的六个步骤，在大客户销售、部分零售、电话销售、网络销售、渠道销售等领域普遍适用。如果能够充分理解背后的原理，并且能够灵活运用，那么每个销售人员都拥有成为销售冠军的潜力。让我们进入"成交六式"的具体招式，详细看一下。

第1节 初次沟通（起式）

销售线索是订单的开始，有的销售线索是公司统一分配的，但也有部分是销售人员自己开拓的。在正式开始销售流程之初，销售人员最重要的就是获取充足的销售线索，与客户建立连接，并且留下客户的基本资料。这是初次沟通的最重要的目的。

一、初次沟通的三个目的

1. 获客

获客就是获取销售线索，销售线索指的是客户的潜在意向及联系方式。 在很多企业中，获客的主要职责属于市场营销部，或者用户增长部，销售部门并不承担获客的主责。在互联网公司中，"获客"也往往被称作"拉新"，主要是通过各种线上、线下的营销方式获取销售线索。销售人员也可以自主获客，销售人员自拓的客户资源就属于自己的私域流量。

线上的获客方式包括：

- 新媒体平台广告投放，如抖音、快手、小红书、微信等。
- 垂类媒体投放，各个行业都有自己的垂类媒体。
- 搜索引擎优化（SOE），如百度、谷歌等。
- 社交媒体社群运营，如微信朋友圈、微信群以及抖音、快手账号运营等，有些销售人员也有自己的社交媒体账号，也可以参与线上获客，但流量最大的还是公司层面上的投放。

线下的获客方式包括：

- 自然到店的客户，这取决于门店的选址、装修、营销、推广。
- 地面联合营销，如汽车经销商去商场开商场店和展位、银行去写字楼办理信用卡等。
- 参加各种展会，如车展、广交会、博览会、行业峰会等。
- 公司会组织地推，销售人员也可以主动去有关场所进行地推，获取客户，如去机场推销商旅产品、去车站招揽住客等。

对于很多销售人员来讲，获客往往不在自己的日常职责中，尤其是大公司的销售人员，不太需要亲自做获客的工作。那是因为：

（1）公司有很庞大的历史客户信息库，联系存量客户就已经足够了。

（2）公司拥有知名品牌，大量客户会主动联系。

（3）公司职能非常健全，有独立的市场部：有专门负责营销的，有专门负责广告投放的，有专门负责新媒体运营的。公司完全不缺销售线索。销售人员只需要联系意向客户即可。

但是对于更多的销售人员，尤其是中小企业的销售人员来说，主要的获客还是要自己来做，对销售人员个人技能的要求更加全面。

2. 建联

我们将销售人员和客户从陌生人到建立客情称为"建联"，也就是我们在"销售三段"中说的友好地建立联系。

在拿到客户的联系方式之后，销售人员要尽快开始初步沟通，建联是初次沟通的重要目标。销售人员需要在初次沟通中迅速消解客户的防备心，获得客户的信任，引起客户对销售人员及销售人员的产品方案的兴趣。成功的客户建联是所有销售行为的基础。

而建联的第一件事情就是首次呼叫，有的公司也叫"cold call"。首次呼叫之后，才会有后续通话，才会有首次拜访，才会有更深入的建联。也有销售人员没有客户的联系方式，直接采取上门陌生拜访的方式。首次呼叫和陌生拜访的本质是一样的，就是把客户从"陌生人"转变成"联系人"，两者的具体动作不一样，但背后的原理和原则是一样的。

陌生拜访的投入产出比不高，对于客单价较高的产品、服务，销售人员比较少采用。而打电话与客户建联则更加普遍，对于所有类型的销售人员，首次呼叫是必须具备的技能。在之后的章节中我们将着重介绍首次呼叫，相信读者理解首次呼叫之后，对于陌生拜访也能够融会贯通。

3. 留资

初次沟通的另外一个重要目的是留资，留资指的是获取更多有价值的客户信息，并且保留下来，保留的载体往往是 CRM 系统甚至是销售人员的个人笔记。

线索中的信息通常是不足够的，往往只有客户的手机号，甚至意向都不太明确，甚至连客户的名字都没有。留资就需要获取更多的客户信息，包括意向产品、意向度、预算、时间节奏等。如果是企业客户，则希望进一步了解客户的业务模式、业务现状和痛点、组织架构等；如果销售人员推销的是技术产品和方案，也需要了解现有的技术路线、技术特点、技术难题等。

有了充足的留资，销售人员才有可能明确客户需求，才有可能有针对性地提出解决方案。有了充足的留资，成交六式的第一式"初次沟通"才算圆满结束，销售人员才能推进到后面的流程。

我依然历历在目地记得加入 IBM 的第一天。那是 2007 年的秋天，头一天晚上我才刚刚从上海搬到深圳，急匆匆地找好住处。出租屋连被褥都没有，我睡得特别不好。

广东秋天的天气依然很炎热。早晨 8 点钟，我穿了全身的黑西装，打发胶有点用力过猛，头发像钢丝一样结成一缕缕的。我坐公交车来到深圳地王大厦。因为来得太早了，公司还没什么人，被汗水打湿的衬衣在空调房里冰凉冰凉的，我等了好久才等到我的经理。

她热情地把我从前厅带进办公区，给我找了一张桌子和一台崭新的 ThinkPad，桌子上有一台 Cisco 的电话。然后她就回了自己的工位，给我发了一封邮件，邮件上对我表示了书面的再次欢迎，然后附上了我负责区域的潜在客户名单，差不多有两百多行，有的只有一个公司名字，有的有联系人和电话号码。

然后经理就跟我说你先打一遍吧，就离开了……

第4章 成交的六个步骤

我惊恐地看着那个客户名单，至少做了半个小时的心理建设才敢拨打第一个电话。

电话响了很久很久，等待接通简直是一种煎熬，而接通之后仿佛是死亡的到来，因为我忽然卡了壳，说不出话来。

说完"你好"，我结结巴巴地还没有把自我介绍说完，对方就挂掉了我的电话，这就是我职业生涯中打的第一个客户电话。

在第二个电话开始之前，我在纸上写下了短短几句话，感觉自信了很多——"你好，我叫马林，我是IBM的客户代表，以后由我来负责对接贵司，希望多多关照。"

客户听到之后，礼貌而简短地回复："哦，好，谢谢。"

"那不打搅了，改天有空去拜访您。"跟客户匆匆地告别之后，我就忙不迭地挂断了。

然后我那一整天一直在打这个非常傻的电话，这句话说了两百多遍……

如今我也会偶尔听音，观察销售人员与客户的初次沟通。

我发现给陌生客户打电话、拜访陌生客户有严重心理障碍的不只是我一个人，大部分销售人员的首次呼叫是非常低效的。其中：

每个销售人员每天平均会拨打50通以上的电话。

一半的电话打不通，然后就没有然后了。

打通的电话中，80%的首次呼叫会被客户立刻打断并挂掉。

剩下没有被挂掉的，平均通话时长不足30秒。

只有极少数的销售人员可以和客户聊3分钟以上，我们称之为成功的首次呼叫，成功的首次呼叫到订单的转化率可以高达平均水平的3~5倍。

如果销售人员能有效提高自己的销售技巧，成功地让自己的首次呼叫被粗暴挂断减少50%，销售人员的收入就会翻一番。

如果销售人员能够成功引起意向客户对自己的兴趣，让自己和客户的通话时长延长到3分钟，销售人员的收入就会至少增加三倍。

如果以上两点销售人员都能做到，销售人员的收入就会增加六到十倍！！！

但是很遗憾，我所见到的大部分销售人员在与客户初步沟通的时候，可能跟我当年一样生涩。所以我隆重地推出"初次沟通四步法"，希望能够帮助到各位销售朋友。

二、初次沟通四步法

对于大多数销售人员来说，与客户的初次沟通通常是通过电话进行的。即使是针对自然走进店铺的零售客户，后续的跟进沟通也往往需要电话联系。因此，学会如何与客户进行电话沟通就变得至关重要。

客户被销售人员触达之初，总是充满了戒备心理，毕竟销售人员是过来赚他的钱的。一个充满了戒备心理的客户是无法良性沟通的，销售人员不需要在初步沟通中完成全部销售流程，只需要完成初步沟通的目标：建联、留资，剩下的交给面谈。

（1）建联：消解客户的防备心，赢得客户的兴趣和信任。建联成功的标准包括添加微信好友、应邀见面等。

（2）留资：补充客户资料。留资成功的标准是获取足够的客户信息，如意向产品、意向度、预算、时间节奏等有价值的需求信息。

在电话沟通中，销售人员不应急于推销产品，避免深入讨论商品方案，更不要在电话里报价。即使客户表现出购买意向并提出产品相关问题，销售人员的回答也应简洁明了，不要透露过多信息，保持一定的悬念和期待感，并提议面对面会晤以进行详细、全面的介绍。如果客户提出异议，销售人员应避免在电话中进行辩论，而是应尊重客户的观点，并邀请他们线下面对面交流。

初次沟通虽然往往只是简单的一通电话，但是学问却不小，我们分了四步，这四步构成了一个完整的过程，但在具体的销售场景中，可以酌情简化或者强化。下面我来一步一步地介绍。

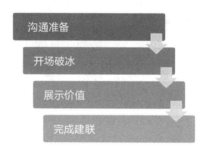

1. 沟通准备

在外呼和客户拜访中,最忌讳"黑瞎子掰玉米"。糟糕的销售人员就像狗熊在玉米田里乱摘玉米,每咬一口就扔掉,再去摘下一个,最终整个玉米田被破坏,而它自己也没有吃饱。

很多销售人员毫无技巧、无节制地拨打潜在客户的电话或拜访客户,每次都没有跟进到底,也没有达成任何成交。最终线索和客户资源枯竭,而自己白白付出了大量的时间和努力。

毛主席曾经指出"不打无准备之仗",这句话在销售领域同样适用。对于每一通电话、每一次拜访和每一次会议,销售人员都应该做充分的准备。特别是在销售过程中的首次呼叫和拜访,这是打单历程中的第一个挑战,准备工作的重要性更是不言而喻的。如果销售人员能够做好充分的准备工作,他们在沟通过程中就能够展现出对客户的深入了解,这将增加销售人员的可信度和专业度。同时,有效的准备也有助于消除客户对销售人员的陌生感,从而迅速地拉近与客户之间的距离。

准备工作包括了以下几个方面。

(1)基础信息。

销售人员应该提前了解客户的姓名、性别、年龄、职业等基本信息,想象一下客户的形象,让客户在你脑子里变成一个有血有肉的人,而你马上就要和他建立友好的联系。这是一个非常重要的心理暗示,也是与客户拉进关系的第一步。

基础信息非常重要，销售人员充分了解之后才能提前想好沟通策略，包括称呼、沟通时机、沟通风格、沟通话术等。

- 如果客户是个企业高管，销售人员的沟通风格就尽量模仿他的同事，走专业、干练的路线，这样会让客户感觉很熟悉，未见其面就充满好感。
- 如果客户是个年轻白领，销售人员的沟通风格就要尽量轻松、友好，使用的语言也尽量年轻化，就像他平时的朋友一样，这样会让客户感觉友好，迅速拉近距离。
- 如果客户是一个想买车的网约车司机，销售人员就绝不应该在早高峰、晚高峰打电话给他，因为客户很有可能在忙。这通电话打了对方也很有可能不接，接了也很有可能被挂掉。
- 如果客户是个退休的长者，销售人员的语言要尽量恭敬、平实、温暖，感觉就像一个孝顺的孩子，这可以迅速获得客户的好感。

销售人员需要基于客户的信息，有针对性地制定沟通策略，不可以用一种沟通策略应对所有的客户。

（2）业务资料。

在销售过程中，准备工作应包括对线索的渠道来源、历史留资记录、浏览记录、历史订单、维修记录、项目文档和会议纪要等进行详尽的了解。如果你所在的公司规模较大，这些信息通常可以在公司的 CRM 系统中找到；如果公司没有 CRM 系统，那么你需要查阅其他资料和自己的销售笔记。

掌握这些信息对于推进销售过程至关重要。如果你提前了解了这些信息，就可以避免在与客户交流时重复提问，尤其是那些封闭式的问题，这些问题可能会让客户感觉像是在接受盘问，这非常不利于消除客户的防备心理。

如果销售人员表现出对客户的业务充分的熟悉，客户对销售人员的好感会大大增加，如果销售人员所在公司恰好也在客户的供应商库里，客户就会产生一种"我们已经合作过"的感觉。这会加速销售人员与客户的建联，轻易地获取客户的信任和好感，从而轻松地把销售流程推进到下一个阶段。

（3）话术准备。

对于销售新人来说，首次电话沟通可能会遇到困难，一紧张就结巴、磕磕绊绊，客户稍微挑战一下，销售人员就会卡壳，甚至可能在自我介绍之前就被挂断电话。很多销售人员结束一通电话后，可能会突然意识到说错了话，或者回答中遗漏了某些要点。而经验丰富的销售人员在面对客户的问题、挑战或责难时，也可能难以做到完美应对。

销售人员不应该完全依赖即兴发挥，特别是对于经验不足的销售人员，这可能导致无法妥善回答客户的问题，使客户觉得销售人员不专业，或者导致回答出现漏洞。每个销售人员都应该建立自己的话术库，针对常见的客户类型、销售场景和产品方案，制定相应的标准化回答，并持续进行维护和更新。

起初，销售人员可能需要将话术库放在眼前，逐字逐句地阅读并应用。随着时间的积累，销售人员的应对能力会逐渐增强，对于不同类型的客户、各种产品、各个销售环节以及各种销售场景都能自如应对。最终，销售人员可以不再依赖话术库，因为这些话术已经深入地内化于他们的大脑中了。

（4）心理建设。

在销售过程中，无论是首次电话沟通、陌生拜访、地面推广，还是参与竞标，遭遇客户的拒绝是常有的事情。有些拒绝可能表达得委婉而礼貌，而有些则可能是冷漠、无礼，甚至粗暴的。无论上一个客户的态度如何，销售人员都应该调整自己的情绪，用饱满的热情去面对下一个客户。绝不应该让上一个客户的情绪影响到与下一个客户的沟通。

情绪具有传染性，无论你是愤怒、沮丧还是喜悦，客户都能感受到。正面的情绪可以引导客户积极回应，而负面情绪则可能导致客户的负面反应，从而形成恶性循环。

多查看客户的线索信息并熟悉客户的情况，可以营造一种积极的心理暗示，即"我与客户关系很好，我们就像朋友一样"。心理暗示往往具有自我实现的效果：你越是暗示自己与客户是朋友，这种关系就越可能成为现实。相反，如果你在心里暗示自己害怕或担心失去客户，客户也可能会感受到这种情绪，并以相应的情绪回应你。

销售人员必须保持仪容仪表整洁。在进入客户现场后，销售人员应挺胸、抬头，展现出自信的态度，即使不会与客户见面，也应坚持这种高度的自我要求。有条件的销售人员可以在自己的桌子上放置一面镜子，在打电话之前对着镜子微笑，给自己一些积极的心理暗示。

- 这个客户很友善，他/她一定会喜欢我。
- 我很专业，没有什么可以难倒我。
- 这张单一定能成交。

……

当客户感受到你饱满的热情和友好，通常可以被这种情绪感染，一般不会有非常负面的回应，这样销售人员就有可能大大降低自己被粗暴中止通话的概率，从而提高自己的销售转化率。

很多销售人员都会开晨会，会每天一起喊口号，会有很多有仪式感的自我鼓励和互相鼓励的行为，有些行为看起来很抽象，甚至有点像"行为艺术"，旁观者甚至会觉得他们魔怔了。但从销售实践的角度来看，这种提振士气的仪式感是有效的。销售是一个极其消耗能量值的岗位，每天都需要承受很多的拒绝和否定，这些行为确实能有效地把负面情绪快速清空，让人切换心理状态，让销售人员以全新的状态迎接新的一天和新的客户。

2. 开场破冰

销售人员做足准备后，终于要给客户拨打电话啦！电话接通后的开场白是一个非常关键的设计，设计得巧妙可以有效地破冰，设计得不好就会被挂断，就算之后找补回来，也失去了先机。

销售人员需要精心设计自己的开场白，以便开启一个双向的、友好的对话，给客户留下一个完美的第一印象。一个完整的开场破冰话术应该包括以下七个部分：

- 问候。
- 提前排雷。
- 自我介绍。
- 客户互动。
- 唤醒回忆。
- 克制销售冲动。
- 应对拒绝。

（1）充满能量的问候。

"你好！……"

这是很多人对客户的第一句话，但这并不是一个理想的开场问候。

"你好"不是一个亲切的称呼，"你好"并不完全表达友好。交警让司机出示驾驶证时也说"你好"，保安把你拦在单位门外时也说"你好"。

"你好"也不是客户的名字，"你好"里面没有任何有效的信息传递，唯一表达的信息就是你跟客户并不熟悉。第一句问候需要包含更多的信息，给客户足够的心理暗示，营造一种熟悉感、连接感，让他不至于立刻挂断电话，或者粗暴拒绝。

我们可以感受一下"你好"和以下几个称谓的对比：

"张大哥，你好！"

"张总，你好！"

"张院长，你好！"

"张先生，你好！"

营造熟悉感和连接感不是一味地套近乎，上面的四个带称谓的问候有的亲昵一些，有的则更加正式，这个需要根据销售的场景进行调整。但它们都要比"你好！"更有说服力，更加能够拉进与客户的距离，也减少了被粗暴挂断电话的概率。销售人员需要提前了解客户的基础信息，包括姓氏、性别、年龄、职务、社会地位等，结合销售的场景，有针对性地称呼客户。

一个男性客户姓张，年龄50岁，任某设计院的副院长。销售人员如果充分了解了客户的这些信息，该如何称呼他呢？

- 如果销售的是养生、保健产品，"张大哥""张叔叔"可能会更加合适一点，因为这强调了客户的年龄属性，年龄和健康是相关的。
- 如果销售的是具有商务属性的产品，如西装、礼品、商务轿车等，"张总"就会更加合适，会把客户带入需求场景。
- 如果销售的是对公解决方案、与专业相关的产品或服务，最好称呼"张院长"，因为"院长"是客户在单位里的职务，也是他的同事对他的称呼，销售人员称呼客户为"张院长"对客户是一种有效的心理暗示：我是圈内人。
- 如果销售的是通用类产品，没有太多的特殊属性，那就可以称呼他为"张先生"，至少不会显得陌生。销售人员也要注意：用错了场景，会显得唐突；瞎套近乎，过犹不及。如果客户去买房子，销售人员非要叫人家"张处长"，客户不但不会觉得亲切，还有可能觉得自己的隐私被侵犯了，甚至觉得自己被内涵、被冒犯了。因为卖房子的销售人员，不需要知道客户的行政级别，他只需要知道客户有没有这个资金实力就够了。

情绪会传染，和客户说的第一句话，一定要充满能量，销售人员可以对着镜子勤加练习。

人与人之间的交往都会遵循对等原则，之前我们介绍过：如果你对客户友好，客户也对你友好；你面对客户时情绪饱满，客户也不可能用太负面的情绪对待你；如果你对客户展示出充分的了解，客户也会有兴趣了解一下你，这样就能快速拉进和客户的距离。

我之前提到过，工作中很多未经培训的新同事给客户的首次呼叫是下面这样的。

销售："你好，我是小桔租买车的，你要买车吗？"

电话那头传来了"嘟嘟嘟……"的声音。

这个开场话术只有一句话，但却有很多问题，其中自我介绍的问题最大。因为销售人员把自己放在了一个极其卑微的地位，卑微到不配让客户记住自己的姓名，卑微到没有具体的工作职责，卑微到就像一个电话机器人，唯一的功能就是打电话询问客户是否要买东西。

如果销售人员都不尊重自己，那客户大概率也不会尊重销售人员，所以客户粗暴地挂断电话也是顺理成章的。事实上我们统计过，曾经有一段时间，有很多销售团队 80% 的首次呼叫都是被客户直接挂掉的。

我曾经对这个挂断率非常不满意，也不满意销售人员的说辞，我不认为是客户的问题。有一次我在现场旁听某个销售团队的夕会，我当场要求销售经理按照我的话术对当天挂掉的电话进行回访，很有趣的是：只要电话打通了，基本没有客户直接挂掉。甚至有的客户在忙，他也会有礼貌地问："能过会再打来吗?"

销售经理的话术是下面这样的。

销售经理:"张师傅,您好啊。"

客户:"你好。"(1秒钟之内不回答,继续下一个问题。)

销售经理:"在跑车吗?"

客户:"没有。"(如果在忙,问什么时候再打回来。)

销售经理:"我是小桔租买车的销售经理李华,您上周下载了我们的app,还留下了联系方式,公司安排我来跟进一下。"

……

这个话术很简单,但是包含了很多信息,包括:问候,提前排雷,自我介绍,获得肯定,唤醒回忆,建立连接。问候在前文我们已经介绍过了,我们详细讲一下后面的几个话术要点。这个简单的话术会在后面不停地出现。

(2)提前排雷,锁定30秒不被挂断。

据统计,接通后被客户挂断的电话,客户大部分会使用"我在忙"这个理由,少部分是直接挂断。

"在跑车吗?"提前排除客户最有可能拒绝的理由——"我在忙",至少可以为后面争取稍微宽松一点的对话时间。

但不要直接问他"忙吗?",因为他很有可能自然而然地回答"忙",那这个话题就被"枪毙"了。如果销售人员的客户主要是有租买车意愿的司机,他忙的最大可能性就是在跑车,不如直接问他有没有在跑车,在跑车那没办法,我等会儿再找你;没有跑车,那你也没那么忙,给我30秒的时间让我自我介绍完总是没问题的。

当销售人员问客户"忙吗?"时,即使客户不忙,他们也可能会回答"忙",因为忙碌被视为一种积极和正面的状态,人们倾向于展示自己的积极形象。因此,当你问别人是否忙时,你很可能听到的回答是"忙",如果客户确实忙，那么可能就没有机会继续对话了。

然而，当问客户"在跑车吗?"时，这个问题是基于客观情况的。大多数人在撒谎时都会有一些心理障碍，因此客户不太可能无缘无故地撒谎。如果客户没有在跑车，他们通常会直接告诉你。

所以，在其他行业中，如果你想提前排雷，给自己争取30秒的自我介绍时间，不要问"忙吗?"，而是基于对客户的了解，直接问他有没有在做具体的事情?

"张总，在开会吗?"

"张先生，在出差吗?"

"张院长，方便通话吗?"

…………

如果客户真的在忙，不要问他什么时候不忙，依然有针对性地提问。

"您几点散会?"

"您周几出差回来?"

"我半个小时后再打回来?"

…………

排除客户在忙的可能性，锁定30秒的自我介绍不被挂断，还展示出对客户的充分了解，给了客户自己是熟人的心理暗示，快速拉进销售人员和客户的距离。

(3) 自我介绍，抬高自我价值。

在武侠小说中，名门正派的高手初次见面，往往会互相报上姓名、门派、师承，表明自己意欲何为、有何贵干。同样，销售人员就像一个来自名门正派的大侠，正式地介绍自己的公司、姓名、职务、职责也是赢得客户尊重的第一步。来自于市场知名公司、负责知名品牌产品这些都是非常重要的加分项。

销售人员不要简单介绍"我是××公司的",不要把自己定义成了一个机构下的螺丝钉、一个名字和岗位不值一提的人,这样会失去了客户的尊重。

"我是SAP的销售顾问Ken,我负责华南地区零售行业的解决方案。"

"我是IBM的客户代表Jen,之后由我负责对接贵公司。"

"我是埃安公司的销售经理刘祥,我们是全国销量前领先的新能源汽车厂家。"

这些简单的自我介绍包含了更多的信息和心理暗示:

- 销售人员把自己首先定义成了一个有名有姓的人,而一般人都会给别人起码的尊重。
- 客户一般都喜欢和领导直接谈,所以销售人员可以称呼自己为"销售顾问""服务经理""销售经理"等,千万别说自己是"××公司的""卖××的""招聘的"……
- 自我介绍要把销售人员的价值讲清楚了,我是谁?我能帮你做点什么?客户听懂之后,自然会有兴趣再多了解一些。
- 为防止把电话销售当作诈骗、骚扰电话,自报家门的时候信息披露充分点,可以提高信任度。比如,可以加上城市信息,如果销售人员和客户都是本地人,可以尝试用方言,如果客户不讲方言,销售人员应该立刻切换到普通话。

(4)客户互动,积累小的正面回应。

客户关系可以比作两性关系,其发展过程通常是从简单的互动开始,逐步深入。双方首先会通过一些基本的互动,如牵手,来建立信任和了解。随着关系的深化,互动会逐渐升级,如拥抱和接吻,这些更亲密的行为代表了双方信任的加深和情感的投入。只有在经过这一系列的积极互动和正面回应后,关系才能自然而然地发展到更深层次的交流。

在没有积累足够的正面回应之前,试图直接进入最后阶段是有很大风险的,可能会导致不良后果。

销售人员打单也是一样的,一上来就问客户"你要买车吗?",大概率会换来一个否定的回答,就算客户真的有意向,他也会先拒绝。拒绝也是会积累的,一个又一个小的拒绝,最后会变成大的拒绝,销售就会失败。因此,销售人员需要不断地与客户进行积极的互动,从小的正面响应开始积累,最终才有可能获得客户的大量积极反馈。

销售人员:"张师傅,您好啊。"

客户:"你好。"(一秒钟之内不回答,继续下一个问题。)

销售人员:……(后续话术)

在用饱满的热情跟客户打完招呼之后,你应该停顿一秒,等待客户回答"你好"。这个"你好"是来自客户的第一个小的正面响应,它为你们的对话设定了友好的基调。

然而,如果一秒后客户没有回复"你好",作为销售人员,你必须立即开始新的话题,以保持对话的流畅。重要的是不要让对话变得尴尬,因为一旦气氛变得尴尬,客户可能会选择挂断电话。掌握这个时间点是非常微妙的,建议销售人员可以对着镜子练习,或者与同事进行模拟练习。

在随后的销售过程中,你和客户之间会有很多对话。在这些对话中,你需要充分利用停顿和等待一秒的技巧,设计更多的互动,以积累更多的正面响应。

千万不要对着念话术,就像竹筒倒豆子一样,只管自己噼里啪啦一顿说,而忽视客户的反应。

(5)唤醒回忆,建立连接。

前文要求销售人员提前查看客户资料,现在又要派上用场了!因为你提前了解了本条线索的渠道来源和客户的历史行为记录，你就可以充满自信地说出：

"您上周下载了我们的app，还在公司网站留下了联系方式，公司安排我来跟进一下。"

这句话有三个小句，前两句唤醒回忆，最后一句建立连接。它有以下几个心理暗示的作用。

- 上周、下载app、浏览公司网站、留下联系方式这些都是客观的事实，人一般不会无缘无故撒个谎，客户一般会承认，这样销售人员又积累了更多的正面响应。
- 这个客观事实的描述非常详细，有具体的行为、地址、时间，展示了销售人员对客户的了解程度，增加了销售的可信度。
- 暗示客户有了需求主动找我们，人在心理上会保持行为和观点的一致性，客户也会承认自己的需求，并且积极与销售建联。
- 暗示自己能代表公司，展示了权威感、价值感，让客户建联更加顺利。

销售人员务必提前登录CRM、查阅销售笔记，了解客户的基本信息、线索渠道来源、历史留资记录、浏览记录、历史订单等，找到回忆唤醒点。在沟通中唤醒客户回忆，可以给客户一个销售人员是"熟人"的心理暗示，从而赢得客户信任、积累正面响应、迅速拉近距离。

(6) 克制自己的销售冲动。

销售就是卖东西给客户，但卖东西不是重点，重点是挖掘客户的需求，并且积累客户对自己的好感和信任。如果客户需求明确且信任销售人员，销售的过程也会变得很简单；反之，如果销售人员不知道客户的真实、有效需求，客户也并未完全信任销售人员，这时候销售人员匆忙开始推销，那销售过程就会比较坎坷。

销售人员切忌一上来就开卖，尤其是在开场破冰这一步尤为忌讳，刚刚自我介绍完就问："你要买××吗？"

粗暴的客户会直接挂电话，含蓄的客户会说"我还没想好"，敏感的客户会觉得被冒犯，谨慎的客户会觉得销售人员是骗子……但这些反应的本质都是拒绝。

销售人员在电话上开卖，在时机未成熟的情况下开卖，这些行为等于申请拒绝。我们前文已经介绍过拒绝的三定律，初次沟通就迎来初次拒绝，这张订单后面就很困难了。

就算客户问销售人员产品的具体情况，如价格、商务条款等，销售人员也应该点到为止，趁机要求和客户见面商讨。推介方案环节一定要等到建联完成，邀请客户面对面展开。

（7）应对拒绝。

虽然我们小心翼翼地管理与客户的对话，设计各种心理暗示，并且积累正面响应，但是不可避免会被客户拒绝。我们前文已经介绍过拒绝的六个层次，包括敷衍、沉默、否定、提出异议、反驳、断然拒绝等。我们也相应地介绍过应对策略，在首次呼叫这个场景中，我们也分别探讨具体应该怎样应对不同类型的拒绝，推荐销售人员提前准备拒绝应对话术。

1）敷衍。

客户在电话中敷衍，说明他想挂断电话，但直接挂电话又太失礼。也许是客户比较尊重人，也许是客户依然有需求，只是目前不方便。不管是为什么，客户不失礼，销售人员就要更加敬三分。如果察觉到客户在敷衍，销售人员需要非常体贴地提出：

"您现在是否不方便？"

"能否找个更合适的时间再打过来？"

并且马上敲定下次来电的时间，在这种情况下，客户一定会顺水推舟，答应销售人员，挂断电话。当销售人员在约定的时间打过来的时候，因为客户已经做出了承诺，一般会给销售人员一个沟通机会。

2）沉默。

面对客户的沉默，销售人员有责任保持对话的连续性，避免出现尴尬的场面。在首次电话沟通中，如果出现了尴尬的沉默，客户就会毫不犹豫地挂断电话，而电话被挂断是个比较严重的拒绝，销售人员要避免出现这种情况。但只要对话能够继续，销售人员就还有机会。

不仅是在首次电话沟通中，在之后的面对面访问、会议沟通中，都应该尽量避免尴尬，避免沉默。尴尬和沉默会破坏沟通的气氛，给双方带来负面的心理暗示，它可能意味着沟通不充分，客户的兴趣不强，销售人员的准备不充分，或者双方的关系不够近。

在销售的各个环节，销售人员应该准备一些应对尴尬沉默的话术，以便在需要时抛出来使用，让对话可以继续下去。

3）否定。

否定不一定等于拒绝，否定是对销售人员的一个问题、一个观点给出了否定的回答。

销售人员："我是广州小桔租买车的销售经理李华，您上周下载了我们的app，还在公司网站留下了联系方式，公司安排我来跟进一下。"

客户："没有啊。"

如果客户否认自己的下载、注册、浏览、留资等行为，很多销售人员就慌了，这个跟自己的剧本不一样，但其实这根本不是事儿，销售人员需要继续尝试。如果客户不记得了，销售人员可以提供更加详细的信息，进一步唤醒客户的回忆。

"上周五,您在华为应用商店下载的'小桔租买车'app,晚上7点多给我们留了手机号,可能是因为您周五晚高峰在忙,后面就没在意了。"

在这里,企业的CRM系统和充分提前阅读客户资料就非常关键,就算销售人员所在的公司没有CRM系统,那销售人员个人在获客、沟通、拜访的过程做好销售笔记也是非常重要的。

就算客户继续否认也没有关系,否认不是拒绝,否认只是暂时没认而已,也确实有可能销售人员自己搞错了、系统出错了,或者客户一时没记起来,后面又嘴硬,这都没关系,销售人员不要纠结,应该继续尝试与客户互动,并且建联。

"我没有啊。"/"不记得了。"

"没关系,也有可能我们的系统出错了,那您现在还在看车吗?"

客户如果还在选购过程中,那销售人员依然有机会;就算客户继续否认,销售人员依然不应该放弃。

"我没有再看车了。"

"那您是已经租车了还是买车了啊?之后是怎么打算的啊?"

如果客户没有拒绝,销售人员一定要持续深挖,千万不要主动放弃,一听到客户否认,就说"不好意思,打搅了,再见"。就算挖掘到客户确实没有意向了,也不要放弃客户:

"我前天已经买了。"

"恭喜恭喜,那我们加个微信吧?在跑车、用车过程中有什么问题,我们还是可以多交流,您有朋友要买车,还是可以联系我……"

客户的拒绝并不代表对销售人员个人的否定,也不意味着否定未来合作的可能。销售人员不应因此放弃，而应继续努力与客户建立联系。即使客户本人在本次无法达成交易，他们可能在未来的某个时刻再次成为客户，或者他们的亲戚和朋友也可能成为潜在客户。建立客户网络不仅是为了当前的销售，也是在构建长期的客户资源网络。这个网络有时被称为客户池或基盘客户，它们在未来的某个时刻可能会为销售人员带来新的商机。

4）提出异议和反驳。

在开场破冰这一步，销售人员的主要任务是以友好的方式建立联系，甚至开始挖掘客户需求。在这个阶段，销售人员通常不应过多地表达自己的观点，也不应过早地引起客户的异议或反驳。大部分的异议和反驳都是由于过早开始销售而引起的，可以说，这些异议和反驳大多是可以避免的。而在推介方案阶段，异议和反驳是最常见的，我们将在后文中详细介绍如何处理这些情况。

我们回顾一下前文的要点。

- 永远不要和客户辩论，嘴上赢了，单子就输了。
- 面对客户的异议，可以不认同，但要尝试理解，并且深刻共情，同时寻求双方观点的共同之处，求同存异。
- 面对客户的反驳，可以回应，不要回击，解释自己观点的合理性，而不要分析客户观点的不合理性；要强调共识，弱化分歧。

有些销售人员面对个性较为被动的客户，通常会采取强势逼单策略，当客户提出异议时，有的销售人员甚至会"驳斥"客户，竟然也能顺利关单。这种强势逼单策略并不普遍，需要具体案例具体分析，对这种现象我们在"关单逼单（大招）"环节再做深入探讨。但在开场破冰环节，销售人员需要尽量避免引起客户的异议和反驳。

5）断然拒绝。

面对拒绝，总的原则是不放弃、不得罪，在此我们需要秉承"三次拒绝处理原则"，尝试三次挽回，如果依然不行，就进入止损保温环节。

出现拒绝最多的环节是"推介方案（出招）"和"关单逼单（大招）"。如果在初期就遭到拒绝，销售人员也不应放弃，即使电话被客户挂断，这条线索仍然值得。销售人员可以在适当的时候，改变拨打策略后再次尝试联系，这样也并没有太多可失去的。

在开场破冰这一部分，虽然我们主要以首次呼叫为例，但同样的原则和方法也适用于线下面对面销售。区别在于，在线下门店，客户自然到店时，销售人员往往缺乏客户信息，因此难以制定更具体的销售策略。然而，无论是线上还是线下，需要注意的重点和流程步骤都是一样的，包括以下几个方面。

- 用充满活力的问候迎接客户，甚至需要迎宾，为客户倒水并引导他们落座，赢得第一印象。
- 现场见面可能不会像电话一样挂断，但客户仍有可能离开，因此销售人员需要锁定客户的时间。
- 如果客户只是去商场逛逛，店员可能不需要自我介绍；但如果客户进行大额购买，或者有可能长期复购，销售人员需要在合适的时机介绍自己，并与客户建立联系。
- 无论是线上还是线下，销售人员都需要与客户进行良性互动，积累小的正面响应，同时也积累与客户的友谊。
- 唤醒回忆本质上就是套近乎，无论是人情上还是业务合作上，线上线下都是必要的。
- 处理拒绝的原则同样适用于零售、大客户销售、渠道销售等各种销售形式。

3. 展示价值

开场破冰完成后，如果客户没有挂断电话或离开，这通常表示他们对销售人员所提供的内容感兴趣。此时，销售人员应抓住机会展示自己的价值，激发客户的好奇心和兴趣，从而完成销售建联。这些价值包括以下几个方面。

(1) 平台价值。

销售人员来自于行业的大公司，公司的品牌、产品的口碑都非常好，这个对客户来讲是有价值的，销售人员可以适当展示。

我们公司是世界500强。
我们的产品市场占有率全国前三。
我们公司赞助过央视的××节目。

(2) 个人价值。

销售人员在行业里非常资深，服务过客户的上游供应商、下游客户、中游竞争对手，对行业有深刻的洞察，可以帮助客户出谋划策，这个也是值得展示的价值。

我从业20年，对产品和方案了如指掌。
我曾经服务过贵司的同业××、×××等知名客户。
我是国家注册（一级）××师。

(3) 促销优惠。

这个是更加直接的价值，直接反映在价格上，如果公司产品在年底有个促销活动，折扣力度之大不容客户错过，那销售人员展示出来也很有可能引起客户的兴趣。

您一直在关注的某款产品有个年中大促，折扣空前，想跟您通报一下。
新品面世，邀请老客户品鉴，到店就有礼物赠送。

(4) 经验和知识。

销售人员会经常组织客户研讨会、行业论坛、产品峰会等活动，让专家与客户、客户之间进行交流，客户获得行业、上下游、市场的相关知识、经验，这个也是非常有价值的。销售人员抛出来，客户也很有可能接住，从而完成销售人员与客户的建联。

展示价值并不难，销售人员回去读一下各自公司的公司介绍、产品手册、促销方案、演示文稿等，就可以制定相应的话术了，我就不再以案例的形式进行说明，但是我想说几个值得关注的点。

第一，**展示价值的主角是客户，关注点始终在客户身上**。展示价值是为了让客户认可销售人员提供的价值，不是销售人员的才艺展示和个人表演，而是针对客户的潜在需求，提供有价值的解决方案。

第二，**在展示价值的过程中要时刻关注客户的兴趣度**。如果客户的兴趣度很高，销售人员不妨展开讲讲；如果客户的兴趣度很低，销售人员需要尝试其他的价值点；如果客户有点不耐烦，销售人员需要反省是否自己讲太多了。

第三，**展示价值 ≠ 开始推销**，销售人员需要分清楚其中的区别。就算已经赢得了客户的信任，并且让客户产生了兴趣，但是尚未明确客户需求，也不建议销售人员推介具体方案，否则非常容易获得异议和拒绝。

第四，**展示价值是为了点燃客户的兴趣，从而完成建联**，一旦客户表现出对销售人员浓厚的兴趣，销售人员不要沉迷于被关注的快感，继续自吹自擂，而是要跳出来，尽快推动建联。

4. 完成建联

当客户展现出对销售人员的信任和兴趣时，销售人员应主动提议建立长期且友好的联系。建联不是一个具体的动作，而是一系列的行为，也是一种可以持续加强和深化的连接状态。建联的方式包括以下几种。

- 最初级的建联是交换联系方式，或者添加客户成为微信好友。

- 进一步的建联可以是客户开始关注销售人员的内容平台，或者成为销售人员在社交媒体（如微信公众号、抖音、快手、小红书等）上的粉丝。
- 常见的建联方式还包括邀请客户到店、到工厂、到公司参观，或者亲自去客户的所在地拜访。
- 在会见方面，通常是先在正式或公共场合进行，当建立了足够的信任后，则可以在私人场所进行。
- 最终，双方可能会达成强烈的合作意向，形成固定的沟通和会晤机制（无论是正式的还是非正式的），并且在交易完成后，这种联系还会继续深化，如发展成为战略合作伙伴关系。

建联也是需要积累、层层递进的，销售应注意不要跳过任何一个阶段，以避免唐突。比如，销售在与客户首次通话时聊得兴起，马上就要求和客户周末单独吃饭，甚至去客户家里送礼，这些行为显然是不合适的。

当然，如果销售人员和客户的信任度已经足够，销售人员应该及时把客户连接推向新的高度，加深、加强合作，建立更加亲密的关系。

建联成功之后，不要忘记在 CRM 里更新线索状态，补充客户资料，我建议各位销售人员要养成写销售笔记的习惯，也为自己留下更多的积累；就算建联失败了，也需要及时复盘，总结经验教训，补充、优化话术库。

至此，我们已经介绍完毕初次沟通的销售方法和技巧。最后，我强烈建议销售人员建立自己的话术库。一个销售人员所面对的客户数量是无穷的，但类型通常是有限的，分门别类就是几种客户，他们提出的问题和说的话往往重复出现。这些话术是可以穷举的，可以整理成一个完整的集合。销售新人如果提前准备好话术，将增强自己见客户时的信心，减少慌乱和冷场的情况。

我设计了一个简单的初次沟通话术框架，读者可以参考。

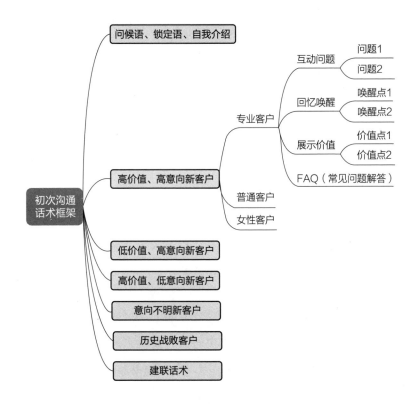

三、线索全生命周期管理及精细化运营

线索有保质期，越新鲜的线索价值越高。因为客户的想法会改变，会被别人影响，竞争对手也在触达客户、争取客户，客户的购买流程也在推进……随着时间的流逝，线索的价值会急剧下降，如果时间拖太久，线索过期，销售人员就有可能失去了背后的商机。销售应该加强自己对于线索的管理能力，快速响应线索，跟进线索，珍惜线索，提高自己的销售转化率。

这部分内容是写给销售管理者的，因为对于线索来讲，更重要的是企业应该自上而下地建设线索全生命周期管理机制，从而能更好地帮助销售人员、管理销售人员，最大化地挖掘线索的价值。

下面让我们探讨一下什么是线索的全生命周期管理及精细化运营。

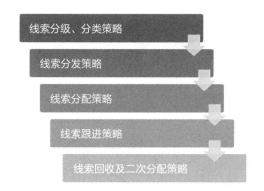

1. 线索分级、分类策略

公司获取了线索之后应该对线索进行等级初评,可以通过相关信息来决定线索分级、分类,这些信息包括:新鲜度、渠道来源、地理位置、姓名、性别、职业、意向、购买力、预算、历史记录……线索分级、分类可以分为以下几个维度。

(1) 价值等级。

价值等级只用来估算商机金额的大小,也就是潜在合同金额的大小,从而销售人员可以有针对性地投入相匹配的资源。可以用具体的数值衡量,也可以用 A、B、C、D 来分档次。

线索价值最简单的公式就是:线索价值 = 订单价值 × 成单概率。在很多企业的实际应用中,也可以使用更加复杂的机器学习模型来计算线索的价值,也可以使用更复杂的权重算法。

需要注意的是:价值高的线索,不一定有更高的跟进优先级。有可能单虽大,但客户处在需求阶段的早期;也有可能项目有自己的节奏,就是间隔很久才动一动,销售人员需要按照实际节奏跟进,不见得大单就要立刻跟进,更不见得要紧密跟进。

销售人员需要在合适的时机投入合理的销售资源,那就要看第二个维度——跟进优先级。

（2）跟进优先级。

跟进优先级指的是销售人员跟进的紧迫程度，有几个判断标准。

对于零售行业来讲，一般越新鲜的线索，优先级越高。零售行业的销售周期比较短，哪怕大额的买房、买车，平均决策周期也就小几个月。而大部分的零售产品，从线索到成交用不了多久，起念即决策，开战即决战。销售人员跟进不及时，或者跟进过程拖长了，客户就被竞争对手抢走了。

对于企业客户来讲，越靠近销售周期的后期，越临近项目招投标，越需要紧密地跟进。这就像踢足球一样，在后场、中场可以慢慢盘带，但如果进入对方禁区了，那节奏就得快，对方逼得也会更紧。

销售人员的节奏也是如此，在销售前期，当客户需求不明确的时候，慢慢来没问题，但如果竞争对手正在对客户进行逼单，那你就得紧紧盯着才行，不然客户就跟丢了。

（3）其他分类。

线索中可能有更加丰富的信息字段，可以赋予更多的客户标签，以便销售人员进行分类，从而有更多、更有利的应用场景，如性别、职业、偏好等，下面会详细说明。

2. 线索分发策略

线索分发策略是线索的出库策略，包括优先级策略、定时分发策略等。

（1）优先级策略。

在线索池入库大于出库、线索存量水平较高的时候，一定会有一些线索的积压，这个时候线索分发策略就非常重要。有些线索早点跟进、晚点跟进对于赢单的概率、订单的金额没有太大影响，那么就应该在分发队列里面老老实实排队。

而有些线索就很紧急，线索新鲜度和订单价值（或者成交概率）高度相关，属于我们前面提到的高优线索，那么这些线索需要尽快分发给销售人员，发晚了很有可能客户意向就变弱了，被竞争对手触达了，或者客户已经购买了，发晚了就有可能再也打不通电话了。这些高优线索就可以在分发队列里插队。

好的优先级策略可以最大化地保护那些紧迫的线索，避免新鲜的线索变陈旧，避免高价值的线索贬值，避免线索的浪费。

（2）定时分发策略。

如果销售人员在不合适的时间联系客户，可能会导致接通率、邀约率降低，同时影响客户满意度。我们举几个例子，以下客户触达的时机都不太合适：

在执勤时间段打电话给公务人员；

在酒局饭点打电话给私营企业的老板；

在早、晚高峰的时候打电话给网约车司机；

在大半夜打电话给任何客户；

…………

以上场景，我们都知道不合适，但是大部分公司的线索分发都不考虑场合，不考虑时机，随机把线索发出去，让销售人员自主决定拨打时机。可是如果没有客户的职业、偏好标签，销售人员也不知道什么时候该联系客户，什么时候不该打扰，于是就不顾场合和时机地联系客户，这可能会影响销售效率和客户体验，从而导致被拒绝。

我们之前强调尽量收集客户的信息，给客户打上职业、场景、时机偏好的标签，在这里就有用处了。有了这些信息，我们就知道什么线索早上分发并且跟进，什么线索晚上分发第二天跟进，什么线索工作时段分发，什么线索下班时段或者节假日分发。

有了一个好的定时分发策略，就可以极大地提高首次呼叫接通率，极大地降低销售人员被挂断电话的概率，从而显著地提高销售转化率。每个环节优化1个百分点，每个客户体验优化一点点，最后累积的收益就会巨大。

3. 线索分配策略

线索分配策略是线索和销售的匹配策略。

我们拿一条非常简单的策略为例：男性客户尽量分配给同龄女性销售人员跟进，女性客户尽量分给同龄男性销售人员跟进。就是这样一条非常简单的线索分配策略，就可以让电话的接通率、邀约率翻一倍。

异性匹配的线索分配策略是基于一个简单的原理：**年轻人容易被异性吸引**。

而相似年龄匹配的线索分配策略则是基于心理学原理：**人们往往更愿意与具有相似背景的人交流**。

基于这两条原理制定的线索匹配策略并不复杂，但是能够大大提高客户的舒适度和信任感，从而提高电话接通率和邀约率。

然而，很多公司在线索分配时确实忽视了这些维度的信息，或者数据不足，很多线索都没有性别、年龄这些字段，就算有，也忽视了对这些关键信息的充分使用。这就导致很多公司的线索分配策略非常粗糙，甚至根本就没有分配策略。

除了线索要分层、分类，销售人员也应该分层、分类，我们可以从不同的维度对销售人员进行细分，打上不同的标签：

从销售段位这个维度上看，有高级销售人员、初级销售人员。

从业绩表现上来看，有高业绩销售人员、低业绩销售人员。

从业务专长上来看，有擅长不同产品和客户类型的销售人员。

还有男销售人员、女销售人员、年轻销售人员、中年销售人员等各种标签。

根据线索和销售人员的匹配度，把线索分给相应的销售人员。

- 高价值、低优先线索可以当成奖励，激励那些业绩好的销售人员，也让线索的价值被充分挖掘。

- 高价值、高优先线索可以分配给那些能力强，但是目前客户量不高的销售人员，他们有充足的时间和精力跟进。
- 低价值线索可以分配给新人，让他们练手，跟丢了损失也不大。
- 有的销售人员特别擅长接待中老年男性客户，有的销售人员特别擅长接待女性客户，也可以有针对性地进行分配。
- 有的销售人员对于 A 产品有丰富的经验，那可以将对 A 产品有意向的客户高优分配给这些销售人员。

4. 线索跟进策略

线索跟进策略，指的是对不同的线索，要有不同的跟进要求。有的需要高优跟进，有的可以低优跟进，有的可以高投入跟进，有的只需要正常跟进。

首先，从时间维度上来看，可以分几个等级：30 日内跟进、15 日内跟进、7 日内跟进、48 小时跟进、当周跟进、当天跟进、30 分钟内跟进、立刻跟进。

从跟进重要性上来讲，可以分为：

- 标准拨打一次：电话接通，响铃 30 秒以上。
- 2+1 拨打一次：连续拨打两次，一小时后再拨打一次。
- 当天下午、晚上两次分时段拨打。
- 甚至是当面拜访。

…………

其次，在跟进过程中，资源投入的程度也各不相同。

高价值线索背后是巨大的商机，需要派最好的销售人员、售前顾问、工程师、设计师去跟进，花更多的工时为客户准备方案，甚至还需要投入资源帮助客户搭建测试环境，需要带客户四处考察和招待……而低价值的线索可能都不着急分发出去，甚至是电话销售跟进就可以了。

5. 线索回收及二次分配策略

线索回收及二次分配策略指的是什么情况下可以允许销售人员不再跟进，并且重新分配给另一位销售人员进行尝试。线索回收及二次分配策略包括：

（1）战败策略。

一般来讲需要非常谨慎地对待战败，珍惜线索。销售人员需要写销售笔记，解释战败原因，销售经理需要复核、回访、抽查，确认真实战败，才能回收线索二次分配，或者把线索移入冷宫，暂时封存，甚至彻底关闭线索。

这里经理的复核、回访、抽查非常重要，因为很多看起来战败的线索，或者是不了了之的线索，其实是被浪费掉了，或者被销售飞单（销售人员把客户的订单以更高的价格卖给竞争对手）。

当客户确实已经购买了竞品、采购计划取消，或者客户过分拖延，过度消耗销售资源，投入产出严重不符的时候，才允许销售人员申请战败，而且要经过经理审批后确认战败。

如果不战败，销售人员必须继续跟进，并且汇报跟进情况。如果客户有CRM系统，系统也需要不停地给销售人员推送提醒和任务，要求销售人员完成规定的销售跟进动作。

（2）回收策略。

有的线索等级比较高，如果销售人员的跟进不符合要求，或者跟进效果不好，如电话接通率不高、销售笔记更新不及时、留资内容不足够等，公司应该及时回收线索，重新分配给其他销售人员，换人跟进，以求更加珍惜线索，最大化线索价值。

（3）二次分配策略。

和初次分配策略的原理是相通的，具体操作不赘述。

销售能力健全的公司不但有明确的线索全生命周期管理策略，并且把策略落实到了日常销售管理中，落实到了销售的SOP中，落实到了销售的管理制度规范中，并且固化在CRM等信息系统中，变成了自动化的流程，也变成了销售人员自然而然的日常操作。这样销售的转化率和人效就可以得到极大的提高。

很多企业都配有销售运营人员,但都把销售运营人员当成了取数据、做表格的行政人员,销售运营人员也经常自嘲为"表弟""表妹""表哥""表姐",但销售运营人员应该需要设计、开发销售流程和策略,通过 AB 测试、灰度测试等互联网运营的工具持续优化这些流程和策略,销售运营人员应该成为销售的工程师。

第 2 节　明确需求(虚实)

"明确需求"这一步横跨了第一、第二两个阶段,既要继续与客户深入建联,又要开始梳理客户需求,从而形成方案的雏形。既要与客户的旧脑进行情感的联结,让客户坦诚沟通,又要开始询问客户专业的问题,展示销售人员专业的素养和人设。

客户在之前的建联阶段中展示过潜在的购买意向,表达过一些需求,但是这个意向是模糊的,需求是变化不定的、有很多条件制约的。

销售人员已经进入"明确需求"这个环节,就说明已经和客户交了朋友,这为销售人员进行有效的客户访谈、调研打下了坚实的基础,从而可以进一步探清虚实,充分挖掘客户所有的需求,并且抽丝剥茧,把纷繁复杂的客户需求简化为有效需求,从而向成交继续推进。

"明确需求"四个字很简单,但是其中的学问却很大。让我们咬文嚼字一下,只有搞清楚了主语和定语,才算真正地了解了客户的需求。

首先,明确的是谁的需求?

答案是唯一的:客户。但客户到底是谁?

其次,谁需要明确需求?

第4章 成交的六个步骤

其实答案有两个：

（1）销售人员需要明确客户的需求。

（2）客户需要明确自己的需求。

（2）甚至比第（1）更优先。不只是很多销售人员搞不清客户到底想要什么，甚至很多客户也没有意识到到底自己需要什么，就进行了大量的寻源。这样不只浪费了自己的时间，也白白折腾了销售人员，浪费了销售人员的资源、时间和精力。

我们以一个非常简单的场景为例：

爸爸、妈妈带着上高中的哥哥和10岁的弟弟逛商场，路过玩具店的时候，弟弟看到了琳琅满目的玩具，立刻扑了过去……

很多情况下，客户选购产品就像小朋友逛玩具店，小朋友看到什么都想要，产生了无数个需求，丝毫不考虑其他因素，比如：自己已经有类似的玩具了；玩具体积太大，家里已经没有空余地方了；经济条件和预算不允许；这些玩具适不适合自己……

如果销售人员对于客户的"需求"全部看重，那大部分的努力都是白费功夫。很有可能小朋友把玩、询问了店里的每一件玩具之后，最后哭哭啼啼地被父母拉扯走了，什么也没买。

同样，如果销售人员对于客户的"需求"没有察觉，没有响应，那也是在浪费销售机会。就像小朋友在玩具店里钟情于某个玩具，父母也在旁边耐心陪伴，但店员只是旁观，最后客人离开的时候什么也没带走一样。

但最后这个案例的结果是：

弟弟玩奥特曼玩得不亦乐乎，店员几乎把每一款奥特曼都推销了个遍，但最后妈妈从弟弟手中把所有的奥特曼都还给了店员，选了一套益智桌游让爸爸结账，最后哥哥抱着哭闹的弟弟跟父母一起离开了。

这就是在明确需求阶段,销售会犯的典型错误:

(1) 没搞清楚客户的需求。客户的需求是奥特曼,还是益智桌游?

(2) 甚至也没搞清楚到底谁是客户。小朋友?妈妈?还是最后买单的爸爸?

明确需求其实很简单,就五件事情,称为"明确需求五步法":

(1) 明确销售对象。这包括:搞清谁是客户,客户的决策机制,决策链条上各个环节的角色,以及其他的制约因素。

(2) 需求挖掘。引导客户充分表达自己的需求点,包括痛点和爽点。这是一个发散的过程,充分挖掘更多的需求点,确保之后的解决方案可以更全面地满足客户需求。

(3) 需求强化(或放大)。针对痛点,强化痛感;针对爽点,强化快感。归根结底,强化客户对自己需求的确定程度。这是一个放大的过程,扩大需求点,让不确定的需求变成确定的需求,让不紧迫的单变成马上成交的单,让小单变大单。

(4) 需求收敛。在销售人员基本摸清楚客户的需求,客户也充分表达并确认自己的需求之后,销售人员继续发散和放大需求就是浪费时间了,只会增加销售过程的不确定性。经过了之前充分的需求表达和放大,客户这个时候会比较混乱,甚至是困惑,这时候销售人员需要对需求点分门别类进行梳理,并且进行优先级排序,方便有针对性地制定解决方案、推介产品和服务。

(5) 需求明确。需求明确后就可以推介方案了。

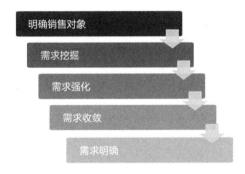

一、明确销售对象

> 谁是我们的敌人？谁是我们的朋友？这个问题是革命的首要问题。
>
> ——《中国社会各阶级的分析》，《毛泽东选集》第一卷第一章第一句话

在很多实际销售工作中，客户不是单个的人，哪怕只有一个人来对接销售人员，但是背后对于最终购买有决策权和影响力的可能是多个人。那么，销售人员必须要清楚地知道：他们是谁？他们分别负责什么？购买决策权力在客户之中是如何分配的？客户的决策机制是怎样的？

事实上企业客户内部往往很复杂，购买参与方不一定是铁板一块，不同的参与方可能有不同的立场、不同的倾向、不同的利益诉求，甚至他们之间是相互对立的。但是推进采购流程需要他们的集体参与，销售人员需要搞清楚背后的运作机制，才能制定正确的销售策略，最终推动客户整体成交。

在上面的案例中销售对象到底是小朋友？是妈妈？还是小朋友的爸爸？现实生活中销售人员只有一个人，如果销售对象是多个，甚至他们之间的观点和立场都不一致，那么，销售人员主要的销售对象是谁？应该如何抓住关键决策人？做客户工作的优先级是怎样的？

想要明确销售对象，我们首先需要搞清楚的是客户的各种角色。

如果一个大客户销售人员去给客户进行产品讲解或者去投标，客户会拉来一群人，他们分别有各式各样的职务，其实这就是他们在企业中、在购买决策中扮演的相应角色。企业中的岗位和职务总是千差万别的，但对于购买决策，归纳起来无非就是以下五种角色：**决策人（Decision Maker）、需求方（Requester）、出资方（Budgeter）、使用方（User）、支持方（Supporter）**。

这五种角色有可能是一人分饰多角，也有可能一个角色有很多人，但我们最终要找到这个角色的关键人。这五个单词的首字母分别是 M、R、B、U、S。我们就把客户叫作公交车先生（MR. BUS）吧。

1. 决策人

决策人是所有购买决策参与者里面话语权最重的那个人。

在企业级购买中，购买决策人一般是对采购流程有最终审批权的人。在有些情况下，最终审批人不亲自负责具体过程，而是授权他人来全权负责，那么被授权人实际上是购买决策人。

在大额个人购买中，如买房、卖车，购买决策人一般是一家之主。

在普通的零售中，MR. BUS 往往是五合一的。到了冬天，如果你想去买件羽绒服，你说买就能买，不需要征求任何人的同意，所以你就是决策人。同时，你是那个觉得冷的人（需求方），你也是那个穿衣服的人（使用方），花的也是自己的钱（出资方）。不过，也许你会和同事、朋友一起去逛商场，他们有可能会发表很多意见，做出很多点评，是可以影响你的购买决策的人（支持方）。这几个括号里的其他角色下面会介绍到。

在企业级销售中，决策人至关重要，一般是客户的中高层领导，越大的采购金额涉及越巨额的预算，决策人的层级就越高。生产线的采购合同、企业信息系统的实施、写字楼的租赁合同、新工厂的施工合同等，兹事体大，一般都是 CEO 亲自跟进的，所以 CEO 是关键决策人。而公司食堂的供应商、办公耗材的补充、物业服务采购一般采购总监就能决定。

销售人员务必要精准识别决策人，尽量和决策人建联，并且保持良好客情。这并不容易，层级越高的决策人越难触达，也越难建联，但如果可以直接和决策人对话，往往可以极大地提高成交概率。

这就需要销售人员深刻理解决策人的需求，并且为决策人提供充足的业务价值。

2. 需求方

需求方是有直接购买需求的那方，是购买流程的发起人和推动者。

对于企业级购买，需求方一般是业务方，他们有强烈的业务需求，所以会有大量的采购需求。有的需求如果得不到满足，业务方会痛苦，这种业务需求点称为"痛点";有的需求如果得到满足,业务方会快乐,这种业务需求点称为"爽点"。需求方就是业务中的痛点和爽点直接作用的对象。

任何企业的业务方都是强势的,因为他们是给公司创造营收的部门,所以他们有能力影响企业高层和其他支持方,他们有能力发起和推动企业购买。

比如,某互联网 APP 业务增长迅猛,用户数激增,服务器已经过载,经常宕机。宕机导致业务中断是"痛点";如果业务的连续性得到保障,那业务会继续迅猛增长,这个是业务的"爽点"。业务方就是需求方,包括增长部门、用户运营部门等,他们就会强力地推动 IT 部门进行服务器扩容。

即便业务方如此强势,但对于服务器和 IT 设备的销售人员来讲,向业务方开展销售工作有没有用呢?在这个案例中其实没什么用,因为业务方在具体的服务器选型、采购里面没有什么话语权。IT 部门才是要采购的设备的使用方。

让我们再举一个例子:某 IT 厂商的产品故障率最近提高了很多,经研究发现是 A 供应商的零部件导致的。于是,业务生产部门强力推动采购部门更换了供应商,指定采购一家全球知名的 B 供应商的零部件。在这个案例中,业务方就直接决定了购买。

3. 出资方

顾名思义,出资方就是出钱的那一方。

对于企业级购买,走谁的预算,扣谁的成本,谁就是出资方;如果没有预算,需要单独立项,那财务部门和企业高层就是出资方。

如果出资方是财务部门,他们一般不干涉产品的选型工作,但是他们可以觉得使用方推荐的产品太贵,或者觉得投入产出比太低,或者以没有预算为由毙掉整个采购项目。所以出资方在整个决策链条中,也是一个重要的角色。

在很多企业级购买中,都是走既定的部门预算,进入业务部门的成本中心,业务方、出资方这两个角色是重合的,这种情况下财务部门就变成了流程的支持方。

在个人买房、卖车的情况下，出资方有可能是需求方的父母，销售人员不要忽略了他们的诉求，适当做一下他们的工作，可以给你提供良好的助攻。

4. 使用方

使用方是所购买产品的直接操作人。在很多企业级购买中，使用方和需求方是分离的。在公司内部，使用方不见得比需求方拥有更大的话语权，但是对于具体的采购行为，使用方往往比需求方拥有更大的话语权。

在上文的举例中，IT 部门是设备的使用方，所以 IT 部门很大程度上决定了采购多少服务器、什么品牌、什么型号、什么配置……服务器的销售人员想要拿下该公司服务器扩容的单子，最好是去找 IT 部门做工作，而不是用户增长部门。

随着这家公司的业务迅速发展，该公司决定要上一套 CRM 客户关系管理软件，销售部门的同事未来会每天操作这套系统，管理销售线索，并且跟进后续的销售过程。同时，IT 部门也需要提供技术支持，如本地化部署、定制化开发、API 对接、数据维护等。虽然销售部门和 IT 部门都会操作这套系统，但真正的使用方则变成了销售部门，而 IT 部门的操作其实是对销售业务的支持，IT 部门就变成了支持方，话语权大大降低了。

而销售部门既是 CRM 系统的需求方，也是 CRM 的使用方，两个身份重合了，话语权也大大增强了。事实上，很有可能该企业的销售负责人也是 CRM 采购项目的最终决策人。

5. 支持方

支持方指的是除了前面四种角色，对于购买决策提供支持的人，他们也拥有一定影响力，他们的影响力有可能强，也有可能弱，有些销售场景中很有可能不存在支持方。

在零售、企业小额采购中往往没有什么支持方；而在重大的采购决策中，支持方就会有很多，决策人会广泛征求相关或者不相关的部门、业务专家的意见。有的采购金额巨大，有的采购对战略有深远的影响，甚至很多公司会花钱请咨询顾问、设计院、调研机构等外部支持方来进行评价，他们给出的建议往往能左右决策人的意见。

最常见的支持方是项目人员、流程人员和支持人员，他们或者对供应商进行寻源和初选，或者帮忙进行辅助性、流程性工作，或者编写技术规范、需求文档、标书，或者负责具体的实施、施工、运维等。他们的影响力可以体现在购买流程的细节方面，对最后的购买结果产生一定影响。

但是支持方一般来讲很难有强烈的倾向性，要么他们的立场受到客户关键决策人的影响，要么他们奉决策人之命做出客观的评价。很多企业级销售人员接触不到关键决策人，于是退而求其次，紧紧抱住支持方的大腿，这显然是错误的。正确的做法是获得关键决策人的认可之后，通过支持方让后续的购买流程更加丝滑、顺畅。

在不同客户中，这五个角色的分工不尽相同，有可能会出现某几个身份的重叠，也有可能某个身份由多方构成。

在不同客户中，这五个角色的话语权和影响力也有差异，他们相互作用就构成了客户的决策机制。

企业级的大客户销售人员需要深刻了解客户中的五个角色，才算真正搞清楚了客户内部组织的虚实，并且要与他们建立友好的连接，有针对性地制定销售策略。

对于零售行业的销售人员来说，很可能你的客户就是一个人，但是依然有必要搞清楚他背后有没有其他角色的存在，并且搞清楚这些背后角色的需求。

MR. BUS 所有的角色都有自己的职能，但是在现实场景中，销售人员不可能搞定所有人，大家难免有各自的立场。在销售过程中，销售人员要尽量触达关键决策人，因为决策人才是终极大老板。取得决策人的支持有利于推动客户明确需求，更有利于推动客户做出有利于我方的决策。

但是事实上决策人一般都是所有角色中职位最高的人，并且越大的采购项目就会涉及层级越高的领导，而高层领导一般都比较难以约见，更加难以被"搞定"。

大的企业采购项目也更复杂，高层领导可以调动更多的资源，他们会组织一个项目团队进行分工合作，可以听取其他角色的项目人员的汇报，从而做出决策。很多销售人员会从其他客户角色着手开始建联，在其他客户角色的帮助下，慢慢向上渗透，最终做通高层工作，推动成交。

建立与客户决策人的直接联系是销售成功的关键一环。如果在销售过程中，销售人员没有真正影响到决策人，而是仅仅依赖于中层管理层的推进，那么即使销售流程已经进入后期，也很容易被竞争对手翻盘。

我在SAP从事ERP软件销售工作的时候，参与了一个零售行业客户的ERP选型项目。由于我方进入项目的时间较晚，竞争对手甲骨文公司的销售已经做了大量的工作，基本上"搞定"了客户信息部的领导。在信息部领导的穿针引线之下，招投标工作已经安排就绪，我代表的SAP公司才参与进来，这无疑是一个极其不利的局面。

然而，我并没有选择放弃，而是决定直接约见客户的高层COO。虽然COO是信息系统的关键用户，却没有太多参与ERP系统选型，但其实他内心希望了解更多。并且，我发现COO对于信息部领导在项目选型过程中大包大揽的情况并不满意，但由于COO自己IT知识不足，不太了解又参与不进去。

我立刻调动售前顾问和工程师，同COO和他的业务团队进行了一系列交流，并安排了相关培训，帮助他们更好地了解ERP相关知识。作为回报，COO叫停甲骨文运作已久的招标。在客户全面、系统地了解了SAP的产品与案例之后，慎重地评估了我提供的方案，最后决定与我进行针对性谈判来完成采购。

我在项目的最后关头，通过直接与客户关键决策人建联，推翻了竞争对手之前做的局，成功拿下了订单。

我们现在再回头看那个小朋友逛玩具店的案例，分析一下 MR. BUS 到底都是谁。

小朋友是具体玩玩具的人，所以小朋友是使用方，这一点比较确定。

最后弟弟哭闹的时候，哥哥帮着哄了弟弟，哥哥算是个支持者。

爸爸负责结账，显而易见爸爸是出资方。

妈妈才是背后的决策人，不管销售人员如何卖力地向弟弟推销奥特曼，妈妈可以一票否决，并且选择了益智桌游。

但到底谁才是需求方呢？

是妈妈还是弟弟？

其实在这个案例中，有两个购买项目：

第一个购买项目是奥特曼，需求方很明确，是弟弟。但是这个项目被决策人毙掉了。

第二个购买项目是益智桌游，这个就属于典型的"你妈觉得你需要"了。

二、需求生命周期管理

在本书前文中，在讨论客户的购买心理学的时候，我们已经介绍过"需求生命周期"。现在探讨的是销售成交方法论，相应的就是"需求生命周期管理"。也就是说在客户起念、寻源、权衡、明确四个阶段，销售人员应该采取什么样的策略来应对。

起念、寻源、权衡、明确这四个阶段是客户的行为，对应了四种成熟度的需求：模糊的需求、发散的需求、初步的需求、明确的需求。

从销售的应对策略来讲：

- 客户需求模糊，销售人员就要帮助客户进行发散，放大需求，我们称之为"需求挖掘"。需求点本来是个小点，但是越挖越大、越挖越多、越挖越具体，从而形成了更大的商业机会。

- 需求也不能无限制地发散，否则变得虚无缥缈，就很难落地。当需求已经发散到一定程度时就要适可而止，潜在的项目已经变大，客单价变高，目标合同金额增加。俗话说得好"贪多嚼不烂"，这时候销售人员需要趁热打铁，强化需求，锁定大好局面，防止客户变卦，防止最后空欢喜一场。
- 当需求逐渐成形，客户进入采购流程的时候，一定会做减法，所有客户在掏腰包的时候都比较保守，尤其是企业客户，毕竟"省钱"是采购部门的核心 KPI。客户需求刚刚经过头脑风暴和需求强化，难免会掺杂一些水分，有些不靠谱的需求也混在里面，而需求收敛是一个去粗取精的过程，把最靠谱的需求明确下来，降低采购门槛，顺利推进销售过程。
- 在需求明确后，后续就可以推介方案、报价，推动成交，并且跟进后续的交付产品、售后服务。

销售动作	需求挖掘	需求强化	需求收敛	需求明确
需求阶段	模糊的需求	发散的需求	初步的需求	明确的需求
客户行为	起念	寻源	权衡	明确

1. 需求挖掘

在需求的第一阶段，需求是朦胧的、模糊的，销售人员要做的最重要的事就是挖掘需求，让隐藏的各种需求充分暴露。

销售动作	需求挖掘	需求强化	需求收敛	需求明确
需求阶段	模糊的需求	发散的需求	初步的需求	明确的需求
客户行为	起念	寻源	权衡	明确

在这个阶段,需求并不成体系,客户讲不出条条框框大逻辑,需求呈现出一个个的散点,所以我们称之为需求点,这些需求点隐藏在客户的日常业务中,需要销售人员和客户一起把它们找出来。需求挖掘是一个头脑风暴的过程,销售人员需要尽可能引导客户放下顾虑,多提问,收集更多的需求点,更全面地了解客户的需求。

前文介绍过,需求点可以分为两种,痛点和爽点。有的需求如果得到满足,客户会快乐,这种业务需求点称为"爽点";有的需求如果得不到满足,客户会痛苦,这些需求点就是"痛点"。在企业中,业务需求方就是痛点和爽点直接作用的对象。

(1)客户的痛点。

客户的痛点是让客户产生损失的需求点,这些需求如果得不到满足,业务方会痛苦。对于企业客户来讲,"痛"的类型往往包括提高成本、影响营收、降低效率、增加风险、不良体验、伤害品牌等。个人客户的"痛",也是这几个维度。

有的痛点剧痛,给客户带来的损失巨大,需求的重要性、优先级就高。比如,我们之前提到:A 公司从事互联网业务,APP 是业务主阵地,但总是宕机,业务总是中断,这个痛点对于企业来讲简直无法忍受!需要马上对服务器进行扩容!

有的痛点虽然会有损失,但是客户可以短时间承受,客户还有其他的重要事项优先处理。所以有的时候会先小成本地修修补补,或者慢悠悠地解决。比如,另外一家制造企业 B,这几年发展也不错,开始尝试互联网化,于是开发了一款 APP,把部分业务往 APP 上切。但因为技术问题,APP 非常不稳定,也会经常宕机。B 公司的这个痛点也痛,但毕竟传统制造业的业务大部分都在线下,APP 宕机固然不好,但不像 A 公司痛得那么撕心裂肺。长期来看,这个问题也需要有个解决方案,但再拖几个月好像也不是不行。

有的痛点时痛、时不痛,甚至习惯了只是觉得痒痒,虽然客户总是跟销售人员说这件事，但就是不见客户行动。这说明客户的需求并不强烈，或者不清晰。

有的客户痛点很多，但背后的根源都是同一个，销售人员需要帮助客户深入挖掘，追根溯源，尽可能把痛点梳理清楚。

（2）客户的爽点。

客户的爽点就是给客户带来收益的需求点，这些需求如果得到满足，客户就会快乐。"爽"的类型和痛的类型一模一样，只不过是正向的，包括控制成本、提高营收、改进效率、降低风险、改善体验、提升品牌知名度等。

很多女生喜欢奢侈品，如包包、服装、首饰、化妆品，如果得到了也很爽。这种产品满足的需求点主要是消费体验和个人形象。

很多男人心中都有一辆"梦想之车"，或许是跑车，或许是越野车，或许是辆皮卡车，这个期望如果被满足了就会很爽。这种爽，不只是车主自己开起来很爽，沐浴在路人羡慕的目光中更爽。我们经常会见到有人在都市的大马路上开一辆大马力的越野车，车身干干净净，一年走不了几次野路，这是一种品牌光环带来的爽，跟车辆的功能性关系不大。

但如果是网约车司机要购买一辆专车进行营运，那满足痛点的重要性就远远大于满足自己的爽点，首先这款车型要能办车证，其次总体拥有成本要低，再次要满足乘客的舒适性需求，最后才是自己开起来爽不爽。

企业客户的痛点、爽点大都是功能性的，如成本、收益、效率、风险，甚至是客户的体验。

而个人消费者的痛点、爽点大都关乎个人感受，如衣、食、住、行、玩的体验，改善个人形象（个人品牌）等。

当今市场竞争非常激烈，企业之间非常内卷，企业客户的购买需求大部分都是痛点驱动的，这些痛点都关乎企业的成本、收入、效率、风险、体验、声誉，这些问题会影响客户的市场竞争力，往往是企业生死存亡的大事。

比如，C公司从事某款设备的生产制造，行业大部分同业公司都完成了生产线的升级改造，生产效率提高了 30%。它能不痛吗？C 公司必须跟进，不然它就在市场竞争中落后了。

但 C 公司如果跟行业同业公司没有代差，公司的生产效率没有劣势，那么 C 公司就不会有动力斥巨资主动升级改造生产线，即便升级之后它的生产效率会遥遥领先。从事企业级销售多年，我认为一个新的解决方案要在行业里推广，第一个客户是最难说服的，但一旦拿下第一个客户，一般来说其他都会陆续跟进。

个人客户的购买需求大部分是爽点驱动的。中国的恩格尔系数已经下降到 30% 以下，中国人大部分的个人消费行为都是为了追求更好的生活，甚至很多购买是消费主义驱动的，很多东西不买也不会"痛"，但买了确实会让你很爽。我们回顾日常消费金额最大的商品：电子产品、手表、服装、包包、美食……几乎没有一件是因为"痛"而买的，都是因为想要爽。如果不买，顶多也就是不爽。针对企业客户的购买需求，销售人员需要多挖掘痛点；而面对个人客户，销售人员则需要多刺激爽点。

2. 需求强化

销售人员和客户不要陷入无休止的需求讨论，头绪太多，客户容易抓不住重点，最终需求就很难明确下来，项目也无法推进。销售人员需要引导客户适时地对这些需求进行分门别类、优先级排序，对那些重要的需求点优先跟进，强化和放大这些需求，来巩固自己的成果。

需求强化是对现有的需求继续确认、巩固、完善，避免项目后期客户翻来覆去地改变主意。与客户就每个需求达成共识，把多个小需求合并成一个

大需求，最终让一堆小单变一个大单，并确保客户对需求的重要性和紧迫性有共同的理解。这有助于减少后期需求变更的可能性。

具体怎么强化呢？其实很简单，就两点：有痛点的猛戳痛点，让客户重温一下那种痛；有爽点的狂撸爽点，把客户带入需求满足之后的美好前景。让客户对自己的需求更加笃定。

（1）戳痛点。

如果一个人曾经受过心理创伤，日后只要别人谈论起这件事情就是在揭伤疤，谈论得越具体伤疤撕得就越痛。我劝你做个好人，一定不要揭朋友的伤疤，但是揭客户的就没有问题。

跟个人的心理创伤不同，销售人员戳客户的痛点不用担心伤害他，因为客户大都非常喜欢谈论自己的业务痛点，就像病人大都喜欢谈论自己的病情一样，客户吐槽一下业务中存在的问题，MR. BUS 之间相互吐槽一下，对大家都是好事。戳客户痛点是在帮他改善生产、经营和管理。

很多企业客户专门聘请咨询顾问来戳自己的痛点，销售人员也可以与客户聊聊他的痛点，如设备的老旧、信息化水平弱、自动化程度低、故障率高、效率低下、生产事故、产品质量问题等。问问他痛的时候的感受，对正常的业务、生活造成的影响，跟他一起计算一下风险和损失……

之前介绍过企业客户的主要痛点类型：成本、收入、效率、风险、体验、声誉。针对不同的痛点类型销售人员可以进行详细、深入的分析。以下都是戳痛点的话术：

王总，最近贵司的客户投诉率在增加，对你们有什么影响？

刘总，你们系统的可用性只有99.1%，那去年造成的损失金额有多大啊？

李总，如果良品率只有80%，那你们的产品的成本要比竞品高近20%啊！

张大哥，你每天上下班开车40公里，你这车开了这么久，油耗都12个了,你每个月加油花多少钱啊?

杨姐,你家离孩子学校这么远,每天路上就将近两个小时,耽误了孩子学习可咋办?

············

(2)撸爽点。

心理学上有个"皮格马利翁效应",也叫"罗森塔尔效应",源于古希腊一个传说。相传古希腊雕刻家皮格马利翁深深地爱上了自己雕刻的一尊少女雕像,他天天看着这幅作品发花痴,日思夜想,最终感动了爱神阿芙洛狄特,爱神赋予了少女雕像以生命,最终皮格马利翁与少女结为伉俪。这个效应主要解释了人期待的力量,期望和态度能够影响人的表现和成就,只要有足够强的期待,梦想就一定会变为现实。

爽点是客户的需求点,爽就是需求得到满足,而满足的解决方案就是目标产品方案。而撸客户的爽点的本质就在于让客户对于目标产品的期待越来越强。

销售人员需要创建具体的应用场景,引导客户想象自己使用目标产品的情形,让客户尽可能具体而形象地想象自己被产品满足的状态。这种情境化的方法可以帮助客户更好地理解和感受产品的价值,当目标产品方案在客户的大脑中有充足的带入感、拥有感,客户就会强化对这个东西的需求。

方法和戳痛点是一样的,就是对爽点的细节进行大量的描绘、讨论和分析:

赵女士,您穿职业装的时候特别有精英范,如果有一款正式一点的包来搭配,就会有那种律政俏佳人的感觉。

孙先生,这种户型四室两厅,客厅特别大,还能隔离出来一个游戏区,您可以和两个宝宝在这里玩,陪伴他们成长。以后孩子长大了,每个人一个房间也互不打扰。

宋哥，这款车有3秒的零百加速，全车流线型，是年轻人的第一辆车。等红灯的时候，就算旁边是辆保时捷，你也可以瞬间超过它啊！关键你还能天天开这车上班呢。

3. 需求收敛

需求发散会让需求从无到有，从弱到强，从小到大，但无休止的发散对于销售人员是没有好处的。"双鸟在林，不如一鸟在手"，订单再大，也唯有落袋为安，先把能收的单收进来是最稳妥的策略。过度追求需求的刺激和扩张，可能会导致销售过程的拖延，使得订单难以在短时间内关闭。这不仅消耗了销售人员宝贵的时间和精力，还可能导致客户流失。

客户犹豫不决，就会不断地寻源，在不同渠道进行留资，会吸引更多的竞争对手进入战场，使得竞争更加激烈，增加了销售人员战败的可能性。

如果需求太多、太杂、太散，销售人员要抓紧时间引导客户收敛需求，避免夜长梦多，让纷繁复杂的需求尽快成型。做单讲究干净利落，不要拖拉，否则拖到最后，销售人员很可能一无所有。

（1）需求的梳理。

在需求发散阶段，需求是一个个散点；但是在需求的收敛阶段，需求应该是体系化的，客户需要形成自己的需求文档。在互联网公司里有两种需求文档，一种叫作商业需求文档（Business Requirements Document），一种叫作产品需求文档（Product Requirements Document）。前者只是分析了商业上的可行性和必要性，并且梳理了业务的具体流程；而后者的需求已经明确到可以直接进行采购，或者转交研发人员进行开发准备工作。

梳理需求是客户的工作，而不是销售人员的工作。首先，只有客户才最深刻地理解自己的业务；其次，大部分客户的需求满足并不依赖于外部供应商，更多的是靠客户自己。销售人员可以提供协助，但是并不能主导。在实际工作中，销售人员能参与进去就已经很不错了。

（2）需求归类。

每个需求需要分门别类。属于哪个部门来主导？属于哪个业务板块？属于哪个具体的流程？负责人是谁？务必做到"冤有头，债有主"，不要忙了老半天，最后需求无人认领，在客户一侧无人为之负责，也无人来买单。

（3）需求的实现方式。

也就是需求解决方案，这个解决方案有可能主要靠客户自建，或者自己开发来满足，但也有可能涉及外部的产品购买。如果涉及产品购买，还要写清楚型号、配置，如何部署、维护等。

（4）需求的排序。

如果是特别复杂的需求，客户需要根据需求的重要性、紧迫性、复杂性、成本、收益综合考量，整理出需求的优先级排序，并且放在一个时间表里。最好的呈现形式是甘特图，可以清晰地看出各个子需求模块的先后顺序，以及关联关系。

（5）项目立项和预算。

当需求文档整理清楚之后，就可以拿着去找领导审批要钱了，这个过程称为立项。立项往往意味着需求已经明确了，客户就可以正式进入采购流程了。

有的客户采购需要销售人员做大量的前期工作，如出方案、搭建测试环境、提供样机和样品、投入售前人力等。在项目立项之前做这些难免会有顾虑，很可能被客户反反复复地折腾，甚至投入了大量资源之后客户取消了需求，但是一旦客户立项，这个需求就是靠谱的，客户基本上一定会购买，只是选择哪一个供应商的问题。为了成交，销售人员合理投入就是值得的。

当然大部分的企业中小型采购没有这么复杂，个人购买的需求收敛会更加简单，但简单不意味着可以省略，就算简单到只有一句话，销售人员也需要和客户进行确认。

4. 需求明确

我们一直在强调"一出手就成交"，如果没有把握就不要出手。而在需求明确之前，所有的出手都不推荐。

销售动作	需求挖掘	需求强化	需求收敛	需求明确
需求阶段	模糊的需求	发散的需求	初步的需求	明确的需求
客户行为	起念	寻源	权衡	明确

首先，很多企业级产品和服务，方案不是张口就来的，给客户做方案是有成本的，需要消耗公司资源，像之前所说：出方案、搭建测试环境、提供样机和样品、投入售前人力等，至少也需要销售人员准备PPT。

如果客户的需求不明确，销售人员就轻易地开始出方案，很有可能当方案做出来之后，客户会感觉："这个方案并不是我想要的，你这里改一下……"其实，不知道客户想要什么并不是销售人员的错，但是在需求明确之前，就贸然开始推介方案就是销售人员不对了。因为在需求明确之前，客户都不知道自己到底想要什么，这个时候做的方案怎么可能让客户满意呢？客户的想法根本没成型，各种需求变来变去的，方案就会改来改去，公司的资源提供方疲于奔命，最后销售人员过度消耗公司资源，单子最终也赢不下来。

还有一种情况，方案是现成的，是以成熟的产品形态存在的，手机、汽车、商品房、通用型设备、器械都是如此，这就意味着推介方案不需要销售方付出太多的成本，只要开口讲就好了。就算如此，也不要轻易出手！因为客户的需求不明确，销售人员讲什么都是错的！客户会拒绝，然后销售人员拿另外一款产品再推销，然后再拒绝……而我们一直在强调，不要给客户拒绝自己的机会，拒绝会成为习惯，小的拒绝会累积成大的拒绝。

在需求明确之前，如果客户咨询某款具体的产品，销售人员肯定是需要热情回应的，但客户问什么，销售人员就解答什么，可以稍微延伸一点介绍，但要点到为止，不要过度销售，不需要全面地推介，更不要报价。客户需求明确之前，重点不是产品方案，销售人员要先把关注点放在客户的需求上面。

当客户走到了需求生命周期的最后一个阶段，从一堆模糊的需求，到发散的需求，到初步的需求，在销售人员的帮助下客户的需求最终明确了，不再改了，至少不大改了，销售人员就可以开始方案推介了，下一节我们会详细介绍。

三、需求沟通三原则

原则一：销售人员多提问，多附议，让客户充分表达

很多销售人员会进入一个误区：在需求阶段说得太多。

事实上，在需求沟通阶段，销售人员应该像个记者，而不是个演讲者。销售人员要做的就是打开客户的思路，让客户多说，客户提供的信息越多，销售人员在之后的流程中就越主动。

首先，毕竟在这个阶段，最重要的任务是明确客户的需求。客户肯定比销售人员懂自己的需求，销售人员说太多就是喧宾夺主。请让最懂客户需求的人多讲讲——那就是客户自己。

其次，在需求沟通阶段，销售人员其实也没什么好说的，毕竟还没有完全了解客户需求，说什么都是不负责任的。

但在很多情况下，往往客户刚刚吐露了自己需求的冰山一角，销售人员就迫不及待地开始推介方案，滔滔不绝地说个不停。打住！不要太早开始卖。

销售人员要多提问，但也要注意以下两点。

第一，注意问题的质量，不要提小白问题，要提有专业水准的问题。

不要问那些为了强行让对话继续的尴尬问题；不要问那些提出来就让客户知道你是外行的问题；不要问愚蠢的问题，问了就会露怯，就会失去客户对你的尊重。

要问高质量的问题：有的问题是客户自己一直在苦苦思索的，销售人员如果问出来，客户会有一种知音的感觉，会激起客户的分享欲望；还有的问题是客户从来没有思考到的，如果销售人员从全新的角度问出一些高质量问题，对客户是有启发的，客户自然也会珍惜与销售人员的对话。

这些需要销售人员结合自己的行业实际，提前制定FAQ（常见问题），适时地抛出。是的，需求沟通也需要话术库。

第二，销售人员不应该纯提问，也要注意与客户互动。

注意力集中在客户身上，认真倾听，多附议，如：偶尔赞同，偶尔补充，偶尔评论，偶尔异议，但最重要的不是形式，而是附议的内容。如果能给出专业的建议，自然会让客户刮目相看，更好地取得客户的信任。

销售人员未必要临时发挥，提出什么高明的见解，也可以是长期积累的认知和提前准备的信息。毕竟销售人员见过的客户比客户见过的销售人员要多，销售人员可以从不同客户那里获取不同的见解，更新在自己的话术库里。

原则二：在需求发散阶段，多用开放式问题；在需求收敛阶段，多用封闭式问题

需求挖掘、需求强化、需求放大，我们统称为需求发散。在这个时候，要多问开放式问题，有助于客户发散思维，充分表达，让需求变多、变大，扩大商机，提高最后关单的金额。而在需求收敛阶段，就少问开放式问题，多问封闭式问题，封闭式问题有助于获得明确结论，减少不确定性，避免节外生枝，尽快形成结论。

如果销售人员和客户的互信程度很高，销售人员可以问得很直接，比如以下几个直接的开放式问题：

您工作中有什么痛点？

有什么影响和损失？

工作中遇到了什么问题？

打算怎么解决？

今年的采购计划是什么？

…………

但是如果销售人员和客户的连接没有那么紧密，直接问业务的负面情况可能会比较唐突，有的客户会比较敏感，销售人员就需要问得比较含蓄，比如以下几个含蓄的开放式问题：

今年您首要的几个工作重点是什么？

为什么是这几个？

这些工作有什么难点？

这些工作的进展如何？

您对 ERP 建设的理解是怎样的？

之前的项目经历有什么难点？

…………

销售人员可以在客户开放回答的过程中寻找痛点，并且深入问询，展开挖掘。

而封闭式问题比较简单，往往有着非常明确的答案，甚至答案就是"是"与"否"，比如：

您现在使用的是这个版本吗？

这是咱们定下来的配置清单，您确认一下？

您的预算是多少？

这些问题有助于收敛客户的需求，最后形成最终结论。

原则三：可以与客户持有不同观点，但始终与客户持有同一立场

首先，销售人员和客户的长期利益是一致的，销售人员是为了帮助客户解决问题，所以一切以客户价值为出发点。

但是坦白来讲，客户可能并不这么认为。事实上，在大部分场景中，客户一直在担心销售人员会过度销售、虚假承诺，甚至是欺骗自己。销售人员应该时时刻刻向客户表忠心：我跟你是一边的，并且在行为上要始终以客户需求为中心。在本书一开始，我们就提出来不要卖梳子给秃子，销售人员推介的方案永远要基于客户需求，要给客户提供价值。

每个销售人员都希望把需求做大，都想把小单变大单，但销售人员更希望跟客户建立长期合作关系，从而让客户持续复购和推荐新客户。即便在需求强化阶段，把小需求做大，也是为了帮助客户更彻底地解决问题，而不是销售人员单方面地想多卖东西。

在实际销售中，客户表达的需求可能很多、很大，但有可能偏离真实的痛点和爽点；销售人员也有自己的倾向性，比如某些产品方案的利润更高，售后难度更小；也有可能存在第三个更加好的方案，比如有促销和优惠。

销售人员如果站在客户立场，从客户价值出发，最后提供的方案应该能够充分覆盖客户的实际业务需求点，可以有一定的裕度（buffer），但又不要让客户多支付过分的额外成本。

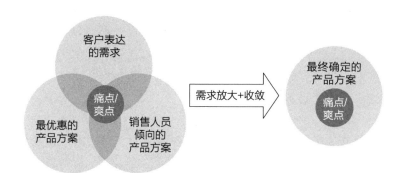

如果客户要的明显多于自己真实需要的，不要轻易地顺水推舟，不要把所有的需求简单加总，如果销售人员追求一时的扩大销售（up sell），甚至不惜强行销售（hard sell），这无异于杀鸡取卵。客户也许会一时糊涂，但是回过神来之后，一定会懊恼，也会埋怨销售人员不提醒自己，这会伤害长期客户关系。甚至有的客户会要求退货、退款，甚至投诉或者付诸诉讼。

其次，不管是销售人员不同意客户的观点，还是客户反驳销售人员的观点，销售人员都不要和客户辩论。

第一种情况，即使销售人员不同意客户的观点，也尽量不要直接反驳。销售人员可以尝试对客户观点中的疑点提出问题，引导客户发现自己观点的不合理之处，从而重新回到销售人员的观点中。

比如，汽车销售人员回应客户对某款竞品车智能化的赞扬：

您觉得竞品的那款车智能化水平高，它的智能芯片有400Tops的算力。可是我们200Tops的算力已经可以满足目前通用的智能辅助驾驶，并且给未来的升级也留有裕度。羊毛出在羊身上，他们多余的算力都是成本啊。

第二种情况，在需求阶段，客户经常会对销售人员的观点提出异议甚至反驳。销售人员需要尝试理解客户、深刻共情，求同存异。解释自己的观点的合理性，而不要分析客户观点的不合理性；要强调两方观点的共同之处和相通之处，弱化不同的部分。

客户：你们的产品的性能比竞品弱很多。

销售人员：确实如此，不过我们的成本是市场上最低的，特别适合您先小规模部署，成熟之后再考虑扩建。

对于销售新人来讲，初次沟通需要准备话术库，明确需求这一步也可以准备话术库。在一个行业里，不同客户的需求点、痛点、爽点是有很多共通之处的，销售人员完全可以收集行业客户需求的全集，并且相应地研究跟进策略，建立自己的策略库和话术库。在需求沟通阶段，提前准备话术，可以提高效率，确保更加专业地进行应对。

我简单提供了一个需求沟通的话术框架，方便销售人员根据自己的行业、业务、岗位有针对性地设计话术。

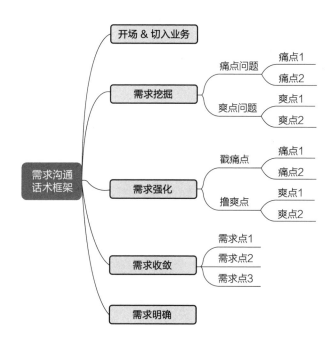

第3节 推介方案（出招）

客户走到了需求生命周期的最后一阶段，从一堆模糊的需求，到发散的需求，到收敛成型的需求，在销售人员的帮助下客户的需求最终明确了，不再改来改去了，至少不会有大的变动了。这时候，销售人员终于可以开始推介方案了，销售人员要出招了！

"推介方案"是"成交六式"的第三式，处在"以理性推介方案"阶段。在这一阶段中，客户开始接触很多产品方案的细节，如：功能、性能、价格等，理性的新脑开始变得活跃，客户的理智决策系统开始占据主导地位，销售的沟通模式也需要迎合客户的新脑，关注点也会放在客观理性的事实，比如：功能、性能、价格、服务、预算、风险、竞品对比、购买时机等。在这个阶段，销售人员专业的表现才能够应对客户理性的新脑。

"推介方案"也并不是简单地讲产品 PPT 然后报个价，"推介方案"也有一套完整的 SOP。"推介方案"不是一招，而是一套招法，有五个具体的动作，下面让我们依次展开讲解。

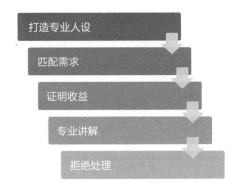

一、打造专业人设

专业的人设是销售人员的个人品牌，可以让客户先入为主地产生信任。而销售的过程就是积累客户好感和信任的过程，开局就能获得信任，后面的方案推介过程就会更加轻松，客户会更加容易接受产品方案，可以大大提高了成交的概率。

品牌的力量是巨大的，这一点毋庸置疑：

（1）品牌可以让产品更广泛地传播，从而获得更大的流量。

（2）品牌可以塑造受众关于产品的心智，让消费者对品牌更加信任，甚至更加忠诚。

（3）品牌可以触发受众的购买欲望，在受众大脑中建立购买链路。

（4）品牌可以让产品卖出更高的溢价。

销售人员专业的人设就是销售人员的个人品牌，它代表了客户群体怎么看待这个销售人员，是销售人员专业形象和信誉的集中体现。客户会把自己的意见和倾向告诉自己的朋友们，甚至诉诸客户的个人社交媒体，让更多的潜在客户知道。

销售人员的个人品牌对于销售意义重大，不仅体现在展业这个层面上，甚至对于销售人员的职业发展都至关重要。

- 销售人员良好的专业度、信誉、口碑会在客户之间传播和推荐，这会扩大销售人员的知名度和影响力，可以帮助销售人员获得更广泛的客源。
- 一个强大的个人品牌能够建立和维护客户的信任。信任是任何销售关系的基石，有助于促进交易的顺利进行。
- 销售人员专业的人设是有品牌价值的，可以让产品卖出更高的溢价。这并不稀奇，客户是非常愿意为省心、信任，甚至是情绪价值买单的。
- 销售人员的个人品牌是有效的客情黏合剂，可以维持销售人员在客户心理账户中的分量，从而提高客户忠诚度，提高客户复购。
- 强大的个人品牌不仅能吸引客户，还能吸引行业内的其他企业，为销售人员提供更多的职业发展机会。

销售人员的个人品牌是销售人员最宝贵的资产之一，需要细心培养和管理，以确保在不断变化的市场环境中保持竞争力和营销力。下面我们着重介绍一下如何打造销售人员的个人品牌。

首先，销售人员的个人品牌就是人设，人设就是标签以及标签的集合，打造销售人员专业的人设，就是打造跟专业度相关的标签。

- 显著的成就容易被标签化。比如：名牌大学毕业，行业巨头工作背景，或者参与过行业巨头的项目，蝉联公司全国销售冠军，签过某些行业大单……

- 显著的能力也容易被标签化。比如：精通某类产品知识，拥有某行业的丰富经验，有工程师背景……
- 一个人长期的、一致的、重复性的行为，会形成固定的模式，就很容易被标签化。比如：常年发技术博客，内容有干货；持续运营小红书账号，内容非常精彩、丰富；每年过节都会给客户送礼，特别有礼数；特别能喝酒，一喝醉就满嘴跑火车……所以，销售人员要注意千万别被贴上负面的标签，要做好的事情，被贴上正面的标签。

20世纪70年代，美国的汽车销售员乔·吉拉德就非常聪明地给自己贴上了"世界上最伟大的销售员"这一标签，他用很多具体的、长期的、一致的、重复的行为来打造、强化这一标签。他甚至还写了一本书，名字就是《世界上最伟大的销售员》，描述了自己的事迹，并且进行全球巡回演讲，不停地强化自己的这一标签。这些事迹包括：

- 20世纪70年代，没有手机，电脑尚不普及，他就开始用手工为每一个客户建立档案，事无巨细地记录所有的资料，包括工作、家庭、爱好、旅行经历等。
- 他每个月都要给他的上万名顾客寄一张贺卡，而且每个月贺卡的主题都不同，上面写"我喜欢你"。这个工作量不小，我怀疑要么有吹牛的成分，要么他雇用了大量助理。
- 在15年的销售生涯中，他一共售出13001辆汽车，剔除节假日，平均每天销售6辆车。乔·吉拉德是全球单日、单月、单年度，以及销售汽车总量的纪录保持者，还申请了吉尼斯世界纪录。

我自己也做过很多年销售工作，看了这本书之后，我的第一感觉是敬佩，但还有一丝怀疑。因为汽车销售是零售，是针对客户的一对一销售，持续15年，每天卖6台车是非常恐怖的。要知道今时今日，很多销售人员一个月才能卖6台车。早年的汽车销售可能相对容易，但没有自动化的流程和系统，车辆物流、金融、签约、交付都不会比今天更有效率。

我怀疑有批发的成分，也怀疑他有大量收单的行为，怀疑他有个团队，也有大量的渠道来帮助他分销。但这都不重要，重要的是大家都知道他是"世界上最伟大的销售员"，他入选了"汽车名人堂"，他的名字和亨利·福特、本田宗一郎、恩佐·法拉利并列在了一起。

其次，销售人员需要建立自己的宣传渠道，有意识地去推广、宣传、强化大家对这些标签的认知，打造心智。

- 有的销售人员会通过小红书、抖音等新媒体运营自己的私域流量，坚持做图文内容、视频和直播，对内容进行规划和策划，展示自己专业的一面。
- 有的销售人员会参加各种研讨会，进行公开演讲，把自己包装成为成功人士、专家……到了这种程度，客户就成了销售人员的粉丝，销售人员说什么客户都会相信，销售人员推荐什么客户都会买，客户甚至还会主动找销售人员。
- 微信朋友圈也是销售人员最基础的宣传渠道，我建议零售行业的销售人员把个人生活号和工作号分开，企业级销售人员可以混用，但不要发太多个人生活的内容，多发与公司、行业、客户相关的内容，让自己的朋友圈显得专业。要用心去经营，而不是随心所欲地抒发个人情绪。
- 最常见的客户沟通渠道就是定期的客户拜访和打电话，这都是销售人员打造自己个人品牌的场合。销售人员要保持良好的仪容仪表、精神风貌，以及彬彬有礼的态度举止。当然，销售人员需要根据所销售产品的客单价，来决定自己礼仪的正式程度。

大部分的门店零售人员需要穿工服、制服，遵守客户接待行为规范。

保险、汽车、房地产、奢侈品行业的销售人员则需要穿正装,接受客户接待的相关培训。

高端的汽车、房地产、奢侈品行业的销售人员甚至需要保持专业的妆容,接受礼仪培训。

大客户销售人员需要把自己定位为专家、顾问,不需要在礼仪方面太过追求,得体的正装和不卑不亢的举止就好,但是需要有较深刻的行业认知,需要有一定的学历门槛,需要有能力打造个人品牌。

最后,需要注意的是,销售人员打造自己"专业人士"的人设不只是简单地包装自己,而是要基于坚实的业务基础输出内容,包括武功和战功两部分。

- 武功:过硬的产品知识、业务知识、行业认知、客户洞察,这些代表了销售人员的实际业务能力,这些能力表明了销售人员不只是销售人员,更是客户的业务顾问,是客户强有力的助手。基于这些能力,销售人员需要输出与产品、业务、行业、客户洞察等相关的内容,表现形式可以是1对1访谈、PPT讲座、书面报告、发表文章、出版书籍、输出新媒体内容等。
- 战功:大量的客户成功案例、客户基数、实际业绩,这些代表了销售人员的业务能力所产生的实际效果。如果销售人员没有实际的业绩支撑,没有广泛的客户满意度的支持,徒有夸夸其谈的"武功",也很容易被客户理解为"口惠而实不至""不落地"。如果销售人员的产品过往没有成功的案例,没有被同行业背书和验证,客户是不会轻易成为小白鼠的。

如果销售人员没有实际业务"武功"和"战功"来支撑,只是强行给自己贴一些名不副实的、光鲜的标签,并且硬性推广,反而会引起客户的反感,让人觉得华而不实,沽名钓誉。

二、匹配需求

顶尖的销售人员，总是引导客户按照销售人员的思路，自己提出方案。

心理学上有个"前后一致性原则"，具体表现为：人一旦提出一个观点，就倾向于尽力去捍卫这个观点，哪怕这个观点有可能是错的。人一旦做出了承诺，就会尽量去履行诺言，哪怕会付出额外的成本。

前后一致性原则对销售人员非常有启示性，销售人员想要推A方案，但是最好不要直接推销，而是在需求阶段就开始铺垫，一步步引导客户自己提出A方案，因为如果是客户自己提出来的，客户的购买意向就会非常强烈。

如何让客户自己提出销售人员期待的方案？在需求沟通阶段，就需要潜移默化地进行需求匹配。从这个角度上来看，推介方案和明确需求这两个阶段不是泾渭分明的，而是充分衔接，并且融为一体的。客户在明确需求初期一般没有强烈的意见，就算有也不太笃定，顶尖的销售人员在初期就开始引导客户，让客户需求长成销售方案的样子。

第一，**让客户充分参与**。让客户充分参与需求分析和解决方案的制定过程。当客户觉得他们是方案的共同创造者时，他们对方案的承诺会更加坚定。

第二，**积累客户的承诺**。在参与的过程中，开始建立客户对方案的信念，获取客户的承诺。从客户容易同意的小承诺开始，逐步引导他们做出更大的承诺。

第三，**强化客户的意见**。在讨论中重复和强调客户的观点和想法，使他们感到自己的意见被重视，并鼓励他们为之辩护。对客户的承诺给予积极的反馈，强化他们的决定。并且把客户的意见书面记录下来，尤其要记录他们的承诺和计划，这样可以增加他们履行承诺的可能性。

如果有数据、案例研究、客户口碑或者公众意见的支持就更好了，客户会相信他们做出的承诺是基于充分的信息和理性的判断，让客户确信他们的观点是正确的。

第四，做好异议的处理。如果客户提出了不符合销售人员预期的解决方案，不要直接否定。相反，可以通过质疑或展示替代方案来引导他们重新考虑。可以参考我在拒绝处理部分介绍的内容：避免对抗、转移矛盾、强化共识、淡化差异。

比如，A 汽车品牌的产品以运动性能见长，而主要竞争品牌 B 的产品以舒适性见长。客户马先生初次到 A 品牌的某门店逛逛，意向并不强烈，与销售人员沟通需求的时候，销售人员出色地进行了需求引导。

A 品牌销售人员："马先生，您身材这么好，肯定长期健身吧？"

客户被赞美往往会比较开心地承认："对，每周去三次健身房。"

A 品牌销售人员："好有毅力，您是运动健将啊！"

马先生乐滋滋地回应："还好还好……"

在之后的沟通中，销售人员可以不断地强调客户的"自律人生""运动健将"标签，并且通过话术，成功地锁定客户的人设，获得客户的口头承诺。之后再去推介运动型汽车的时候，客户的接受程度就会非常高。甚至客户会主动提出自己的目标产品方案，正是 A 品牌的某款经典车型，因为在客户的心里账户上，A 品牌已经压过 B 品牌一头了。也许客户是个商务人士，是个二孩爸爸，一开始更倾向于买个舒适性车型。

对于有些有利于竞品的需求、不太靠谱的需求，销售人员也可以友好地质疑，挖掘潜在的风险和成本，站在客户的立场提出建议，等等。销售人员尽量不要否定客户的需求，但是可以引导客户否定自己的需求，打消自己的念头，并且扭转成有利于自己的需求。

比如，客户已经基本锁定 A 品牌的某款运动型轿车，在下定之前四处去逛，结果逛到了 B 汽车品牌的门店。经验老到的 B 品牌的销售人员见到了客户，快速挖掘出客户的各种信息和目前的需求，有针对性地用 B 品牌的汽车进行需求的再次匹配。

B 品牌销售人员："马先生，您对汽车很有了解，看过市场上不少同类产品吧？"

马先生："对，基本上敲定了 A 品牌的××款了。"

B 品牌销售人员："那款车是溜背的，马先生您的两位公子以后长高了，后排头部空间可能不够吧？"

马先生："有可能，不过那也是几年以后的事情了。"

B 品牌销售人员："再说，那款车为了追求操控，底盘又低又硬，不管是家人还是客户，坐后排都会晕车的。"

马先生："……"

B 品牌销售人员："这样，我们试驾一下这款车吧，您可以坐在后排感受一下，也可以自己开一下，驾驶感也很不错的。"

在收敛需求阶段其实就在引导客户自己提出方案，销售人员只是帮忙确认和归纳。经过经验老到的销售人员的需求引导，客户在梳理自己需求的时候，满脑子都是销售方产品的样子。最终明确需求的时候，你会发现，客户已经把销售人员心中的理想方案用自己的嘴巴讲出来了。

当然以上是最完美的场景，在大部场景下，依然需要销售人员主动推介产品方案，但是千万不要忘记强调：该产品方案是基于客户自己确认的需求。产品购买是客户的主意，而不是销售人员的主意。

"明确需求"阶段的最后一步和"推介方案"阶段的第一步往往是无缝衔接，甚至重合的。

三、证明收益

推介方案也有很多铺垫工作，不要直接进入产品的细节讲解。在客户对产品产生渴望之前，一切细节的讲解总是显得枯燥，很容易引起客户的抵触情绪，重新唤醒客户的防备心理。

初次沟通、明确需求都是以客户为中心的，推介方案同样也是以客户为中心的，过早地陷入细节就是以产品为中心，本质上是销售人员以自我为中心。过早进入产品细节≈过早开始推介产品。

在推介方案的初期，基于客户自己亲口确认的需求，销售人员提供了相应的方案进行匹配，这个时候销售人员最应该做的是引起客户对该方案的兴趣，当客户的兴趣越来越盎然，对细节内容的期待越来越强烈，甚至开始主动询问产品方案细节的时候，才是进入细节讲解的最佳时机。在此之前，最重要的是通过证明产品方案的收益调起客户的浓厚兴趣。

证明收益有以下几个工具可以使用。

第一，现有客户的正向反馈，实证产品方案的收益。

销售人员可以向潜在客户展示现有客户的实际案例，包括书面报告、用户访谈、案例合集、感谢信、锦旗等，可以有力地证明购买的收益。其实很多非正式的证据也是有力的收益证明，比如，实施、交付现场客户喜气洋洋的照片，购买之后客户朋友圈截图，网上店铺及商品评价，销售人员回访客户使用体验的聊天记录，等等。客户看到这些素材，对产品的兴趣也会被有效激发。

整个公司都应该设置一定的机制，激励客户主动、广泛地在公司内部和外部发表对产品友好、正面的反馈。比如，有奖征集用户的使用体验；分享照片和评论可参与抽奖；公关部门可以给企业客户安排采访，进行联合品牌宣传；公司可以给企业客户评奖、颁奖，也可以参与客户给供应商的评奖……

在这个客户分享机制中，市场营销部门、销售部门、客户服务部门、售后部门、公关部门都应该参与进来，并且找到一个牵头部门，以 OKR 的形式确定主责，持续、连贯地运营客户社群，推动客户的正面分享，让客户社群生产的 UGC 内容破圈，产生外溢效应，从而影响公众的印象和口碑。

而客户社群运营也不只是公司行为，销售人员也要运营好自己的私域客户群，可以采取微信公众号、小红书等媒介平台，分享自己和客户的交流互动及合作案例，打造一个客户收益证明的合集。比如：

- 咨询公司的顾问在做完一个客户项目之后，可以把该项目脱敏之后制作成案例分享，在自己的微信公众号进行分享，既宣传了自己的个人品牌，又替客户做了宣传，面对潜在客户的时候，这个案例又成了有力的收益证明，可谓一箭三雕。
- 家居、服装、奢侈品等消费品销售人员也可以运营自己的自媒体账号，并且提升自己的拍摄技巧，多帮客户拍摄美美的照片，在自己的小红书上与客户互动，既维系了客户关系，增加了客户的复购，也能吸引更广大的客群，这也是有力的收益证明。
- 汽车销售人员可以经常在自己的抖音账号上分享客户用车体验、新车介绍、车辆使用介绍、保养知识，也可以帮助客户记录选车、签约、提车的过程，直播交车仪式。

公司也应该鼓励销售人员这么做，相应地设置激励政策和标准规范。如果销售人员全员都可以参与私域客户运营，对公司品牌也会形成巨大的声量，产生海量的正向内容，容易形成外溢效应，影响公众口碑。

第二，公众的口碑也是产品方案的收益证明。

客户上网搜一搜，显示的各种正面反馈也都是有力的收益证明，会引发客户的从众心理，引起客户对产品的向往，打消客户心中的顾虑；当然如果搜出来的负面反馈居多，就是负收益证明，就会劝退客户。

公司层面和销售个体层面的客户社群运营可以正向引领公众口碑，但公司的品牌宣传和公关工作依然必不可少，除了正向的品牌投入，保持对舆情的监控，对于负面舆情的处理也不可或缺。如果出现了大量的负面信息，公司公关部门会有针对性地进行控评，包括：找到负面舆情的源头，进行沟通、澄清；对于不实的负面评价，进行投诉、举报，发起诉讼，甚至报警；公开回应、解释、澄清……

从公司层面上来说，打造口碑还是要靠扎实的产品力以及无微不至的服务，产品和服务是用户口碑的基石，其他的营销宣传工作都是锦上添花。

第三，权威机构和专业人士的背书，可以打消客户的顾虑。

第三方测评、市场调研、专家和网络意见领袖（KOL）的推荐都属于这类内容。如何管理媒体和KOL是公司营销、公关部门的职责，但如果销售人员成为那个"权威专业人士"，成为那个意见领袖，甚至打造一个自媒体，就不仅可以扩大自己的客户来源，促进业绩的达成，还可以有力地分担公司公关部门的压力，并且为公司品牌宣传做助攻。

公司应该出面打造几个公司内部的专家、行业大咖；销售部门的管理者也可以牵头，头部销售人员、售前顾问、售后顾问可以分别选择一个自己最擅长的领域，着重打造自己的权威专业人设，同事之间可以互相支持、背书。

第四，客户亲自试用的良好体验，也证明了潜在收益。

只要产品试用的成本不高，公司都应该为潜在客户提供试用服务，比如：企业软件都会有试用版本和试用期，视频网站都可以试看，音乐网站都可以试听，汽车销售一般都有试驾，买衣服都有试衣间，化妆品都有试用小样……

有些产品的生产成本很高，部署成本也很高，不太方便试用，也应该尽可能让客户身临其境地体验，比如：新房销售都有样板间，大型设备可以参观考察，工程项目可以有沙盘展示，等等。

首先，心理学研究表明：人普遍具有"损失厌恶心理"，失去已经拥有的东西会让人痛苦。在试用产品的过程中，多巴胺开始分泌，客户就会产生暂时的获得感、拥有感、满足感。良好的试用体验把客户对多巴胺的渴望抬高到了一个新的阈值，而试用结束，客户会产生暂时的损失感。在这个关键时刻，销售人员需要趁热打铁，及时推介方案，引导客户成交，往往有很大概率客户会买单，继续拥有该产品。

其次，心理学中有另外一个重要的原则对于销售人员至关重要，那就是

"互惠原则"，互惠是人类行为的底层驱动力之一，是深深刻在人类 DNA 底层的人性。毫不夸张地说，人性中的"互惠原则"让人类结成了互助的团体，并且演化成现在的各种组织形态，甚至社会形态。这一原则对于销售人员也是有重大启发的。

试用、赠品符合"互惠原则"，试用是免费的，客户暂不付出成本，销售人员先给客户的甜头，让客户提前获得美好的使用体验。这是销售人员在"施惠"，客户在"受惠"，当客户心情愉悦地试用完成之后，大部分客户都会产生"互惠"的心理。这个时候，销售人员适时介入，是可以引导客户买单的。

第五，其他客户的踊跃购买，引发客户的从众心理。

销售就是要洞悉人性，心理学有另外一个重要的概念——"从众心理"，有的时候也称为"羊群效应"。更加底层的原理可以用心理学家荣格的"集体潜意识"（也被称为"集体无意识"）理论所解释。对于这些心理学概念我们不做过深的解释，销售人员只需要了解：消费者都倾向于跟随市场主流的选择。这是人性，是刻在我们大脑深处的远古记忆，销售人员需要充分利用这一原理。

销售人员也需要营造一种其他客户都认可了产品方案，正在纷纷抢购的气氛。这也暗示了其他客户对潜在收益的认可。比如：参与展销会、拍卖会等，采取饥饿营销策略，电商网站上注明"已售出×××件"，等等，都属于这种策略。

经验老到的销售人员会利用这一原理，精心组织客户"会销"。

销售人员邀约多个客户一起来店内进行交流。其中有几个是新客户；有几个是观望客户；有几个是高意向客户；有几个已经谈妥了，今天就是过来签约领赠品的；还有一些关系很铁的老客户，今天就是过来玩的……邀请的客户人选都是销售人员精心安排的，流程都是刻意设计的。在"会销"开始之前，销售人员组织大家就座，让客户之间可以轻松、愉快地交流，自取餐食饮品，可以让老客户分享产品的使用体验，向新客户证明收益。

当"会销"开始，销售人员会精心准备方案推介的内容，并且设计很多具有仪式感的环节。当销售人员讲解结束，几个高意向客户和复购老客户的签约会带动第一波节奏，而当众签约的流程会让客户感觉尊贵无比，非常荣耀。

这时候在现场的其他客户，尤其是摇摆客户、观望客户就会大为动心，很多人就会按捺不住，当场签约。

"会销"是一种典型的利用了"从众心理"的销售策略。

以上所有的手段都是为了向客户展示：你买我的东西，没错的！都属于证明收益的环节。当销售人员成功地向客户证明了产品方案的潜在收益，并且成功地引起了客户对产品方案的兴趣，强化了客户对产品方案的信心，这时候再开始细节的专业讲解，签单的概率必然会大大提高，以求实现我们一直强调的"一出手就成交"。

也有很多销售人员会先讲解产品，再证明收益，他们的业绩可能也不错，但我不认为这是最好的策略。先进行产品的详细讲解，如果客户满腹狐疑，销售人员遇到阻力的时候再试图证明收益就晚了，因为客户已经处在"拒绝"状态，对销售人员已经提出了异议，对产品已经产生了顾虑。虽然销售人员可以用我们的方法论来应对不同种类的拒绝，但毕竟已经失掉了先机。先证明收益，让客户对产品的价值充分认可，开始主动咨询产品的细节。这个时候客户处在"渴望"状态，渴望了解产品更多的信息，销售人员再去满足客户就顺理成章了，不容易遭到拒绝。

证明收益，过犹不及。喋喋不休地证明收益，也颇有王婆卖瓜之嫌。客户从饶有兴趣变成了不耐烦，客户屡屡打断，销售人员依然不停地自吹自擂，这是另外一个误区。

四、专业讲解

在整个推介方案这一步中，最关键的环节就是对产品方案的专业讲解了，这需要大量的硬知识（hard knowledge）。硬知识指那些可以被量化、测量、证明的知识。硬知识是有明确答案的，没有模糊空间，销售人员没有办法通过销售技巧进行灵活应对。知之为知之，不知为不知，在这一环节中，如果没有过硬的硬知识，我们的销售技巧和方法论就是失效的。

在推介方案阶段，客户的新脑会处在工作状态，客户的理智决策系统会变得活跃，客户会用理性思维审慎对待你，并且对产品方案进行追问和深挖。如果销售人员不能同样给出理性的回答，那这个沟通就不在一个频道上，之前辛辛苦苦构建的信任就毁于一旦。虽然客户的旧脑也许觉得你人不错，但新脑会认为你不专业，你还是会失去这个客户。

在这一部分，我没有太多销售技巧方面的建议，只有两个朴素的建议：

第一，认认真真学习业务知识，参加公司组织的培训，平时多阅读产品和技术方面的文档，多和专业的朋友交流学习。面对客户时可以进行专业的讲解，对客户的每一个问题都可以对答如流。

第二，如果真的遇到了自己无法解答的问题，销售人员千万不要不懂装懂，千万不要忽悠客户。如果客户问到了具体的业务问题，期待销售人员提供一些具体的硬知识，但销售人员不知道，却又试图通过口才和诡辩蒙混过关，往往会导致客户的反感。不要把客户当傻子，销售人员也不要自我感觉良好，此时销售人员给客户留下的观感是很差的：不务正业，只会一些花里胡哨的奇技淫巧。

此时销售人员最大的护具就是真诚：真诚地承认自己不懂，略微表达歉意，并且承诺会随后跟进并且及时回复客户。

对销售管理者来说，需要做好三件事：知识体系建设、培训、考核。

首先，公司需要把所有的业务、产品相关知识汇总成知识体系，建设知识库，并且设专岗维护知识库。知识体系化、线上化的好处是知识可积累、可迭代、可传播、可查询。

积累性：知识库允许信息和经验的持续积累。随着时间的推进，公司可以构建起一个庞大的知识储备库，这个储备库能够为员工提供丰富的资源来学习和成长。

迭代性：知识库中的信息可以不断更新和优化。新的发现、创新和改进都可以被加入现有的知识体系中，确保所有信息保持最新状态。

传播性：线上化的知识库使得知识和信息的传播更为广泛和迅速。员工可以随时访问这些资源，不受地理位置或时间的限制。

查询性：知识库通常配备高效的搜索工具，使员工能够快速找到他们需要的具体信息，提高工作效率。

线下、散点、自发的知识传递效果很差，信息传递慢，且容易在传递过程中失真。由于缺乏系统化的学习和培训资源，不同销售人员的能力和知识水平差异较大。

新员工往往需要较长的时间通过试错来学习，这个过程可能既漫长又痛苦。主动学习、有人传帮带的销售人员会成长的较快，而大部分销售人员则在低绩效水平勉强维持。由于知识和信息的不均衡，公司可能会错失许多商机。

其次，公司需要制订培训计划，定期组织培训，更新销售人员的知识储备。公司不要依赖销售人员个体发挥主动精神，自主持续学习，而必须系统性组织销售人员进行大量培训，强制学习，推动销售团队作为一个整体向前进步。

通过统一的培训程序，所有销售人员都能获得相同核心知识的培训，这有助于保证团队成员之间知识和技能水平的一致性。系统化的培训比个人自主学习更能节省时间，因为它是集中进行的，人员集中，信息和知识也更加集中。

这种方法不仅有助于提高个别销售人员的能力，而且对整个销售部门和公司的成功也至关重要。通过强制性的培训和学习，公司能够确保所有销售人员都具备必要的知识和技能，以实现公司的业务目标。

最后，公司需要对培训的内容进行考试，设置通过率、补考和惩罚机制。惩罚机制包括：扣积分、扣绩效、扣奖金，考试通过才能上岗，考试成绩不达标就淘汰等。如果没有惩罚措施，培训的效果就无法得到保证，销售人员的专业性也就无法得到保证，销售人员也就无法进行专业的讲解，更无法自如地面对客户的细节提问。

对低技能销售人员的容忍就是对客户的折磨，就是对公司口碑的贬损；也是对线索和商机的浪费，这些商机本应成为头部销售人员的佣金来源。从某种意义上来讲，对于尾部销售人员的容忍就是对于头部销售人员的惩罚。销售管理者需要建立销售技能培训、评估、管理机制，确保绝大部分销售人员的业绩都在公司的标准线之上，不辜负客户的期待，不辜负公司的资源，也不错过任何的商业机会。

如何判断销售人员掌握了关于产品的基本硬知识？一般来讲，如果销售人员可以在以下七个维度讲得清清楚楚，那么销售人员对于这个产品的理解就算过关了。

（1）产品功能。

销售人员可以列举出产品所有的核心功能点，并且解释该功能背后的功能模块运作原理。

（2）产品性能。

销售人员对于产品的核心性能指标了如指掌。如果某性能指标优异，销售人员能够解释该指标优异的原因；如果某性能指标不具备竞争力，销售人员要解释为什么做了妥协，带来了哪些其他的优势。

（3）产品路径及可扩展性。

销售人员能解释该产品的前世今生，之前的几个版本是如何演进的，并且预测未来迭代方向，从而匹配客户未来的需求。

（4）实施服务、售后服务。

销售人员能够讲清楚客户购买后的服务，提供一条龙式的服务体验，让客户无后顾之忧。

（5）产品报价。

销售人员能讲清楚各个价格细项、折扣、优惠等，以及计算方法。如果产品涉及金融方案，销售人员能够帮助客户计算利率、费率、期数、首付、尾款，并且对比不同金融方案的优劣。

（6）与竞品优劣势对比。

销售人员不仅熟悉自家产品的功能、性能、发展路径、服务、价格，还熟悉竞品的相关信息，并且有针对性地与竞品对比优劣，引导客户选择。能够列举所有优势点，并强调优势；能够解释所有的劣势点，并引导到自家的优势上。

（7）收益分析。

销售人员不仅熟悉自家产品和竞品，还要了解客户的业务，能够帮助客户进行定性或者定量的投入产出分析，甚至计算 ROI。

（5）是产品报价；在（6）与竞品优劣势的对比中，价格对比是重要组成部分。

（7）是投入产出分析，其中客户支付的价格就是最大的投入。只有客户对产品方案的价值充分认可之后，才能向客户报价。报价往往是专业讲解的最后一步，所以我把含有报价的内容排在了专业讲解的最后。

不要提前报价，否则势必引来无休止的讨价还价。就算客户一再要求，也只能给客户报一个价格区间，并且也要留足下探的空间。客户最终是会砍价的，把底价过早地报给客户，有两个很严重的问题：一是很容易被竞争对手知悉；二是在最后报价关头，手里没有折让、赠予的空间，很容易引起客户不满。

也有很多产品是全国统一一口价，价格都是公开透明的，但依然要遵循"先认可价值，后报价"的原则。在销售沟通的过程中尽量不讨论价格，每次客户提起价格这个话题，销售人员都应该引导回需求、产品等话题上，按照

"销售三段"和"成交六式"的节奏往前推进,而不应该跟着客户的节奏走。等到客户需求明确,对产品的价值充分认可,再报价。

报价是最后一步,但报价也许有多轮,不要期待第一次报价就会轻轻松松成交。"三辞三让"是常规操作,销售人员报价之后,很多客户默认是会有后续折让的。如果第一轮报价不成功,要确保自己手里还有牌可以打,否则就被动了。

就算是全国统一定价的产品,销售人员手里没有折扣,没有砍价的过程,但销售人员和销售管理者手里面总会有一些关单工具,如赠品、礼券、积分等,这些也属于报价的一部分。这些资源未必一定要给出去,留在销售人员手中就会变成佣金,留在公司就变成公司利润。就算是需要给出去,那也要留到最后!

五、拒绝处理

我们已经详细介绍了六个层次的拒绝,以及相应的应对策略。各种形式的拒绝在销售的各个阶段都会突如其来地出现,我们再重温一下。

拒绝类型	拒绝程度	含义	对策
敷衍	☆	客户不认可,但不希望引起尴尬	切换话题,或者择日再聊
沉默	★	客户不认可,并且不在乎尴尬	切换话题,抛出冷场话术,让话题继续
否定	★★	客户直截了当地不认可	继续沟通需求,相应地调整策略
提出异议	★★★	客户不认可,并且有自己的观点	尝试理解客户,并且深刻共情,求同存异
反驳	★★★★	客户不认可,有自己的观点,并且攻击销售人员的观点	可以回应,不要回击;强化共识,弱化差异
断然拒绝	★★★★★	客户中止了销售过程	三次拒绝处理原则

推介方案阶段的拒绝格外危险，销售人员前期一直稳扎稳打，再难搞的客户也成功建联，再纷繁复杂的需求也渐渐明确，辛辛苦苦推进到方案阶段，又付出了大量的劳动和资源给客户出方案，肯定都希望客户痛痛快快成交。但方案难免涉及大量的细节、指标、参数，而客户又变得格外理性，变得非常挑剔和谨慎，经常会提出各种各样的问题，甚至有大量异议，还特别固执己见。销售人员处理不好就会影响订单的推进，导致功亏一篑。

在处理客户拒绝时，销售人员一定要牢记以下拒绝应对六原则。

第一，销售人员不要与客户辩论。

赢了辩论，就会输掉订单；输掉了辩论，也会输掉订单——跟客户辩论销售人员是稳输的！

这个道理很简单，我也苦口婆心地讲了很多遍，但是很多销售人员就是忍不住。尤其是在经历了漫长的销售周期，客户依然很难搞的时候，当客户提出异议与反驳，销售人员的回应很有可能变成回击，然后这次销售沟通就变成了针尖对麦芒的辩论。

你什么时候可以靠辩论赢过你的女/男朋友？对方心悦诚服地对你说："你说得真有道理，我原来是错的。"这种情况会出现吗？人与人是无法靠辩论说服对方的，你连自己的对象都搞不定，怎么会试图说服客户？推介方案阶段是一个新脑和理智主导的阶段，但不意味着旧脑和感性不起作用，不意味着销售人员的情商和沟通技巧可以下线。

销售人员需要控制自己的自我意识和情绪，客户有可能是错的，甚至错得很离谱，客户有可能咄咄逼人，甚至有些不讲礼貌，但销售人员不要冲动，不仅要避免对抗升级，更重要的是要有能力让对抗降级，让客户的每一次反驳都得到得体的回应，让客户丝毫不觉得生硬。

第二，销售人员需要与客户立场一致、深度共情。

在销售过程中，客户对自己的需求和预算最为了解，而销售人员则对产品有深入的认识。销售的过程其实就是客户需求信息和产品方案信息互相交换、互相对齐的过程，销售人员和客户应该是互助同盟的关系。

是客户要购买东西，是客户自己出钱，也是客户买了东西自己用，客户最了解自己的需求和预算，他只是不了解销售人员的产品。而销售人员正是最了解产品的人，所以销售人员的职责是帮助客户了解产品、选购产品。

客户的观点都是对的，只是他可能考虑得不全面，销售人员是客户的顾问，有责任帮助客户梳理清楚所有的观点。销售人员和客户是互利互助的关系，销售人员和客户是一边的，这是个立场问题。销售人员务必要搞清楚自己的站位，一旦立场问题解决了，销售人员和客户之间的分歧也就解决了。

绝大部分客户对销售人员的异议和反驳都是出于两个担心：

（1）买了自己不需要的东西。

（2）自己虽然需要这个东西，但是买贵了。

客户的这种警惕心没有错，很多销售人员只注重眼前的短期利益，想通过一次交易就把钱赚够。各个行业确实普遍存在过度销售、强行推销、价格欺诈、虚报高价等情况。这种销售现象有其对应的销售模式，这种销售模式极度依赖源源不断的客流量，不在乎复购，赚一个算一个，尤其多见于低端的高流量零售场景，如景区、场站等。在这种销售模式下，销售人员注重短期收益，和客户之间是零和博弈。

但顾问式销售绝对不应该采取这种杀鸡取卵式的销售策略。

（1）顾问式销售注重长期收益。

客户享受到产品提供的价值，满意度提高，才会持续复购。即使周期比较长也没关系，因为销售人员也更加看重长期的职业发展。

（2）顾问式销售注重个人品牌，而所在的企业更加注重产品品牌和公司形象。

满意的客户才会在自己的圈子里传播产品的口碑，才会把销售人员推荐给身边有类似消费能力的朋友。销售人员才会获得更广阔的客源和更大的长期收益。而不满意的客户多了，就会砸掉销售人员和企业的饭碗。

很多不信任的本质是立场的不一致。由于销售模式的不同，顾问式销售人员天生注重长期利益，和客户利益在根本上是一致的。这个立场需要很明确无误地向客户传达到位，向客户充分表达自己的长期合作的诉求，强化自己与客户一致的立场，并且每次客户有顾虑的时候总能够和客户深度共情，自然就比较容易获得客户的信任，把所有质疑和反驳消弭于无形。

比如以下案例，客户表达了那两个典型担心：一是买了不需要的东西，二是买贵了。看看销售人员是如何应对的。

客户：你拉倒吧，这个模块我根本不需要，加装之后贵了10%，你们的价格本来就高，比其他家贵太多了。

销售人员：没错，这个模块在现阶段确实显得有些冗余，但是贵司发展这么迅速，两年之后就要考虑扩容的问题了。后期加装就涉及停工、施工、拆卸的问题，把人工成本和机会成本考虑进去的话，成本可能会增加20%。现在不加装也没关系，我们长期合作，毕竟我们的产品以长期可靠著称，两年之后如果您要加装，我也会尽量帮您争取更好的商务条款和技术支持。

客户：你帮我算算，现在加装和两年后加装哪个成本更高吧。

销售人员成功地打消了客户对自己立场的怀疑，表明自己是站在客户一边的，希望长期和客户合作，早买晚买都支持。这时候，客户就会意识到：这个销售人员不是为了坑我的钱，他是可以帮我省钱的！客户就放下戒备心，不再质疑和反驳销售人员的观点，而是更多地关注投入产出分析，重新回归新脑，事情就变得简单多了。

而销售人员又表现出非常专业的一面，客户反而会求助于销售人员，让销售人员帮忙计算两个方案的成本，也彻底跟销售人员站在了一起，这也算是双向奔赴了。

第三，客户与销售人员的观点有分歧没关系，销售人员需要求同存异、强化共识、弱化差异。

即便客户和销售人员确实存在重大的分歧，甚至客户需求和产品不是100%匹配也不要紧，销售人员需要求同存异、强化共识、弱化差异，让共识最终获得压倒性优势。

销售人员需要坚信：客户不需要一款100%满足需求的产品，客户只需要在一堆备选产品中，选择比较合适的那一款。就算客户对产品有诸多不满意的地方，有较大的顾虑，也不见得他有更好的选择，销售人员需要做的是尽量找到客户满意的点，也就是可以达成共识的地方，强化这些共识，淡化那些差异点的影响力和重要性。只要满意大于不满意，只要共识大于差异，只要自家的产品比竞品的满意度更高，只要自家的产品比竞品的差异点更少，销售人员依然可以赢下这单。

第四，销售人员被拒绝了也不要马上放弃，而是要调整策略继续尝试。

与客户有分歧没有关系，甚至就算被客户拒绝了也没关系，客户拒绝的是销售人员推介的产品方案，而不是销售人员这个人。客户可能还是相信销售人员，销售人员的客情基础还在，销售人员跟客户的建联依然领先于竞争对手，所以不要灰心气馁，这个时候最重要的是调整策略，勇于继续尝试。

已经被拒绝了的方案不要重复提议，不要死缠烂打地继续尝试说服，没有任何意义，只能引起客户的反感和排斥。要先搞清楚客户拒绝的原因，有可能是某个功能点，有可能是价格，有可能是竞争对手出招了，等等。不要猜，要直接与客户沟通。找到问题的症结，才能对症下药。

摸清楚客户拒绝的原因之后，需要调整策略，改进方案，进行二次尝试，甚至是最终逼单，我们在"关单逼单（大招）"这一步会详细介绍。要调整方案后才可以继续尝试，但也要注意前后提议的方案需要有传承，调整不能过大，不要轻易地全盘推翻之前的结论。否则，客户会感觉你在东一榔头西一棒槌碰运气，感觉非常不专业。

第五，就算销售人员被客户彻底拒绝了也没关系，公司可以及时换人来跟进。

只要客户没付款给竞争对手，只要客户的项目还存在，那公司就依然有机会。一个销售人员战败，不代表公司战败，更不代表这个单子没有机会。如果单子很小，可以及时止损，停止投入；如果这张单子很大，沉没成本又很高，还是有挽回的可能，那销售管理者就要及时介入。

有可能是销售人员和客户的气质、性格不合，公司可以换一个销售人员与客户对接，战败的销售人员依然可以在幕后贡献，与前台销售人员分享订单收益。

也有可能是销售人员经验不足，如果项目足够大，公司可以换个更高阶的销售人员，甚至销售管理者亲自跟进，指挥团队，整体配合打单。

如果上级把 A 销售人员濒临战败的客户划给了 B 销售人员，这对 A、对 B、对客户、对公司都是好事。B 更加适合这个客户，该订单就很有可能转败为胜，对公司和 B 的好处无须多言。对客户、对被转出客户的 A 也是大有裨益的。

对于被转出客户的 A：

- 可以在 B 打单过程中积极参与，充分分享之前积累的客情和信息，通过分享信息和协助 B 来获得部分佣金，不完全失去收益。
- 还能学习他人的做单技巧和策略，让自己成长。
- 能够集中精力于其他可能更适合自己技能和经验的潜在客户上。

对于客户：

- 增加了与公司达成交易的可能性，因为 B 可能拥有更好的产品知识或更适合客户需求的销售策略。

- 可能会感到公司重视他的需求，愿意提供最合适的资源来满足他的要求。

第六，就算客户已经选择了竞品，公司和销售人员被客户彻底拒绝了，也没关系，管理者要做好战败管理。

（1）进行分析复盘，调整产品和销售策略，帮助销售人员持续提高。

- 对销售过程进行彻底的分析，找出可能导致失败的原因（产品特性、价格、服务、沟通方式等）。
- 从客户的反馈中学习，了解他们选择竞品的理由，这有助于未来更精准地定位自己产品的卖点。
- 根据分析结果调整产品特性、市场定位或销售策略，以更好地满足市场需求。

（2）买卖不成仁义在，战败之后也要做好客户保温，维持客情。

- 即使客户已经选择了竞品，但仍然需要保持与他们的联系，提供行业资讯或定期问候，保持良好的关系。
- 每个客户都有购买周期，产品也有使用寿命，保持联系就是着眼未来的商机，几个月或者几年后再战。
- 通过持续提供价值，如定期的市场报告、有用的咨询等，确保在客户再次需要时能够想到你的公司。

（3）做好客户保温还会产生推荐，扩大客源。

- 即便客户本人没有购买，但如果你的服务和产品在他们心中留下了好印象，过程也许是满意的，那他们就可能会将你推荐给其他潜在客户。
- 客户本人不购买产品，只能说明你的产品不匹配该客户的需求，该客户圈子里的朋友也许是匹配的。
- 甚至可以通过提供推荐奖励或优惠来激励他们向自己的网络推荐。

- 建立和维护良好的业界口碑，这样即使直接销售没有成功，间接的市场影响力也会逐渐增强。

关于拒绝处理，我整理成了一段口诀，方便大家记忆：

《处理拒绝六步口诀》

及时回应，绝不回击；

立场一致，深度共情；

求同存异，强化共识；

不怕拒绝，继续尝试；

调整策略，不行换人；

战败复盘，客户保温。

第 4 节　关单逼单（大招）

经历了"初次沟通（起式）""明确需求（虚实）""推介方案（出招）"这三步，销售人员付出了很多的努力，三招出完，如果客户本身意向强烈，并且竞争不激烈，就跳过中间步骤，直接进入"关单逼单（大招）"，顺利成交，整个销售流程完美结束。

这样的理想情况确实是每个销售人员所追求的。这种丝滑、流畅的销售过程意味着从初次沟通到最终成交，每一步都执行得当，客户对产品或服务的价值认识清晰，且高度匹配他们的需求。

事实上，确实有很多客户有着非常明确的需求，甚至不需要销售人员做太详细的推介，他们会提前自己了解产品方案，他们对价格不是特别敏感，不会跟销售人员磨优惠，跟销售人员聊得差不多了会主动提出买单。遇到需求明确、决策迅速的客户确实是一大幸事，尤其是在市场竞争激烈的环境下，遇到这种客户就像中了大奖。然而，依赖这样的客户并不是一个可持续的策略，因为这类客户可能很快就会被市场瓜分完毕。我们之前说过：销售人员不能靠"捡单"。同样的道理，销售人员也不能指望客户自己主动。因此，销售人员需要具备应对各种类型客户的能力，特别是那些难以应对的客户，他们往往是业绩的主要来源。

方案推介完成，销售人员需要适时引导客户做关单动作，如下定、签约、付款等，尽快推动成交。但很遗憾，很多销售人员可能因为担心过于直接会导致客户反感，或者缺乏必要的技巧和信心，而犹豫不决，没有积极、主动地推进销售流程，无谓地持续投入，浪费时间和资源，白白错失机会。

即便销售人员主动关单，客户尚且未必爽快答应，而竞争对手也不会轻易放弃。如果该关单的时候销售人员无所作为，客户往往更不着急，乐得继续拖下去。客户最初的热情可能会随着时间的推移而减弱，特别是当他们没有感到来自销售人员的紧迫感时。如果竞争对手适时地关单逼单，也有可能让我方失去订单，便宜了竞争对手。

在销售过程中，即使出招并尝试关单，仍可能面临客户拒绝或犹豫的情况。一般来说，这种情况，要么是客户自己的需求冷下来了，要么是被竞争对手抢单了。关单不成功，不要马上放弃。销售人员需要加大力度放大招，做最后一击，也就是"逼单"。

当我们看到"逼"这个字时总会觉得有些负面，但逼单的概念较为广泛，包括正向的催促、请求、优惠吸引、限时限量活动等手段；也包括负向的激将法、施加压力，甚至是适当的刺激。在这个过程中，销售人员需要灵活运用各种策略，以促使客户最终达成购买。值得注意的是，在逼单过程中要注意遵循商业道德和法律法规，避免过度逼迫或侵犯客户权益。同时，销售人员还应关注客户的需求和心理变化，以便更好地把握逼单的时机和方式。

关单逼单包括了两部分：关单和逼单。所有的销售流程都需要一个关单来收尾，部分关单失败的销售流程需要销售人员改变策略，并且加大力度，进行逼单。

关单应该是销售人员的标准操作，每一张单子时机成熟之后，销售人员都应该敏锐地感知到并且引导客户成交；逼单看具体场合，需要更高的销售技巧，在客户犹豫的关头，成败就在一念之间，销售人员临门一脚，推动成交。

我从事销售和销售管理工作多年，发现高段位销售人员和普通销售人员最显著的区别是在逼单的能力上，这也是转化率拉开差距比较大的地方。正常的订单跟进，大家的转化率都是差不多的，但是高段位销售人员总有办法让那些濒临失去的订单起死回生，他们的撒手锏就是逼单。

在一定程度上，逼单是成交六式的精髓，是打单的大招，是"一出手就成交"的终极秘密武器。

关单是推介方案的收尾动作，还是延续了新脑的思维模式。但是我们知道，新脑是理性的，不太擅长果断决策，容易陷入无休止的权衡、对比、分析。客户在上一个阶段新脑涉入程度越深，在关单阶段就会越纠结，就越难以下决定。

而逼单重新调起客户的旧脑，让客户切换到本能决策模式。逼单的时候销售人员手里的牌（销售资源，如折扣空间、赠品、优惠）往往比较有限了；该讲的道理也基本上讲过了，再讲客户的耳朵就要起茧了；所有的销售常规话术都用过了，客户早已经免疫了。销售人员需要切换到旧脑模式，采取全新的销售策略和立场进行最后一击。

感性才能触发感性，旧脑才能打动旧脑，销售人员可以打感情牌，可以用激将法，可以施加压力，可以营造紧迫感。比如，提供限时优惠促进关单，虽然也需要客户的新脑参与计算，但是限时其实也是在增加紧迫感，给客户一些压力，也是在调起旧脑。旧脑中有很多负责感性的功能模块，激活这些模块，让它们主导客户决策。这些感性功能包括：勇气、魄力、冲动、好胜心、傲娇、向往、喜悦、感动，甚至同情等。它们决策得都很快！

一、关单

方案推介完毕，不要坐等客户自行拍板。"嗯，我很满意，在哪里付款？"这样悦耳的话语很可能不会凭空降临，大部分的客户在成交之前都很犹豫，大部分订单在关单之前都一波三折。

客户很有可能说："不错不错，了解了，我再逛逛……"

有的企业客户会继续建联下一个供应商，四处寻源，甚至暂时搁置项目，让销售人员陷入遥遥无期的等待。

有的客户会不停地问销售人员、售前顾问、售前工程师各种技术问题，把方案推介环节无限拉长，当成一次免费的培训。

有的客户会在最后的报价环节不依不饶，非要把产品的最后一丝利润砍得干干净净……

关单就像追求女朋友，当男方前期做了大量的建联工作，挖掘、匹配女生的需求，约到了女生，烘托了气氛，展示了价值，推介了方案，在最后的关头，却期待女生主动投怀送抱就大错特错了。不要杵在那里等，要主动出击，牵手、拥抱，只要不拒绝就顺势推进到下一阶段。最失败的就是：表白之后等待女生的回应。

销售人员追求客户也是同样的道理，当销售人员完成方案推介，尤其是报完价格的时候，必须要有明确的关单动作，引导客户下定、付款，或者签约，不要傻傻地等客户自动关单。

各个行业对关单的定义不尽相同，总体上来讲指的是：客户完成了购买，并且反悔成本比较高，销售人员的收益已经比较稳了，公司可以确认销售业绩了，就可以称为关单。关单不是一个时间节点，而是一个循序渐进的过程，关单的完整链条包括：支付定金、合同签约、款项支付、交付完成、验收通过、尾款回款。不同企业可能以其中的某个节点确认销售业绩，也就是销售的关单。

支付定金 → 合同签约 → 款项支付 → 交付完成 → 验收通过 → 尾款回款

零售行业的关单动作很简单，客单价比较低，客户决策成本不高。当客户从试衣间出来，或者客户把玩电子产品、皮包、首饰等结束，销售人员直接询问客户"您看，我把这些就都打包了？"，并且开始收纳、打包。如果客户不拒绝，就继续包装、开单、引导付款；如果客户有异议，就参考我们的《处理拒绝六步口诀》进行处理，处理完成后，继续推进关单。

大额商品购买如买房、买车，以及企业级采购等，客单价格比较高，不能直接支付，往往涉及下定、签约、选择金融方案等流程，就需要提前准备好报价单、合同等材料。在方案推介完成之后，销售人员确认客户对方案本身没有异议，就应该呈上报价单、合同等下定、签约材料，避免客户需求继续发散。

就算客户再有异议，也必须基于收敛到纸面上的条款进行讨论、修改。而一旦客户对下定、签约材料没有提出新的问题，销售人员就应该立刻要求客户签字确认。

销售人员："于总，您对这款产品还有其他的问题想了解吗？"

客户："没有了，挺好的。"

销售人员："于总，这是我们的标准合同，但我把之前您提出的条款都补充到附注了，请您过目一下。"

然后立刻把合同递到客户手中，别问他要不要看，就是要他看！直接呈上，对方一般会接。如果对方不接，那就要进行拒绝处理。

当客户看完主要内容，注意力从合同转移出来的时候，不要让气氛沉默，一沉默客户就会瞎想，一瞎想就会节外生枝。关单的时候销售人员务必强势主导谈话，并且积极引导客户思考，不要让客户有其他思考的空档，马不停蹄地推进关单流程。

客户的目光从合同上一移开，销售人员就适时地递上准备好的签字笔。这里可以有一些细节的设计，签字笔最好精致一点，更加有仪式感，客户接受度更高。如果是一只名牌钢笔效果会更好，客户看到那只精美的钢笔，就不由自主地想接过来把玩一下，就想打开盖看看笔头。看到精美的笔尖之后，就有冲动写几个字试试，恰好眼前的合同有空白的地方。

销售人员："于总，如果没有什么问题，您可以在这里签字，很期待可以尽早开始服务您。"

签完字之后，如果客户喜欢，那支笔不妨送给客户，这样会让这支笔更加有纪念意义，也会让客户的承诺更有仪式感，后续盖章、付款、验收等流程也会走得更顺利。

对于大公司来讲，可能负责人无法当场在合同上签字，还需要回去过法务流程，但也务必在方案推介完毕后，当场取得客户的口头承诺，并且后续持续跟进。关单流程是一系列层层推进的动作，更加需要提前设计。

二、逼单的时机

在解释逼单的时机之前，让我们回顾一下"销售三段"。

第一阶段：以友好建立联系（旧脑）。

第二阶段：以理性推介方案（新脑）。

第三阶段：以感性促进决策（旧脑）。

在整个方案推介阶段，销售人员不停地给客户讲理性的事物，包括：产品功能、性能、路径、扩展性、服务、价格、折扣、金融方案、竞品对比、收益分析、投资回报……客户的新脑已经被充分激活，而新脑负责理性，主要功能就是分析、权衡、对比，所以不奇怪销售人员和客户会陷入无休止的拉扯。

客户需求和方案价值沟通清楚后，再进行反复的权衡和沟通，对客户是一种精神内耗，也耽误客户趁早开始使用产品，甚至会耽误客户正常的业务进度；而对销售人员也是一种无效劳动，销售人员的时间都是有成本的。该讲的道理和该介绍的情况说得差不多了，再多说就无益了。接下来不要浪费时间，马上推动客户下决定。

但是现在客户的新脑依然处在高度活跃状态，新脑太理性、太谨慎了，并不擅长做决策。关单的时候，销售人员需要强势主导谈话，积极引导客户的思考，避免让客户过度使用新脑，同时开始走心，谈论一些感性话题，尽可能调起客户的旧脑。

如果关单失败，需要逼单的时候，销售人员就得更进一步，主动压制客户的新脑。当客户询问与产品性能、功能、价格有关的话题时，销售人员需要巧妙地岔开话题，引导到与体验、情绪、关系相关的话题，通过一些技巧调动客户的旧脑，让快系统的介入加快决策。

关单失败才需要逼单，如果客户可以正常推进销售流程，销售人员只需要引导，没必要贸然切换策略，以免节外生枝。

但往往事不遂人愿，虽然在起式、虚实、出招的过程中，销售人员小心翼翼地控制销售流程，一直在铺垫、酝酿，并且极力避免被客户初次拒绝，气氛都已经烘托到位了，但是当销售人员尝试关单时，依然可能被客户拒绝！

面对拒绝，我们先别打退堂鼓，也不要轻举妄动，我们先分析下当前的局势，再相应给出应对策略。

第一，客户对于最终方案的拒绝是个大的拒绝。

这个拒绝不像挂掉一次电话，拒绝一次拜访，拒绝提供某些信息，拒绝销售人员的某个提议，这些都是小拒绝。客户否定了销售人员的方案，拒绝成交，不管是硬的、软的，还是拖着，这个拒绝很大！

第二，客户对于最终方案的拒绝是个正式的拒绝。

方案推介是一个正式的销售行为，销售人员高度重视，甚至客户也很重视，客户熬到销售人员推介方案，肯定也是投入了很多。而客户做出了"拒绝"这个决策，也一定是深思熟虑的结果。如果是企业客户，很有可能是一个正式的会议，客户的 MR. BUS 悉数到场，听完销售人员的讲解之后，客户还有内部会议进行决策，也一定在内部取得了集体共识。最后客户正式地通知销售方：你被拒绝了。得出这个结果的流程是很复杂的，如果要改变这个结果，则需要更复杂的流程逆向操作。

既然客户做了这个重大而又正式的决策，扭转这个决策必然要付出比之前更大的努力。所以当被客户拒绝了最终方案之后，常规的销售手段就基本失效了，销售人员必须调整销售策略，升级销售力度，给客户适当的紧迫感，甚至较为强硬地提出要求，给客户一些压力。事已至此，销售人员没有什么好失去的了。所以我们用"逼"这个字，销售人员自己也被逼到墙角了。

相比被直接拒绝，更让销售人员难受的是那些不签约、不拒绝、不承诺的"三不客户"：

明明客户关系还不错，沟通也顺畅，需求也明确，还做了多次产品方案讲解，但客户总是反复提出异议，总是让销售人员一遍一遍地改方案。

但无论销售人员怎么改方案，客户还是不满意，甚至提出新的需求。客户忽冷忽热，甚至动不动就不回消息，让销售人员陷入无法预料的等待。

应对这种客户，销售人员不仅耗费精力和资源，还需要尽快做个了断，如果可以，尽快关单；如果不行，也不要继续投入资源。因此，销售人员需要对这些"三不客户"进行逼单。

逼单的时机就是当销售人员已经完整地走完"初次沟通""明确需求""推介方案"这三步，已经完成友好建联，明确了客户需求，并且较高质量地推介方案并且报价，但是关单失败了，遭到了客户冷处理、反复提出异议，甚至是直接拒绝。这时就不能犹豫，必须进行逼单。

但我们需要了解：

- 逼单是给客户适当的紧迫感，立场变得更加强硬，而不是粗暴地对待客户，千万不要得罪客户。
- 逼单是为了关单，而不是为了赶跑客户，销售人员依然需要和客户维持客情。

三、逼单的方法

在最后关单阶段，客户拒绝成交，事已至此，销售人员已经面临战败，没有什么好失去的了，准备逼单！销售人员需要切换到旧脑模式，开始进行情感输出，唤起客户感性的一面，帮助客户踢出临门一脚，鲁莽一把，决策！

《孙子兵法》云："以正合，以奇胜。"

如果说关单是以正合，那么逼单就是以奇胜。关单是一局棋的手筋，代表了胜负的分水岭，而逼单就是局面严重落后时的一步险棋，当然也有可能是一步妙手。逼单是在正常关单流程失败以后的最后一搏，销售人员需要放下所有包袱，转变思路，开始向客户发动情感攻势。

不同的客户有不同的性格，销售人员也需要制定相应的逼单策略，发动不同类型的情感攻势。切不可一招鲜，吃遍天，不要用一种逼单策略对待所有的客户。有的客户吃这一套，逼单就会很成功；有的客户可能免疫，他对销售人员的情感攻势无感，逼单就无效；有的客户对销售人员的逼单策略不耐受，反而会加速战败；甚至有的客户对逼单策略过敏，很有可能引起严重的排异反应，引起客诉。

客户不可能总是同一类型的人，事实上每个客户都有自己的特点，每张订单的场景也都各有不同，销售人员需要灵活掌握多种逼单策略。

"授人以鱼不如授人以渔"，生搬硬套逼单策略和逼单话术是行不通的，最重要的是掌握制定逼单策略的方法，从而在遇到不同的客户时，可以分析客户的类型、性格、心理，制定相应的逼单策略，发动不同的关单攻势。制定一个逼单策略，简单来说有三步：

第1步，了解客户类型。客户类型有很多维度，客户是强势还是弱势？感性还是理性？年长还是年轻？跟销售人员是同性还是异性？个性开朗还是内向？DISC 和 MBTI 是哪一类？

第2步，设计销售人员的角色定位。销售人员如何定位自己的角色，以及如何锚定和客户的互动模式？做客户的朋友？甚至更进一步，哥们？闺蜜？还是走专业路线，把自己定位为顾问和行业专家？甚至更加极致，把自己定位为行业权威，对客户更加强势一点？

第3步，制定逼单策略。基于对客户的了解和销售人员自己的定位，制定相应的策略和话术，一步一步地引导客户进行关单，并且最后要求客户立刻采取行动！

为了方便读者理解、记忆，我编了一个口诀，列举了常见的客户类型、销售人员定位和逼单策略。前面的五条是针对不同类型客户的销售人员定位，后面的六条是具体的逼单策略，希望对销售人员有所启发。

《逼单口诀》

遇弱则强，遇强示弱；

处尊者敬，位低者怜；

理性言利，感性念情；

同性同好，异性相吸；

千人千策，因人制宜；

彼有所长，我可赞之；

彼有所欲，我可许之；

彼有所痒，我可挠之；

彼有所傲，我可激之；

彼有所痛，我可刺之；

彼有所惧，我可吓之。

下面，我逐条进行介绍。

1. 遇弱则强，遇强示弱

遇弱则强，不是恃强凌弱，不是咄咄逼人，而是当销售人员遇到性格软弱、优柔寡断的客户时，一定要更加主导，更加坚决，敢于给客户强势建言，甚至帮客户拿主意。否则无人担纲，销售进程将步履维艰。

但对客户强势也是有风险的，很多客户外表很软弱，但是自尊心很强，销售人员一定要把握好度，不要引起客户的反感，不要伤害客户的自尊。

销售人员对客户的强势有三个先决条件：

- 客户优柔寡断，不拿主意。
- 销售人员已经树立起专业的人设。销售人员可以强势不是因为性格使然，不是因为销售人员可以随心所欲，而是因为销售人员在这个领域足够专业、权威，代表了正确的方向。如果销售人员自己不够强，却盲目强势，则有用力过猛的嫌疑，很有可能会起反作用。
- 客户对销售人员的信任基础。生活中好朋友之间沟通可以很直白，也毫不担心冒犯彼此，但陌生人之间总是需要彬彬有礼，否则容易引起冲突。对客户"遇弱则强"也是同样的道理，有了信任基础，销售人员的强势就会被接受，没有信任基础，客户只会觉得销售人员无礼。

销售人员："李总，我们合作这么久了，这个项目咱们沟通得也很充分了，别磨叽了。今天赶紧签合同，明天项目组就可以进场了，你不会吃亏的。"

遇强示弱，指的是遇到强势的客户，需要向客户示弱，并且充分肯定客户的强大，满足客户的自我意识，刺激客户的支配欲和主导欲，从而促进关单。如果客户强势，销售人员就不要硬碰硬地进行对抗，这样很容易把单子谈崩。

销售人员:"李总,您一直执行业牛耳,引领行业风向。这次有幸跟您合作这么创新的项目,您又一次遥遥领先了。"

李总:"过奖过奖,感谢你们大力支持。"

销售人员:"我们已经迫不及待了,期待尽快加入您的项目中来,接受您的指导。您能否帮忙催一下,看看今天合同流程能走完吗?"

对于一些好胜心强的客户,销售人员在示弱的同时,也可以尝试激起客户的斗志。

销售人员:"李总,贵公司领先行业,您以雷厉风行闻名,是行业风云人物,仰慕已久。"

客户李总:"客气客气。"

销售人员:"这个项目沟通这么久还没定下来,还得您出马推动一下啊。"

销售人员对客户的示弱不是无原则的,我强烈反对销售人员牺牲自己的尊严和人格去换取订单。这样做有可能换得短期的利益,但损失的是未来长远的声誉和发展。

无论采取何种策略,始终保持专业的态度和行为是至关重要的。这意味着在销售过程中保持适当的界限,不涉及任何可能被解释为不恰当或不专业的行为。

针对不同场景和客户,销售人员采取不同的自我定位,这只是销售人员的策略和技巧,它并不直接反应销售人员的性格特征:"遇弱则强"不是因为销售人员个性强势,而是工作需要;"遇强示弱"也不代表销售人员性格软弱,不代表销售人员可以任由客户拿捏,不代表销售人员比客户低一等。"遇强示弱"在于主动示弱,肯定和尊重客户的强大,让客户感觉更好,但条件是客户需要按照销售人员的节奏推动订单关闭。如果客户不配合,就会失去这种自尊心被满足的快感。

2. 处尊者敬，位低者怜

有一类客户，他们处于受人尊敬的地位，长期享受（或者渴望）他人的恭敬带来的情绪价值，尊敬会触动他们的爽点，让他们进入舒适区，从而更容易让销售人员和客户建立信任和情感连接。这一类客户包括：年长者、某些受人尊敬的职业的人、位高权重者，甚至是渴望尊重的中层领导，我们统称为"处尊者"。处尊者泛指一类心理状态，也是为了凑成一句口诀而起的名字，不代表人与人尊卑有别。我坚信人人平等。

对处尊者的策略和对强者的策略有点类似，销售人员都需要放低姿态，表达充分的尊敬。"敬"是尊敬，比尊重多了一些礼数，更加外在表象化，更加注重仪式感。说白了，对于爱面子的人，要多给面子。需要注意的是：这种低姿态不是销售人员天性柔弱使然，相反，销售人员内心强大，并且一向彬彬有礼，对于讲究礼数的客户额外充满礼数。

如果客户没有给予销售人员对等的尊重，比如，表现得高人一等、盛气凌人，甚至不尊重销售人员的人格，则销售人员需要适当的冷处理，并且不卑不亢地回应。当然，销售人员的毕恭毕敬最终还是要换回来订单，否则大可不必如此委屈自己。

"处尊者敬"和"遇强示弱"的逼单方法论是一样的：

- 刺激客户爽点，充分肯定客户的尊贵地位，满足客户的情绪价值，给足客户面子。
- 客户只要跟销售人员持续合作，就会持续享受这种情绪价值。
- 对客户提出关单诉求，让客户的面子体现在可以掌控关单上。

在与客户的方案推介结束后，乙方销售总监对客户的总工程师表达了敬意。

销售孙总监："杨总工，我读大学的时候就经常拜读您的著作，也算是您的'开门弟子'，没想到工作之后还能够以乙方的身份服务您。"

客户杨总工："孙总您太客气了，以后多交流。"

销售孙总监："很期待和贵所合作，更期待您来指导项目，可以真正地在您门下听您传道，做您真正的学生。"

有些客户的处境非常不容易，"位低"不带有任何的歧视色彩，也只是为了凑成一句口诀。对于处于不利地位的客户，销售人员也要充分尊重，但是这种尊重带有深深的同理心，销售人员需要对客户的处境感同身受，表达充分的关怀，才能够获得客户的信任，最后关头才能有效劝说客户关单。

有的企业客户面临非常大的内外部、预算、时间压力。

有的企业客户经办人员级别不高，在项目实施过程中处处掣肘，处处受气。

有的客户拿了全部的积蓄，购买人生中的大件商品，如房子、车等。

有的客户经济条件不好，但是对产品的需求刚性很大。

…………

销售人员必须有能力与这些客户深度共情，建立情感连接，为他们提升相应的情绪价值，从而加速关单。

比如，对于全职网约车司机来说，买一辆专门的网约车型是比较划算的。但网约车司机的收入普遍不高，而买车、办证、办理营运险等加起来要10万~20万元。客户买车的时候，在最后下定关头会非常犹豫，可以用"位低者怜"的方法进行逼单。

郑大哥人到中年，生意失败，考虑买辆车跑网约车。销售人员小叶与客户沟通几次之后，决定逼单："郑大哥，我以前也是自己开店，后来关了。咱都是上有老下有小，哪能休息太久？您都来看车五六次了，这行这么多人干，有什么好顾虑的？"

郑大哥叹了口气，啥也没说。小郑把合同推到郑大哥身前，递上一支笔，说："大哥，合同都快被你翻烂了，在这里签字吧。证件、卡号给我一下，这就带你去提车，下午就开始赚钱吧。"

通过以上案例，我们可以总结一下"位低者怜"的方法论：

- 充分共情，对客户的境遇感同身受。
- 刺激客户的痛点，要求做出改变。
- 提出关单，要求立刻行动。

3. 理性言利，感性念情

每个人都有不同的性格倾向，有的人偏理性，那么销售人员就要同样地以理性应对，以新脑应对新脑。到了逼单阶段，产品性能、功能本身已经无法有效推动客户关单，可以直白地用利益做最后尝试。这就是理性言利。

利益有两种：一种是正向的收益，如果做了会有好处；一种是负向的损失，不做会有坏处。

正向的收益比如：

如果你能今天关单，我就送你一套××。

另外也可以营造适当的紧迫感，如果错过就可能有损失，触发客户的"损失厌恶"心理，常见的策略的包括：优惠到期、库存紧张、销售方资源有限、引入客户的竞争对手，等等。比如：

这个折扣是有有效期的，你要是今天还不关单，就没有额外折扣了。

或者：

库存非常紧张，刚好最后一台，你要的话今天下午就提走，否则交付遥遥无期了。

用正向还是负向也需要具体情况具体分析：

- 正向收益是给好处，偏软；负向的是以损失作为要挟，偏硬。如果客户底气很足，吃软不吃硬，那最好用正向收益；如果客户偏弱势，没有太多选择，那可以用负向的损失逼单。
- 客户有进取型和损失厌恶型。如果客户期待收益，那就用收益逼单；如果客户厌恶损失，那就用损失来逼单。
- 销售人员需要为正向的收益承担成本，而负向的损失则由客户承担成本。具体使用哪个，也要视销售人员手里的牌而定，如果客户砍价砍到最后，销售人员连自己的佣金都贴进去了，根本没有资源了，那只能用负向的损失；如果销售人员守毛利守得很好，最后还有大把的折扣空间，就算客户更吃负向的损失那一套，销售人员依然可以软硬兼施。

理性的客户往往对数字比较敏感，而利益又是比较敏感的数字，销售人员用利益对理性客户逼单，客户的新脑、旧脑被同时调动起来，疯狂计算，加上销售人员在旁边推波助澜，是有可能让客户快速决策，进行关单的。

如果客户是个感性的人，用利益进行逼单就会适得其反。首先，销售人员额外付出了成本，反而客户有可能更加陷入无休止的权衡。其次，用利益对感性客户进行逼单有一定的风险，有的客户可能会对正向的收益不敏感，更有的客户会对负向的损失很反感，很有可能得罪客户。

如果客户是个感性的人，那就意味着他有较强的共情能力，也有较强的共情意愿，对别人的快乐、痛苦、焦虑都会感同身受。面对这类客户，销售人员需要和客户建立情感连接，尤其是在前期，为客户提供一定的情绪价值。在逼单过程中，销售人员可以轻松唤起客户对自己的共情，从而促使让客户关单。这就是感性念情。

感性念情的前提是你跟客户要有交情，如果销售人员没有客情基础，没有给客户提供足够的情绪价值，与客户并没有情感连接，那么逼单的时候，

第 4 章 成交的六个步骤

销售人员跟客户攀交情不会有太好的效果。

感性念情所唤醒的共情分为正面的情绪和负面的情绪。正面的情绪包括喜悦、成就感、兴奋等，负面的情绪包括焦虑、压力、不满甚至是愤怒。

聊完最后的报价，销售人员热情洋溢地对客户说："张姐，你要是今天能下了这单，我就是公司这个月的销冠了。那就太感谢了！我送你一个旅行包吧。"

上面是一个用正面情绪感染客户，对客户进行逼单的场景。逼单并不一定是看起来咄咄逼人，这个案例就很正面。

首先，销售人员对客户的称呼很亲昵，销售人员跟客户的关系一定很融洽，前期客情维护得一定很不错。

其次，销售人员的喜悦、成就感、兴奋会成功感染客户，此时客户的旧脑被有效唤醒。并且，销售人员也提出了对客户的期待——"今天下单"。因为两个人的喜悦、成就感、兴奋其实都基于一个假设的前提——"销售人员拿下月销冠"，而拿下月销冠的前提是客户今天下单。

最后，销售人员直接把所有的假设当真，默认客户一定会关单，对客户进行了提前的感谢，并且主动提出请客吃饭，先行付出。把客户架在高处，客户下不来就只能待在那里了，接受这个"既成事实"。

客户作为一个感性的人，前期又接受了销售人员的友谊，享受了销售人员输送的情绪价值，在这个场景下就很难拒绝销售人员，因为那会承受较大的心理压力。

下面是一个用负面情绪唤起客户的共情，对客户进行逼单的场景。

销售总监老刘单独约客户 CTO 李总喝酒，酒过三巡，老刘提起酒杯开始逼单："李总，这个项目沟通了这么久，前前后后投入了这么多人力和资源。公司给我们很大的压力，如果这个月还没有结果，老弟就得走人了。"

李总:"不至于吧!"

老刘:"真的,你看!如果这个项目还不开始,我们部门就被合并了。"他给客户看了一下自己的微信聊天记录,"李总,帮老弟一把,所有的准备工作都就绪了,现在的条款已经很优惠了,项目赶紧开工吧!"

李总:"可是最近采购部引进了一个新供应商,号称价格还能再降降!"

老刘:"这次我要是带不回去咱们的合同,咱们俩前期的准备全部打水漂了,你还得熟悉新的产品和技术,你也费劲。"然后把早就准备好的合同递给客户,"领导,你们内部的事情你搞得定,这合同你就签了吧!"

这个逼单策略的原理和正面情绪逼单一样:

- 基于前期建立的情感连接,对客户进行情绪感染,唤起共情。
- 把这种不幸的状况和负面的情绪归因于客户。
- 进行逼单,希望客户改变现状,采取行动。

只是在这个案例中,老刘不是单纯地走情感路线,还用更换供应商带来的学习成本戳了李总的痛点。

4. 同性同好,异性相吸

如果年龄相仿,可以采取"**同性同好,异性相吸**"的原则进行逼单。如果年龄差异过大,就不太适应本句口诀,对年长的客户更多要采用"处尊者敬"。

对于年龄相仿的同性,可以尽量寻找两人的共同之处,从而更加有利于进行共情,让销售人员与客户更加惺惺相惜。基于双方的共同点,销售人员和客户的关系可以定位成朋友、闺蜜、哥们、同行等。

而对于年龄相仿的异性,则遵循"异性相吸"原则。所以我们经常看到,很多公司刻意安排男销售人员接待女性客户,女销售人员接待男性客户,由于天生的异性相吸,销售人员和客户的建联会比较容易,更加方便后续工作的开展。

但需要注意的是：销售人员不要滥用性别优势，尤其是在推介方案阶段。过度地发挥异性的吸引力会破坏销售人员的专业人设，把销售人员的格局拉低，让销售人员从一个脑力工作者变成一个吃青春饭的体力工作者，从而毁掉销售人员的口碑和职业生涯。

企业可以安排异性销售人员接待客户，销售人员正常推进销售流程就好，"异性相吸"定律自然就潜移默化地发挥作用。如果销售人员刻意散发异性魅力，反而显得有些用力过度，从长远来看可能适得其反。

5. 千人千策，因人制宜

销售人员不可能死守着一种逼单策略来应对所有客户，客户是千人千面的。以上我们从四个维度分别分析了相应的客户，分别是：

- 强势客户—弱势客户。
- 受尊敬的客户—令人同情的客户。
- 理性客户—感性客户。
- 同性客户—异性客户。

这四个维度就可以分出 16 类客户，16 类客户就需要 16 种销售策略，就需要 16 个逼单策略。而客户的特征还有其他的维度，在本书中我们就不再一一穷举。事实上，每个客户都是独特的个体，每个客户都有自己的独特需求，每个客户都面临着自己的现实情况，所以销售人员逼单时要因人而异，制定相应的销售策略。

6. 制定逼单策略

让我们回顾一下前文的内容——逼单的方法。一共有三步：

第 1 步：了解客户类型。

第 2 步：设计销售人员的角色定位。

第 3 步：制定逼单策略。

当我们完成了第 1 步"了解客户类型"和第 2 步"设计销售人员的角色定

位"之后，就进入第 3 步，需要有针对性地"制定逼单策略"了。我们把前文提到的四类策略梳理一下，就会发现有正向和负向的两类。而这两类其实有高度相通之处，背后的方法论都是一样的。我们把逼单策略方法论做成一个表格：

	正向策略	负向策略
第1步	撸爽点，提供情绪价值	戳痛点，充分共情
第2步	非常享受，产生依赖	非常难受，无法忍耐
第3步	提出关单，维持关系	提出关单，要求改变

正向策略侧重于撸爽点，爽点包括客户的喜好、客户的渴望、客户心心挂念的。就是下面这三句：

彼有所长，我可赞之；

彼有所欲，我可许之；

彼有所痒，我可挠之。

通过对爽点的持续刺激，让客户对其产生依赖，从而推动客户进行关单；如果客户不购买，这种爽快的体验就不复存在，客户就会产生断戒反应。关于爽点和痛点的分类和分析，我们在需求挖掘的章节已经详细介绍过，都是一样的原理。不同行业、不同产品、不同客户的爽点都不一样，需要销售人员具体情况具体分析，找到客户的爽点，有针对性地进行刺激。

奢侈品客户往往对品质有较高追求，他们的爽点会在于：精致的生活、品牌的内涵、定制的意义、与众不同的格调等。

如果是汽车销售人员最后的逼单，客户是个旅行爱好者，那客户的爽点就在于开着自己的越野车或者 SUV 走遍祖国的名山大川，奔向星辰大海、诗和远方……

如果客户是一个改善型需求的购房者，那客户的爽点就在于幸福的家庭、健康成长的孩子、各自独立的空间等。

而企业客户的爽点无非在于收入的提高、成本的缩减、业务的增长等。

痛点则会让客户感到焦虑、苦恼,甚至害怕。我坚决反对制造虚假信息、贩卖焦虑、恐吓客户,从而过度销售、强硬推销,甚至滥用技巧把毫无价值的商品卖给客户。

在"推介方案"阶段,我明确地表示:不要把梳子卖给秃子。**销售人员推介的方案必须要基于客户的真实需求,能给客户提供价值**。销售人员的职业生涯想要走得长远,就务必牢记这一点,不要因为眼前的利益毁掉了自己长远的声誉,打烂了自己的招牌。

客户的需求是真实的,销售人员推介的产品方案是有价值的,双方沟通也很清楚,再反复权衡和沟通,对客户是一种精神内耗和时间浪费;对销售人员而言,是一种无效劳动,是时间和精力的严重浪费。销售人员的时间都是有成本的,该讲的道理和该介绍的情况都说得差不多,多说无益,不增加任何价值。这个时候可以用负向策略进行逼单,可以节约销售人员的时间,推动客户下决定,对销售人员和客户都是有好处的。

逼单不是把没有的东西强塞给客户,而是让客户尽快购买真正需要的产品。逼单加快了销售流程,同样也提高了客户的采购效率,加快了客户的项目进度。逼单不是为了销售人员的单方面利益,而是有利于客户的双赢。负向的逼单策略不是为了让客户难过,一定要把握分寸,避免过度刺激客户。这些负向的逼单策略,就是口诀里的最后三句:

彼有所傲,我可激之;

彼有所痛,我可刺之;

彼有所惧,我可吓之。

很多初次去健身房的朋友可能都会深有感触。很多会费比较低的健身房一般靠兜售私教课程来实现盈利,针对刚刚办卡的新会员,健身房会赠送私教体验课程,并且提供"免费体测",而体测结果或多或少都会有些问题:

要么体重太重;

如果体重不重,那么 BMI 就太高;

如果 BMI 也正常，那么体脂一定高；

如果体脂也不高，那么肌肉含量一定低；

就算会员非常健康，有长期运动的习惯，那么体态总会有点问题吧？

那些免费的体测报告有大量眼花缭乱的数据作为点缀，来提高专业感和权威感。加上免费赠送的私教课的教练在一旁煽风点火，"充分共情"，新会员往往都会产生深深的自我怀疑，陷入了身材焦虑，觉得自己急需采取强力措施来拯救自己的身材。而在这个时候，教练就会适时地开始兜售自己的私教课程，每周 3 节，坚持一年一定会有好转。500 元一节，一共 75000 元，打个 8 折，6 万元。"来，扫这个码就好了。"

绝大部分女性都会比较在意自己的身材和容貌，甚至不少女性有容貌焦虑、身材焦虑，这就是她们容易被逼单的原因。有的不良健身房会滥用"彼有所痛，我可刺之；彼有所惧，我可吓之。"的逼单原理，通过危言耸听的体测报告，触发新会员的身材焦虑，也就是触发了新会员的旧脑，并且成功逼单，诱使其购买课程。

我们再次强调：销售人员应该站在客户的立场，为客户创造价值，这样才能长久。销售人员不应该给客户平添焦虑和苦恼，更不应该滥用技巧来操纵客户心理（如利用体测报告诱使会员购买课程）。看起来销售短期可以成交，但是长期会让自己的口碑变差，从而让自己的路越走越窄。

方法论讲了这么多，我们一起来做两个练习，看看你是否已经掌握了逼单的技巧。

练习一

李总是 A 公司的创始人和 CEO，名校毕业并有多年国际大公司工作的经验，创业后短短几年就让 A 公司成了行业内首屈一指的公司。李总也是行业风云人物，年轻有为，有着大量的媒体曝光，并且擅长公众演讲。

A 公司最近希望引入 CRM。国内领先的 CRM 厂商 B 公司的销售经理王经理成功与李总建联，曾经带队向李总做过两轮方案介绍，并且 A 公司也试用了部分系统功能，进行了初步的部署。报价之后，李总在考虑是否需要多拉几家 CRM 厂商进来横向比较一下。

基于对客户需求的理解和对自家产品方案的信心，王经理决定劝说李总定向采购，尽快签约。请帮助王经理设计相应的逼单策略及话术。

练习二

王大哥是国内领先的 CRM 厂商 B 公司的销售经理，男，40 岁，年收入 50 万元以上，已婚并有两个孩子。王大哥最早是程序员，后来转行做了售前顾问，最近刚刚转销售，工作勤恳，为人踏实，比较节俭。他最近签了个大单，拿了一笔不菲的销售佣金，正好自己的车开了 10 年了，就想换台好一点的车，预算 30 万元。

王大哥看了很多备选方案，最近被某品牌的 X 款车所吸引。王大哥要经常开车接待客户，该款车非常稳重，有很好的商务属性；空间很宽敞，舒适性很好，兼顾了家用。X 款车非常契合王大哥的需求，但是唯一的问题是该品牌属于高端品牌，X 款车的落地价高达 40 万元，超预算 10 万元。对此，王大哥非常纠结。

销售人员小李接待王大哥五六次了，试驾都三次了，小李决定进行逼单。请帮助小李设计相应的逼单策略及话术。

第 5 节 止损保温（后手）

销售是一份需要坚韧不拔精神和高度抗压能力的工作。面对客户的拒绝和挑战，销售人员需要有强大的内心和旺盛的斗志，不轻言放弃。本书行文至此之前，我一直在教销售人员如何避免被拒绝，并且如何处理拒绝。

但对于销售人员来说，被拒绝总是不可避免的，哪怕客情非常友好，哪怕已经充分挖掘了客户的需求,哪怕提出了极具价值的方案,哪怕完美地遵循了"销售三段",以及"成交六式"中的前四步,哪怕销售人员最后果断出击、奋力一搏,但是依然有可能面临失败。销售人员失去了某一个客户或者订单,这在行业里有个专门的术语——战败。事实上,对于大部分销售人员而言,战败是常发事件。

销售人员的战败有很多种,以下是几种常见的战败。

- **购买竞品**:客户购买了竞品,这是显而易见的战败。
- **取消购买**:客户明确地取消了采购计划,购买需求已经消失,订单已经无法成交。
- **过分拖延**:客户一直在消耗销售人员的资源和劳动,但拒绝做出任何有意义的承诺,并且没有明确关单的计划。销售人员未来的投入难以估量,而收益遥遥无期,这种情况也等同于战败。

以上三种情况,都称为"战败",对战败线索不宜持续高投入地跟进。既然赢得订单的希望已经渺茫,再继续下去会投入产出严重不符,销售人员所需要做的就是止损保温。

一、战败

承认战败是为了留着资源追求更多的成交,不要轻易战败,更不要随意战败。销售人员不能一遇到挫折就打退堂鼓,客户沉默、否认、提出异议、反驳,甚至拒绝都是正常的,遇到挫折不等于战败。我已经教了大家很多应对拒绝的方法,希望大家能够珍惜线索和商机,最大限度地追求成交。

但是,销售人员也不能无条件跟进,不能一直被客户牵着鼻子走。如果客户的情况符合战败三种类型中的任意一种,销售人员就应该意识到自己已经战败了,就要进行止损,把销售资源投入其他客户和项目中去,追求更高的投入产出比。

在任何环节都有可能战败,明确战败后就需要止损。止损要做的第一件事是设定止损线,销售人员需要有个明确的止损标准,避免随意战败,避免线索、商机的浪费。随意战败的销售人员是不负责任的,他们做出飞单等舞弊行为的概率也很大。公司应该设定清晰的战败标准,在必要的情况下,销售人员战败需要销售经理进行审核和盘点。不允许销售人员私自、随意确认战败,甚至不允许销售人员消极跟进线索。

从销售人员的角度来看,战败应该是问心无愧的。可以接受的战败理由只有两个,在其他情况下都应该继续坚持。这两个可接受的原因是:

第一,客户太难搞,根本不接招、不配合,甚至不接电话,销售流程实在推进不下去。

在这种情况下,销售人员的能力是过关的,也已经尽职尽责:已经完整地推进了销售的三个阶段,并且遵循销售标准流程完成了初次沟通、明确需求、推介方案,并且进行了关单和逼单,但最终失败了。可能是客户自身原因、场外原因,甚至是不可控因素导致战败。在这种情况下,公司可以允许销售人员对该订单标注战败,销售经理审核之后进行战败处理,将线索打入冷宫,把销售资源投入其他地方。

第二,销售人员自身的能力不足以应付该客户、该订单。

对于销售人员而言,整个销售流程是按照计划推进的,销售人员的表现是循规蹈矩的,多次尝试进行关单,但还是没有成功。整个过程没有什么纰漏,对于最终结果也没有遗憾。不管是什么原因,同一个销售人员继续在现阶段死磕下去都不会有更好的结果,徒增成本,战略性放弃这张订单也是无悔的。

对于公司而言,客户的难度和重要性是分等级的,销售人员的水平也有高下之分。高段位销售人员跟进重要客户,初级销售人员跟进小客户,这才是一个比较合理的安排。如果销售新人跟进了一个难度太高的战略客户,跟客户建联都不成功,需求也挖掘不出来,做出的方案也不靠谱,但这个销售人员还需要继续成长，现阶段继续死磕这张订单是没有任何意义的。不如让销售人员战败，另外换人跟进。

前文我们列举了战败的三种类型：购买竞品、取消购买、过分拖延。战败其实也分不同的严重等级，下面的战败金字塔分为四个层次，越往上就战败得越彻底，越不可挽回；越往下就越有可能翻盘。下面我们逐一进行分析。

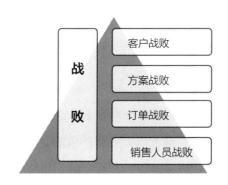

1. 销售人员战败

销售人员逼单失败后，销售经理需要第一时间介入来判断：战败是否因为销售人员个人因素，包括：销售人员能力不足；销售策略有问题；销售人员和客户个性不符，沟通不畅。

因为销售人员个人原因导致的战败，我们就称为销售人员战败，而对于销售人员战败，最关键的举措就是换销售人员，并且马上调整销售策略。销售人员战败并不代表失去订单，客户的项目还在，竞争对手还在紧锣密鼓地推进，时间紧迫，新的销售人员不见得能马上接手，老的销售人员还是需要继续支持。如果有必要，销售经理可以亲自上阵，还是有希望转败为胜的。

2. 订单战败

比销售人员战败更严重的是订单战败，不管换哪个销售人员上都不好使了。客户彻底否定了销售团队的所有尝试，或者购买了竞品，或者关单遥遥无期，甚至干脆取消了项目。这张订单肯定是拿不下来了，这就是订单战败。

换销售人员也不能解决订单战败的问题,战败的原因可能有很多:产品的问题,方案的问题,竞争的问题,客户自己的问题,等等。在订单战败之后,对于销售人员和公司来讲,客户的这个项目就结束了,但是客户未来还会有其他项目,客情依然需要维系。

订单战败后要做的第一件事就是要复盘。既然订单已经战败,短时间不会马上有新机会,销售人员、销售经理和售前顾问、售前工程师应该一起坐下来,认认真真地列举所有导致失败的原因,并且讨论未来的改进方案。这些问题有可能包括:

- 销售人员、销售支持人员的个人专业度、能力、表现。
- 销售策略和话术是否对于销售方案和 SOP 进行了坚决的贯彻,以及灵活的变通,建联、明确需求、推介方案、关单哪个环节出了问题?
- 客户的需求和销售人员的方案是否匹配,有哪些遗漏,或者有哪些认识不深刻、有偏差的地方?
- 产品方案本身是否存在问题?功能、性能、价格、服务是否有竞争力?
- 竞争对手的动作是什么?我方是否采取了有效应对?

复盘不是闭门造车,当然内部的闭关讨论是必需的,但更应该获取客户的真实反馈。复盘有初步结论之后,销售人员应该争取约见客户,当面探讨最后客户没有选择我方的原因。这样做非常有必要:

- 可以找到战败的真正原因,提高自己的销售能力,让自己和团队持续进化。
- 可以帮助公司调整产品方案、行业策略,甚至公司战略,帮助公司提高市场竞争力。
- 可以维系与客户的连接,进行客户保温,客户也会尊重那些不轻言放弃、善于自省、尊重客户意见、持续进化的销售人员。

3. 方案战败

如果持续地出现订单战败，那就必须考虑是不是公司的产品、服务、定价等存在问题。如果是产品方案本身缺乏市场竞争力导致的失败，这种战败就属于方案战败。

产品方案缺乏竞争力，这是一个战略层面上的问题，可能是公司的产品力不足，公司的品牌和口碑在下滑，也可能是公司的资源投入出了问题……销售人员很难通过个体的努力扭转不利局面。虽然表现为销售人员和销售团队总是在战败，但事实上"非战之罪也"。

对于方案战败，公司就必须在公司层面上进行复盘，及时进行产品升级和迭代，增强产品竞争力。否则销售人员和售前支持人员只能是苦苦挣扎，无奈地承受大量的战败。持续下去的话，甚至销售团队都会逐渐流失殆尽，转投竞品，这种情况对公司就更不利了。

4. 客户战败

客户战败是供应商在客户处经历了连续的方案战败，导致客户对供应商失去信心并将其从供应商数据库名单中移除的情况。这种情形不仅意味着直接失去了客户，还可能损失通过客户转介绍获得新业务的机会。

客户战败意味着公司和销售人员彻底失去了这个客户，并且公司在这个客户圈子的口碑会承受负面影响。如果出现客户战败，公司必须做整体性的复盘，进行战略性的调整，甚至是对销售人员以及市场、研发、生产相关责任人追责，情况必须马上得到改变和纠正。否则，如果大量客户持续流失，公司就会彻底失去市场，公司整体就会失败。

本书主要介绍销售领域的方法论和技巧，不对产品、战略做过多的探讨，对于方案战败、客户战败的应对措施就点到为止。

二、止损

首先，销售人员的时间、精力都是宝贵的资源，都应该为公司带来订单和收入，为销售人员赢得佣金，而不应该浪费在没有希望成交的客户身上，所以销售人员要及时止损。

我们之前说过：拒绝会积累，一个又一个的小的拒绝，最后会变成大的拒绝，而逼单之后的拒绝就是最大、最正式、最不留情面的拒绝。这个拒绝一旦发生，不管销售人员说什么、做什么、提供什么、施展什么技巧，客户拒绝起来都会得心应手、毫无心理障碍。因为客户已经对销售人员的所有技巧免疫了，客户对"抹不开面子"这件事情也免疫了。这时候，销售人员应该调整策略，停止无谓的消耗。

其次，止损和保温是一体的，千万不能只看到止损，忘记了保温。战败只是失去了目前的订单，不代表失去未来的订单，更不代表失去了这个客户，止损不是和客户一刀两断，不是放弃；保温指的是和客户维系连接，同时调整节奏，复盘得失，优化策略，为下一个购买周期做准备。

再次，止损保温是一个防守策略，防止产生更多的损失，但同时也是个进攻策略。就算客户那里暂时没有商机，保温的意义也在于充分拓展客户圈子，让客户推荐更多的商机。

总结下来，止损保温就三句话：

第一，设定止损线，逼单失败不纠缠。

第二，买卖不成仁义在，时机成熟再找我。

第三，拒绝我没关系，帮我介绍客户，补偿一下我呗？

其中，第一条是为了止损，不浪费有限的时间、精力、资源，是防守策略；第二条是为了维系客户关系，是为了以后的长期合作，是保守的进攻策略；第三条是为了拓宽客户关系网络，为了发掘更多的商机，是积极的进攻策略。止损保温是后手，而后手往往在防守中隐藏着进攻，是攻守兼备的。

止损保温更加注重关系的维护，为未来的机会做准备；并且跟客户打感情牌，索取更多的客户推荐，从而搭建销售人员的客户关系网络。止损保温依然处在第三阶段，销售人员还是需要以旧脑沟通模式为主，继续以感性的一面和客户的旧脑进行沟通，但是不能再像关单逼单的时候那么步步紧逼了，而是要重新让客户获得松弛感，从而让之前的拒绝造成的"破窗效应"慢慢地烟消云散。

三、保温

所谓保温，其实就是维系客户关系网络，维持客情。 我们着重介绍一下什么是客户关系网络，如何维系客户关系网络。

如果与客户达成了合作，甚至是深度、广泛的合作，那么销售人员和客户的关系会进入一个新的层次，从朋友成为伙伴，甚至是战略合作伙伴。在项目推进过程中，销售人员和客户要打很多交道，不仅业务上并肩作战，私下也有很多社交活动，甚至会礼尚往来，销售人员和客户的关系可以变得很铁。

很多行业的合同金额巨大，利润极其丰厚，销售人员往往需要非常铁、非常亲的客户关系。但对于大多数销售人员来讲，不见得天生就拥有很强的关系禀赋，大多数平凡人还是白手起家，要靠自己打单、做单，积累客户资源，建立深厚的客情。

销售转化率一般都是一个很低的百分比，所以相对于合作客户来讲，止损客户、战败客户数量众多。销售人员止损或者战败之后，跟客户的沟通机会不多，毕竟没有太多的业务来往，也没必要花太大的成本维系很强的客情，连接松散一点也不是坏事。

但也不要慢慢和客户成为陌生人，这样对销售人员并不是最好的选择。止损客户、战败客户也许在未来是有机会合作的，也能推荐潜在客户。销售人员需要用较低的投入，持续与止损客户、战败客户保持基本连接，保持正常的客情，保持互相熟络。

有的销售人员为了拓宽客户渠道，获取更多的线索，开始运营自己的微信公众号，以及抖音、快手、小红书等新媒体账号，在网上发表关于自己的产品、公司、业务，甚至关于自己的内容，成了网络达人。网络达人有了一定的粉丝量，粉丝关注达人，经常收到达人的内容，对于达人比较熟悉；但粉丝数量那么多，达人大概不熟悉自己的粉丝，所以粉丝也可以理解为"单向熟人"。

对于销售人员来讲，客户关系网络分了以下几个层次：

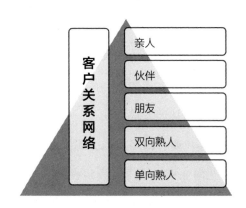

越往金字塔的顶端，销售人员与客户之间的关系越紧密、越稳定、越长期，订单的转化率越高，复购率越高，利润率也越高，单均交易金额越大，但是客户数量也就越少。当然也不需要太多客户，这种关系型的销售人员也不必天天奔波来获客。

越往金字塔底端，客情越淡、越松散、越暂时性，订单的转化率越低，复购率越低，利润率也越低，单均交易金额越小。但是客户数量庞大，销售人员只能以量取胜，努力获客。

一个销售人员不可能把客户关系这五个层次都建设得很强，最顶层的关系也是可遇而不可求的。人的精力是有限的，销售人员需要找准自己的定位，打造自己的客户关系网络。销售人员的客户关系网络建设需要走哪条路线，取决于你卖什么产品，有什么样的资源。

如果销售人员卖的是大型设备、大型项目、基金、证券，最好还是和少数客户达成坚实的战略合作伙伴关系，结交精英朋友。客户要少而精，并且要深交，达成高度的互信。

如果销售人员卖的是 IT 软硬件、机电设备、医疗器械等企业级产品或服务，还是需要多交朋友，维护良好的客情，通过圈子里的朋友和伙伴的推荐和口碑获得更多销售线索和合作商机。

如果售卖的是面膜、零食、日用百货，最好还是开个网店，做个主播，把客户关系网络做大。如果从事网络销售和新媒体运营的话，可以适当投流，让更多人关注自己，把粉丝基数做大，从而扩大销售。零售行业的销售人员无法和每个客户建联，主播也只能和榜一大哥维护客情。

人际交往有个"150 定律"（Rule Of 150），150 即著名的"邓巴数字"，由牛津大学的人类学家罗宾·邓巴在 20 世纪 90 年代提出。该定律指出：由于人类大脑智力的极限，人类稳定社交网络的人数上限是 150 人。也就是说你只有 150 个常用联系人的配额，其中亲人、私人朋友、同事等至少会占用 50 个配额，那么对于一个销售人员来讲，可以维持稳定社交关系的客户就只剩不到 100 个配额了。

对于绝大多数销售人员，尤其对于中小企业和零售行业的销售人员来说，100 个客户联系人是远远不够的：

- 少数大客户销售人员被公司指定来服务 KA（关键客户），不太需要拓展、维护更多的客户，但是 KA 公司里面往往有很多的子公司、部门，员工上万，甚至几十万，销售人员为了更好地服务这些 KA，依然需要认识超过 100 个客户。
- SMB（中小企业）销售人员都有自己为数不多的核心客户，需要频繁地沟通，但是更需要维系长尾客户。
- 区域销售人员负责一大片地域、行业范围，在这范围之内的客户就是区域销售人员的目标客户群，数量巨大。
- 对于零售销售人员来说就更不用说了，汽车销售人员的平均企业微信联系人超过 2000 个，客单价越低，需要维护的基本盘客户越巨大。

第 4 章 成交的六个步骤

绝大部分销售人员都需要维系庞大的客户群体,并且持续获客,扩大客户资源网络。客户资源网络越大、越优质,销售人员就能获取越多、越优质的线索和商机,从而获得越多、越优质的订单。但客户资源网络越大,销售人员就越难和现有客户维持稳定而紧密的联系,已经维持的联系就越松散。

"亲人网络""伙伴网络""好朋友网络"属于符合"150 定律"的稳定社交网络,但对于大部分销售人员而言,贡献线索和商机最多的则是远超 150 人的"熟人网络"。熟人网络的人数巨大,从 151 人到上万人不等,并且熟人的概念非常广泛,包括:

- 互相熟悉的"双向熟人"。
- 曾经互相认识,但太久不联系,已经忘了,经提醒还能回忆起来的"熟人"。
- 社交媒体的粉丝是一种单向熟人,他认识你,但你不认识他。

"熟人网络"与稳定社交网络有很大的不同,它有几个特点:

- 销售人员与"熟人"客户的关系更轻,也许互相知道彼此的一个或几个标签,如工作、职务、社会地位等。
- 销售人员的"熟人"客户网络更加松散,销售人员与这些客户的联系非常少,有可能几年不联系,但他们长期存在于销售人员的通讯录、朋友圈、社群,或其他社交媒体账号里。
- 这种关系的维护成本比较低,当然这种关系也很容易断联。
- "熟人"客户网络可以非常庞大,熟人数量非常多,每次参加一个聚会、一个会议都有可能添加好多联系人,每做一场新的直播,就会涨一些粉丝。

以上内容我们适当延展了一下,主要还是说明止损保温的意义。保温是尽量让成交不了的客户转化为自己的朋友或者熟人,以较低的投入维系尽量广泛的客户关系网络,获得与他们定期沟通的机会,从而在未来获取更多的线索和商机。保温保的是客户关系网的广度和活跃度。

第6节 锁定胜局(收式)

所有销售人员最开心的一刻莫过于关单。有的项目已经过去很久,甚至销售人员的工作都换了几轮了,但想起关单的那一刻依然历历在目,心中依然充满了喜悦和自豪。

2013年,我在SAP工作,那是一家全球最大的ERP软件公司。我对一家零售行业客户跟进了半年多,客户本来已经选定了甲骨文的产品,客户信息部的项目文档都已经指名道姓地明确了甲骨文的ERP软件。甲骨文的销售人员跟客户信息部负责人连庆功酒都喝了。

但客户的采购流程需要拉三家供应商进来投标,我就是这样被拉进来了。但我成功地对接了客户的COO,通过一系列的交流沟通,客户高层延缓了招标。他们慎重地评估了我提供的方案,最后决定与我开展谈判来完成采购。

12月31日,那是一年的最后一天,为了推动项目最后的签约,我已经在客户园区游荡和游说了几天。那天下班之前,客户的ERP采购流程的最后一个审批人终于签了字,我带着合同和上面湿漉漉的大红章回了公司。

从深圳客户园区到广州办公室,打车,坐动车,再打车,我的多巴胺疯狂分泌了一路。一路上我把合同捏在手里,反反复复地看了又看。厚厚的合同浸入了我的手汗,纸面已经凹凸不平。写字楼下有几个同事看到了我,看到我兴高采烈的神色,就知道我赶在财年最后一天关单了。他们都热情地跟我打招呼,对我表示祝贺。

这个案例大家可能并不陌生,我在前文提到过这个案例。成交的喜悦感实在是太难忘了，尤其是转败为胜的成交，我到现在都忘不了那一天、那一刻……

这本书读到了这里，希望各位读者已经掌握了如何发掘线索、打单、关单的诀窍，关单的成功率已经大大提高。我真心希望各位读者都能够常常享受到这种喜悦。

不过不要高兴得太早，后面还有很多不确定性，销售人员一刻都不要放松，上面的案例也恰恰说明了竞争对手不会轻易放弃，看起来稳赢的单子也随时有可能被翻盘。关单之后必须尽快"锁定胜局"，而至少有三件事情需要去做：

- 管控意外，落袋为安。
- 做好服务，维护客情。
- 推荐朋友，打造私域。

一、管控意外，落袋为安

关单指的是销售订单的结束，但是销售订单结束并不意味着客户工作的结束，交付工单刚刚开始，项目施工、服务工单还会继续，客户关系依然需要维护。就关单本身而言，也是一个环环相扣的过程，任何一个环节都有可能出意外。

支付定金 → 合同签约 → 款项支付 → 交付完成 → 验收通过 → 尾款回款

- 支付定金并不代表订单稳了，一般来说，定金金额较小，客户反悔成本不高，有的客户如果极力争取，很多企业是可以退还定金的。事实上，在支付定金环节存在大量的折损，有客户自己取消的，也有客户被挖墙脚，甚至被销售人员飞单。销售人员需要防范竞争对手挖墙脚，公司也需要防范销售人员在关单初期的舞弊行为。
- 大部分零售行业没有支付定金和合同签约这两个环节，只有款项支付、开票、提货，这个可以被定义为关单，销售业绩也会相应地被确认。但客户也有可能因为各种原因退货，甚至不排除竞争对手继续施加影响，怂恿客户退货，为客户出谋划策。如果真的出现了退货的情况，有的公司会承担损失，有的公司需要倒扣销售人员的业绩，主要看销售人员是否应该为客户退货负责。

- 签了合同也可以被定义为关单，但是有的合同违约成本比较低，很多客户可以不履行，反悔成本是违约金，这个具体要看条款约定。如果交付、实施进展顺利，客户犯不着付出工期和违约金的代价去撕毁合同，但如果交付、实施不畅，售后服务跟不上，那客户还是有可能趁着沉没成本不高，及时止损。

- 但如果客户完成了主体款项的支付，那就比较靠谱了，剩下的只需要公司按照合同约定实施、交付。如果在项目实施过程中，项目被废止，销售人员的业绩是否被倒扣，佣金、奖金如何计算也是需要具体情况具体分析的。因为销售人员基本无法为项目实施过程负责。

- 最靠谱的是交付完成，客户验收通过，就没有办法反悔了，这种就是100%确定的关单，基本上锁定了全部收益。

- 直到最后尾款回收，所有的收益都落袋为安，才算真正大功告成。在很多大额项目中，销售佣金的发放都是看最终的回款，这样公司最安全。

支付定金、合同签约、款项支付、交付完成、验收通过、尾款回款的链条很长，最重要的是它关乎了销售人员业绩的确认。不同行业有不同的做法，需要寻求销售人员利益和公司利益的平衡，既满足销售人员尽快确认业绩的要求，又确保公司的风险可控。

越拖后确认销售业绩，销售人员的满意度越差，因为越往后跟销售人员的关系越弱，销售人员越不可控。交付有交付人员，项目有实施人员，售后有服务人员，这些环节就算出了问题，也不见得是销售人员的责任。但销售人员的努力在前期已经付出了，贡献也已经做出了。

越提前确认销售业绩，销售人员自然会乐见，但公司的风险就越大。很有可能给销售人员确认了业绩，发了佣金、奖金，但是最后项目出了意外，公司没有收益，白白支付了销售佣金和奖金。从公司的角度来看，销售人员怎么给公司带回来一个这么差的客户，带回来一个这么差的订单，给公司带来了损失，销售人员还想拿钱？

销售人员不可以在任何一个环节有所懈怠，为了避免出现意外，必须要尽快推动关单过程，马不停蹄地推动订单走向下一个环节，直到回款，最终关单，落袋为安。

拖得太长就会夜长梦多，客户内部充满了不确定性，竞争对手也不会轻易放弃，只要触达到足够高的决策层，只要决策层下足够强的决心，就算签了合同，客户依然可能违约；就算项目进行到一半，竞争对手依然可以给你制造麻烦，在验收中设置重重阻碍；就算验收通过，回款也总是令人头疼……

客户的反复是一种意外，竞争对手的坚持也会让订单发生意外，销售人员关单之后的疏忽和轻慢也会引发意外，但这些意外都是可以避免的。只有一种意外，它的发生丝毫不出人意料，几乎是必然的。那就是前期销售人员的"忽悠"为后期埋下了雷，这就是销售人员自作自受了。

有的销售人员往往会过度销售、强行推销，使用了各种方法、技巧，甚至不惜误导、欺骗客户。客户在前期往往并不充分了解产品方案，甚至对自身需求的了解也不深刻，也有客户是出于情面，稀里糊涂地买了很多自己用不到的功能，花了很多冤枉钱。但是随着项目的推进，随着时间的推移，客户对于方案的理解会越来越全面，对于自身需求的理解会越来越清晰。当最后客户发现自己被耍了，吃亏了，心里不爽了，销售人员前期的不端行为就会变成回旋镖，绕了一大圈之后精准地命中自己。

有的客户会投诉，损害销售人员和公司的长期口碑，以后就别想接到客户新的订单了，甚至客户圈子里的生意也别做了，久而久之，销售人员就把自己的路走绝了；有的情况更严重一些，客户会退货、退款、中止项目，甚至不惜进行诉讼、索赔，公司可能承受重大损失；有部分客户会向媒体曝光，甚至把事情公众化、公开化、妖魔化，从而引起公众和舆论的关注，公司都可能惹上一身麻烦，业绩大跌，股价跳水，被监管部门严厉处罚，甚至因此而垮掉。就算客户没有取消合同，项目依然在进行，但客户在项目中总有很多办法让销售方难受，甚至影响项目验收和回款。

我在前文一直强调：**销售人员推介的方案必须要基于客户的真实需求，能给客户提供价值**。这不只是对销售人员人品的要求，不是单纯的道德说教，这真实地关乎销售人员的切身利益，尤其是长期利益，更关乎公司的品牌形象。销售人员一时的短视，有可能丢掉工作，甚至牺牲自己的长期发展，牺牲公司的市场信誉。

二、做好服务，维护客情

关单之后，对于企业来讲，线索、商机管理就切换成客户关系管理，交付人员、项目人员、售后人员就应该介入，销售人员的销售工作结束了，但是，销售人员的服务工作还要继续。销售人员不只是卖东西，还是在卖个人的品牌和口碑，并且寻求客户的长期复购和客户推荐。虽然交付、实施、项目管理不是销售人员的本职工作，但销售人员的积极参与对维护客情是非常有帮助的。

低客单价的零售看起来是一锤子买卖，不涉及交付、实施工作，售后服务简单且低频，但是销售人员依然要做好客情维护，因为这对提高客户的复购大有裨益。后续工作包括：

- 与客户交流、共情，分享使用产品的喜悦。
- 产品使用教育，帮助客户更好地使用、操作、享受产品。
- 产品保养维护知识分享，帮助客户充分利用。

- 及时回复客户的日常咨询，保持一如既往的热心、耐心。

……………

客户最忌讳的就是售前一张脸，售后一张脸；售前毕恭毕敬，售后漠不关心。这样给客户的感觉就太差了，就算客户对产品是认可的，但对销售人员、对公司、对品牌也有可能产生深深的厌恶。我知道销售人员都很忙，很多销售人员的心理是：既然客户已经买了单，自己已经落袋为安了，为什么还操那闲心去伺候客户？

但是对于客户来讲，前恭而后倨更加可恶，会让客户有一种被欺骗的感觉。所以，还不如售前售后都一张扑克脸，至少没有反差，客户的失望和厌恶反而没有那么强烈。销售人员不一定能做到让客户喜欢你，但务必避免让客户讨厌你。

持续提供服务可以有效地提高客户满意度。而这也切切实实关乎销售人员的长期收益，因为一个满意的客户会持续复购，客单价越来越高，会贡献超高的 LTV（Life Time Value，客户生命周期价值）。销售人员为本单做好服务，也是为下一单打好基础。

三、推荐朋友，打造私域

那些使用周期很长、复购率很低的产品，短期内客户不太可能再次购买，但销售人员更应该做好服务，维护好客情。因为这类产品往往意味着更高的客单价，如设备、系统、寿险、别墅、豪华车等。这些产品的消费者往往购买力很强，客户对于销售人员而言就不是一个人，而是一个圈子的入口，是一条通往更多高价值客户的通道。

我们在"止损保温"那一节介绍过，销售人员要打造自己的"客户关系网络"，即使战败，分手亦是朋友。销售人员也要维护好客户关系，让客户推荐客户，从而扩充销售人员的"客户关系网络"。而成交之后，销售人员跟客户的关系已经更近了一层，客户应该更乐于把销售人员推荐给朋友。

客户也有自己的各种人际关系网络。俗话说"物以类聚，人以群分"，人总是倾向于与同类型的人建联和交往，每个人都是一个人际关系的节点，销售人员接触到了他，就可以通过他接触到与他有连接的人，也就是他的"圈子"。同一个圈子里的人，购买需求和倾向往往都是类似的：IT从业者认识很多IT人，医生的朋友里有很多医生，电气工程师认识很多同行，企业家也认识很多企业家……

对于企业客户，一个销售人员做成了一单生意，一定要和客户交个朋友。在零售行业，产品的客单价比较低，对于客情要求不高，销售人员总可以添加客户的微信，闲着没事给客户的朋友圈点点赞，也特别能刷好感度。偶尔真诚地评论、互动一下，就成了半个熟人，交情不见得多深，但是拜托客户帮忙转个朋友圈，推荐个客户总不见得是个难事。如果客户真的帮忙了，事后主动发个红包，金额不在于多大，就是个心意，客户觉得销售人员会来事，时间久了也就熟络起来了。

我强烈推荐销售人员要学会运营微信公众号、视频号、小红书、抖音、快手等新媒体账号，这些账号不仅可以用于建联、维系和客户的连接，也可以用于各种产品方案的展示，通过客户的真实案例来做收益证明，还可以以此打造自己的客户关系网络，也就是所谓的"私域流量"。新媒体渠道是内容平台，也是关系平台，更是商业化的变现平台，比单纯地添加微信联系要更加紧密，互动性也更强。

至此，销售的"三段六式"就介绍完毕了。"三段"是方法论，"六式"是标准操作流程，顾问式销售人员面对大部分客户都要经历这三个阶段和六个步骤。如果你是一个销售新人，拿起电话、见到客户会感到紧张，你可以按照"三段六式"的标准操作流程稳步往下推进，一定会让你更加得心应手，对销售的过程更加有掌控感。勤加练习，你一定会成为一个销售高手。如果你是个经验丰富的销售老手，对于获客、打单已经非常老练，希望"三段六式"的方法论和标准操作流程也能帮助你梳理自己的实操做法，查漏补缺，日渐精进。

《孙子兵法》云:"水因地而制流,兵因敌而制胜。故兵无常势,水无常形。能因敌变化而取胜者,谓之神。"

客户是千人千面的,每个客户都有自己的个性和需求,每一张订单都有不同的场景,每一款产品都有不同的定位,每一个竞争对手都会给你带来各种意想不到的麻烦。销售人员做单,不是被动地应对客户的要求;也不是教条主义,罔顾客户的反应,机械地推进流程。

销售人员做单需要深刻理解客户决策、购买的深层次原理,需要根据自己的具体业务,根据客户的具体需求,根据订单的具体场景,灵活运用我们介绍的方法论和技巧,影响客户心理,引导客户的行为,共同推进销售的过程。在"三段六式"中,方法是普适性的,但具体操作流程是专属的。不同行业、不同公司的销售流程有天壤之别。每个具体的销售流程在三个阶段、六个步骤的具体打法是不一样的。在实际业务中切不可生搬硬套、机械模仿。希望销售人员可以做到"运用之妙,存乎一心"。

销售人员的"三段六式"就像一场精心编排的舞蹈,舞者要洞悉舞伴的心理,找到有意向的舞伴,彬彬有礼地牵起他/她的手,共同走入舞池。在销售人员的引导下,销售人员与客户的步伐互相配合,翩翩起舞。客户也会有自己的想法,销售人员需要敏锐地感知到,并且贴心配合,销售人员与客户有来有回,或进或退,一起跳出精彩绝伦的梦幻舞步。如果舞者不能够根据舞伴的变化,随时做出灵活的应对,那就会踩脚,就会失误,就会不欢而散。

第5章　从销售到管理

销售是一个非常宽泛的概念：

4S 店卖车是销售；创业公司 CEO 去找风投融资也是在做销售，卖的是公司的股份；

科技企业卖硬件设备是销售；互联网公司卖软件订阅服务也是销售；

美国总统候选人竞选拉票是营销，包含了销售，选上之后说服国会通过他的政策完全是销售；

理发师让你办卡是销售；火车站有人给你塞卡片也是销售；

各种主播推销自己的人设，并且在镜头前说：哥哥们点个关注吧！这也是一种销售……

销售是一个普遍存在的岗位，对于大部分行业来讲，销售的职业门槛不高，但销售的发展通道是非常宽广的，很多成功的职业经理人、创业者、CEO（首席执行官）、企业家都曾经做过很多年销售工作，从职业发展和事业开拓的角度来看，销售是比较大概率能获得成功的岗位。领英之前做过一份调研，调查各个公司的 CEO 的职业生涯都是从什么岗位起步的。前两名都是销售类工作，分别是 BD（Business Develop，业务拓展）和销售。

BD 本质上也是销售，只是没有成型的商品方案。BD 负责开拓新的商业合作，开发新的市场、业务、客户，与合作伙伴洽谈商业合作的意向，而交付的成果还需要大量的跨部门协作来完成。因为工作内容对企业的战略意义不同，BD 从业人员往往更加资深，但是 BD 所需要的业务软、硬技能和大客户销售没有本质区别。在就业市场上，很多大客户销售人员的职业上升方向也是成为 BD。

如果你做过 BD 就会发现，我们的"三段六式"的方法论也适用于 BD 业务拓展，销售和 BD 的方法论在底层是一致的。

销售不仅仅是一个岗位，更是在商业社会生存、发展、竞争所必备的技能。学会了销售，就学会了如何影响他人的思想，引导他人的行为，也更容易触类旁通地学会管理、学会协作；学会了销售，就学会了如何应对竞争，如何面对失败；学会了销售，就学会了如何赚钱，如何帮助企业持续地提高收入。销售是一种普适性的技能，值得所有人去学习、去拥有。而作为销售人员，本职工作就是要掌握销售方法论和技巧，对自己的职业发展非常有利。希望《一出手就成交》可以帮助你参透销售的奥秘，真正掌握销售技能。

很多销售人员并不只是个人贡献者，既要带团队，也要自己打单；很多管理者既要亲自跟进、把控项目进度，还要思考搭建公司的整个销售体系；在很多创业公司中，很多 CEO 既是战略制定者，又是产品经理，又是 CFO，甚至还是公司的头号销售人员。我希望本书对你搭建销售体系、管理销售团队有所裨益。

如果你是销售人员，是个体贡献者，我觉得你也应该读一下本章。销售人员需要经常把自己带入管理者的角色，往上看一层到两层，站在管理者的角度看问题。这种思维方式会帮助你更好地理解这份工作，更好地理解自己的上级是如何思考的，也为自己的职业发展提前做好演练。希望本书可以帮助你有更好的职业发展。

第 1 节 "三段六式"的落地

"三段六式"不仅能帮助销售人员提高自己的销售技巧，更能帮助公司提高整体销售能力。一套标准的销售 SOP 对头部销售人员、腰部销售人员、尾部销售人员都是有提升作用的：大部分销售人员严格按照销售 SOP，可以持续提高销售段位，从而让业绩持续突破；头部销售人员了解销售的底层原理，了解客户的心理和决策机制，也可以让自己更加精进，甚至承担更多的职责；尾部销售人员按照销售冠军的标准来执行，可以快速提高，极大地避免业绩垫底。

对于公司而言，使用"三段六式"这个框架来作为标准的销售流程，可以有效地管理下限，可以提高销售团队整体的战斗力；让整个销售组织、销售流程更加标准化、规范化，从而让销售工作更加易于管理。所以，每个企业都应该建立自己的销售 SOP。

首先，销售管理者需要根据自己所处的行业，开发出属于自己公司的销售 SOP。在"三段六式"中，有的环节可以加速，有的环节需要加强，有的环节甚至可以跳过，所有环节都需要结合行业和岗位进行定制：

- 有的行业只做大客户、老客户，"初次沟通"不太常见。
- 在有的行业中，客户需求非常清晰，可以尽量缩减"明确需求"这一式，快速进入"推介方案"。
- 有的行业，产品非常标准化，并且客户非常熟悉，不需要过度推介，可以更加直接地进入关单流程。
- 有的行业不存在售前、售后的区别，产品当场交付，没有项目，没有实施，那保温和客情维护策略都需要适当调整。

…………

其次，管理者要把销售 SOP 及标准话术库固化到 CRM 系统中，并且长期维护。

流程需要固化才会被执行，要么通过制度来固化，要么通过系统来固化，否则再好的流程不落地，也产生不了实质性的作用。固化在信息系统中有个好处，减少了监督执行的成本，大家为了推动流程往下走，不得不完成规定的动作，就自动实现了大部分销售人员动作的标准化。只要所有销售人员都按照标准动作坚决执行，每个动作都做到位，就能显著提高整体的转化率，极大地抬高销售团队的下限。

有些话术是通用的，但大部分具体的话术只适用于特定客户和特定情景，针对A的话术对B来讲就会无效，甚至会起到反向效果；具体的话术也只适用于特定销售人员，同样的话术甲销售人员说很有道理，乙销售人员说可能就很违和。

但有些产品知识、FAQ（常见问题解答）、公关话术、标准应对话术等是通用的，公司可以统一设计，并且统一传达、下发。有些标准话术可以成为线上聊天的快捷回复。销售运营岗可以对不同话术进行A/B测试，深入研究话术策略和技巧，在销售人员中进行推广，让好的方法论、经验、策略可以被更多销售人员借鉴。

话术库不只是公司单方面地编纂并且下发，还要允许、鼓励销售人员维护自己专属的话术库，持续提高自己的技能，丰富自己的销售工具箱。

最后，管理者可以通过销售SOP来管理销售业绩和销售行为。

"六式"是一个漏斗，当然漏斗具体有几层需要各个公司自己定义。销售管理者需要获取漏斗的过程数据，并且做成数据看板，颗粒度细化到个人：

- 每个月的经营管理会，总经理可以看到公司销售团队的总体销量和转化率，以及这些指标的历史变化，从而诊断公司的销售业务是否运转良好，与供应链是否匹配，以及销售业务的哪个环节出了问题。
- 每周的周会，销售总监可以看到各个销售经理的"六式"漏斗，包括投放、线索、下定、签约、支付、交付、回款，及其转化率，从而比较各个销售部门的能力和业绩，并且诊断哪个部门存在什么问题。
- 而每天的日会，销售经理需要看更加精细的数据，看到个人的具体数据，以及个人的具体动作，包括每个人的线索获取、线索分发、线索跟进（拨打、接通、录客、留资、更新线索状态……）、需求明确（需要录入 CRM）、方案推介、报价、折扣申请、下定、签约、交付、回款。甚至比我刚刚列举的几个动作要更加细致。

"神明在现场，魔鬼在细节"，销售人员的现场对于管理者来讲并不透明，那么公司就需要尽可能让销售过程在系统中留痕，尽量减少销售人员线下私自操作的空间，方便对销售的过程管理，包括批量化管理线索和商机、管理销售效率、评价销售能力、防范和发现舞弊行为等。

但公司需要避免增加销售人员的录入工作量，数据应该依赖自动获取而非手工录入。如果没有复核，手工录入的数据一般不可信，就别麻烦销售人员了。如果 CRM 的维护工作太烦琐，销售人员很可能会弄虚作假、应付了事，从而又增加了管理的成本。

第 2 节 几条销售管理的建议

或许你被晋升为经理、高级经理、总监，有了团队，甚至公司为你配置了职能部门，恭喜你，你成了传说中的"职业经理人"。

或许你是一个创业者，开设了自己的公司，开发了自己的产品；客户也是你自己的关系；在办公室中举目四顾，你又是 CEO，又是产品经理，又是销售人员。

或许你刚刚开了几家店，第一家自己亲力亲为，特别赚钱，于是又陆续开了第二家、第三家……却慢慢发现队伍不好带，生意不好做，钱越来越难赚。

你成了管理者，从此，你的主要工作不再是亲自去做业务，而是通过管理团队去完成业绩；从此，你不再只为自己的职业生涯负责，你上要为老板、股东负责，下要为团队成员负责，你将不可避免地对别人的职业生涯产生深远的影响。这一节是专门写给你的，希望能对你有所帮助。

一、人事业务，双管齐下

管理者有两大类职责：

- 抓业务。在业务层面上，做出具体的安排，确保完成团队的KPI。这些具体安排包括：拆解目标、制订计划、分配任务、监控进度、协调资源、处理高优事项、处理突发事件、总结复盘等。
- 抓人事。在人事层面上，搭建并且维护团队，确保整个团队处在高效状态。与人事相关的工作包括：招聘、培养、考评、沟通、晋升、奖励、处罚、解雇，以及维护整体士气，打造团队文化。

两手都要抓，两手都要硬。销售管理工作更是如此，销售与其他岗位比有几个显著的特点：

第一，销售部门在企业中扮演着至关重要的角色，它是公司价值链中的关键环节，直接关联到公司的收入和利润生成，因此，销售的成败对企业的持续发展具有决定性的影响。由于销售成果容易量化，诸如销售量、市场份额、利润以及回款等关键指标都是以明确数据呈现的，使得业绩好坏可以直观评估。此外，通过横向比较各销售团队的表现以及参照历史趋势，优秀的销售经理容易脱颖而出，表现不佳的销售经理通常难以逃避责任。

因此，销售工作高度结果导向，业绩的完成与否直接关系到销售人员的奖惩。优异的业绩不仅会受到奖励和鼓励，还会成为其他员工学习的榜样；而未能达标的业绩则需迅速改进，否则将面临调整。这体现了"多劳多得、优劳优得"的管理原则，销售团队普遍实施严格的末位淘汰制和高额的业绩提成或奖金制度，以此促进优胜劣汰。

第二，也正是由于上述原因，销售工作的强度和压力较大，尤其是销售过程中打单的重复性质，对个人的能量值有较大考验。因此，销售管理特别强调执行力的培养，以适应竞争激烈的市场环境，确保销售团队能够持续高效地运作。

在企业的运营中，销售部门往往面临着非常高的人员流失率，这一现象涵盖了主动与被动的离职。许多销售人员在长期的工作压力下感到疲惫，他们可能因频繁遭到客户的拒绝甚至不尊重，以及收入未能满足预期而选择主动辞职。同样，也有销售人员因为无法完成既定的业绩目标，难以跟上业务的节奏，或在工作中犯下严重错误，而遭遇被动解雇。

这样的环境对销售经理选才、招聘、培训、发展、留住和淘汰员工的综合能力提出了更高的要求。销售经理的角色就像一位外科手术医生。正如一位医生如果每个月有几十台手术要做，那自然能够通过实践不断提升其医术，销售经理在面对远超其他岗位的人员流失率和业绩压力时，其管理能力也将得到不断的磨炼和提升。

所有的管理都要抓人事、抓业务，但对于销售管理来讲，需要更极致、更强力的管理。

- 抓人事，团队才会有士气、有战斗力。
- 抓业务，找到正确的方法和策略，士气和战斗力才能转化为战果！

二、运筹帷幄，身先士卒

管理者不能脱离战斗！销售管理者不能远离客户！

销售管理者是典型的人力杠杆，负责管理众多销售人员，并通过他们撬动整个团队的高效产出。然而，有些销售管理者可能会陷入一个误区，认为作为管理者，只需在后台指挥和"管理"即可，而不必亲自参与前线的销售活动。

尽管管理学理论经常将经理比作"队长"或"教练"，但前线的销售管理者更类似于"队长",而非仅仅是"教练"。高层的销售管理者可能需要花大量的时间制定战略和建设组织,但也不能脱离实际的战斗,也不应该远离客户。尤其在销售驱动的公司中,即使是 CEO 也不应忘记定期拜访客户,以保持与客户的联系和市场的敏感性。

遗憾的是,有些销售管理者却选择天天坐在办公室里,不参与客户拜访和销售打单。他们的日常工作可能仅限于开会、听取汇报、点头或摇头以及回复邮件。销售管理者大都是销售出身,很多都是曾经的业务能手甚至销售冠军,但如果长期脱离一线业务,就会缺乏客户的直接反馈,他们对市场的认知变得模糊,随着时间的推移,他们最终失去了管理业务的能力和资格。

因此,销售管理者必须意识到,有效的管理不仅仅是后台的策略制定,还包括前线的实际参与和领导。通过亲自参与销售活动,销售经理能够保持与市场的紧密联系,提升管理效能,从而更好地指导和激励团队,推动企业的销售业绩。

一个销售人员,20 多岁从学校毕业,初入社会,到 60 多岁退休,足足有 40 年的时间可以使用。这 40 年如果你足够努力,并且足够幸运,有可能经历以下四个阶段。

- 新人期:加入公司,加入行业,成为新人。
- 骨干期:熟悉业务和行业,成长为骨干。
- 经理期:进入人事管理层,开始带团队。
- 高管期:进入战略管理层,开始影响、掌控公司发展的方向。

随着管理者的层级越来越高,业务范围会越来越广,内容越来越多,但是时间越来越少。那在做"业务"与抓"管理"之间怎么分配时间和精力呢?尤其是很多高级经理(总监)会开始接触定"战略"这一新的工作内容。业务、管理、战略这三种类型的工作在职业发展的每个阶段其实耗费的时间和精力是不同的。

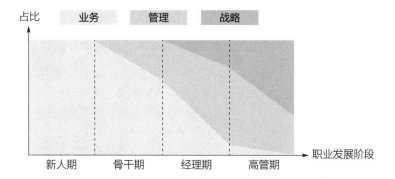

在职业发展的不同阶段，个人所需投入的管理精力和专注的业务工作量是不断变化的。

在新人期，由于尚未承担管理职能，销售人员的主要任务是确保自己的工作得到妥善完成。在这一阶段，销售人员应当将100%的时间和精力用于打单子，通过实战来积累经验和技能。

随着进入骨干期，虽然可能还没有正式的管理职位，但销售人员已经开始初步承担一些指导新人或培训同事的职责。在这一阶段，销售领域的老员工带新员工尤为重要，这种师徒关系可以显著提高新员工的存活率和业务能力，公司应制定相应的制度性安排来支持这一过程。

当业务熟练后，骨干期的销售人员应当开始投入一定时间（大约0~20%）学习如何设定和分解目标、跟进进度、进行复盘以及培养新人等管理技能，这样的时间投资对于职业发展非常有益。

到了经理期，销售经理们会将更多的时间和精力投入管理工作中，而亲自做业务的时间相对减少。这个阶段的销售管理者，尤其是一线销售经理，必须深入实际工作中去，通过亲自培训辅导新人、跟进核心客户和帮助落后同事等方式，确保业务的顺利进行。这样做的好处包括：

- 保持对市场和产品的敏锐感知，维持并精进销售技能。
- 确保核心业务的安全高效运转，完成业绩目标。
- 赢得团队的尊重，无论是在业务技能还是领导力方面。

随着从新人期到经理期的发展，管理职责逐渐增加，而亲自处理业务的工作量则相应减少。然而，对于销售岗位来说，即便处于管理层级，依然需要保持与客户的联系和市场的敏感度，以确保业绩的稳定增长和个人职业能力的全面提升。

三、氛围民主，纪律严明

在《井冈山的斗争》一文中，毛主席曾经精辟地指出革命队伍保持强大战斗力的秘诀：一是军队的民主建设，二是严肃的军事纪律。这两点非常值得企业借鉴，高度强调执行力和战斗力的销售团队尤其需要借鉴。

1. 氛围民主

在小型作战单元中，民主的氛围对于提高高效协作能力和强化团队凝聚力尤其重要。在这样的环境中，管理者并不是居于高位指挥的单一角色，而是与团队成员一道并肩作战、共同面对挑战的领导者。他们同甘共苦，共享成功的喜悦，共同承担失败的痛苦，并始终保持统一的意志和目标。

这种民主且紧密的合作精神确保了每个成员都被尊重和倾听，使得团队能够在相互支持和鼓励下成长。当团队成员之间建立起这样的信任和依赖时，他们更可能做到不抛弃、不放弃。

正是这种坚定的团结和互助精神，激发出团队强大的战斗力，使得小型作战单元即便在资源有限或条件艰苦的情况下，也能取得卓越的成就。通过这种方式，小型作战单元不仅能够达成既定目标，还能在过程中培养出更加有韧性的团队成员。

一个销售团队就属于一个典型的小型作战单元，管理者应该和每个人交朋友，甚至做到可以交心。管理者和团队成员在工作中、生活中有大量的交集，人与人之间充满了信任，这样的团队才会形成集体战斗力。

销售团队承担的业绩压力本来就已经很大了，一直承受着激烈的竞争和人员的高流失，业务本身对于团队成员的心力、体力的消耗都很严重。如果管理者官威很重、行事不公，如果团队氛围很冷漠、压抑，员工彼此之间不友好、内部矛盾重重，那么团队就谈不上战斗力，也很难留住优秀的员工。管理者是公司的人力杠杆，如果管理者无法撬动整个团队高效运作，那管理者就是严重失职的。

良好的团队氛围和人际关系是一剂灵丹妙药，管理者获得成员的充分信任，团队的氛围融洽，成员的积极性高涨，团队士气极大提高，高绩效人才留存高，后进成员成长快，团队战斗力自然强悍。有些团队气氛特别好，同事之间会一起约着打球，甚至经常组织家庭成员一起去露营，团队成员彼此都是朋友。在这种团队里，哪怕业务暂时遇到了挑战也不用担心。

- 甲的工作出了纰漏，经理一个电话打过去进行批评教育。甲在这个过程中，没有玻璃心、没有猜忌、没有过度的自我防御，马上承认错误，并且立刻改正了。
- 乙是个销售冠军，曾经有着非常优秀的业绩表现，但是最近失去了动力和方向，工作时老是心不在焉，已经开始频繁接触猎头了。经理及时发现，通过坦诚的沟通，立刻解开了该同事的心结，乙留了下来，又恢复了高绩效表现。
- 丙的销售业绩垫底，有被淘汰的风险，经理觉得还可以再挽救一下，于是要求销售冠军乙帮忙带一带丙。销售冠军乙虽然工作已经很忙，但是没有推诿，没有嫌弃，立刻应承下来。在销售冠军老带新的帮持下，丙顺利度过了考核期。

....

2. 纪律严明

当团队规模继续增长，到100人甚至更多时，理论上管理者下面至少有两个管理层级、多个部门。在这种情况下，管理者和绝大部分的员工谈不上有什么交情，甚至已经很难认全所有团队成员了。由于人太多，管理者很难事必躬亲、点对点管理，只能批量操作。而流程和规则就是批量操作的自动化程序，在流程的相关节点就要设置相应的岗位，规则的监控、执行也需要设置相关的岗位，于是就构成了组织。

在人数众多的团队里，事务性的工作非常繁杂，工作上的纰漏就会变多。对于具体的事务，管理者不会亲自处理，会设置各种指标监控、绩效考评、复核兜底的制度和流程，让流程和制度来找出那些纰漏，嘉奖那些不出纰漏的人，惩罚那些出纰漏的人。并且还要把众多的员工划分到不同的部门，任命多位部门经理，让部门经理看得更加细致，能够进行点对点的管理，争取少出纰漏，多出成绩。

而这还不够，为了更好地管住业务的细节，还要让几个部门经理相互竞争，看看谁的指标完成得更好，从而给做得好的经理相应的嘉奖，给做得差的经理相应的惩罚。

在人数众多的团队里，人事也开始变得复杂，总会有各种各样的问题出现，团队协作困难，团队氛围变差，出现人员流失。优秀的员工流失总是令人遗憾的，在百人、千人团队中，管理者很有可能已经不太清楚具体谁优秀，谁不优秀，谁有可能流失，谁需要离开。所以管理者会设置人事岗专员，监控员工绩效、满意度、离职率、平均工龄等指标，并且对这些指标太差的团队经理进行批评。这样，管理者下属的经理就会更加主动地关注员工的工作状态，并且适时进行干预。

也正是因为以上的种种问题，管理者不得不跳出事务性的细节管理，制定自动化处理事务的流程、制度、规则，并且设置负责各种职能的岗位，依靠组织的力量确保流程和制度的落地执行。

如果有一个人不按照流程、制度、规则行事而不被追究责任，那么人人都可以无视流程、制度、规则。那么组织、业务就会陷入混乱的状态。流程、制度、规则的威力就在于被组织坚决地执行并且捍卫，如果有人违反，必须承担相应的后果，这就是所谓的纪律严明。如果管理者掌握了这个技能，就掌握了利用人力杠杆撬动更大团队的奥秘。

四、善用激励，奖惩分明

一般来说，给充足的金钱，员工就会被激励，金钱是最基础的激励手段。但问题是预算总是非常有限的，并且在很多情况下，就算给了管理者很多的薪酬预算，团队业绩依然萎靡。简单地砸钱，效果不见得是最好的。

为什么有的管理者给下属加了薪，但是下属依然不领情？

为什么有的公司每年两次加薪，每年薪酬增长超过 5%，却依然招不到人，留不住人？

为什么有的管理者花大量的时间培养下属，绞尽脑汁地给下属规划职业发展，会被当成"画大饼"？

为什么有些员工获得了公司最高荣誉，并且被当众表彰，但却希望把奖品折现？

激励是管理的重要抓手，管理者期待通过激励来激发团队的自主性和积极性，从而提高业绩表现，但很多激励却都适得其反。

我们需要深刻理解销售团队的独特之处，从而理解销售人员期待什么样的激励。在一个企业中，有两种非常典型的组织形态：策略型组织和执行型组织，这两者有着巨大的差异。

区别	策略型组织	执行型组织
典型部门	✓ 产品部 ✓ 研发部 ✓ 增长部、市场部	✓ 销售部 ✓ 生产部 ✓ 运维部
特点	✓ 投入—产出链条长且复杂，个体业务结果难以衡量 ✓ 鼓励创新，重视过程，对试错宽容	✓ 投入—产出链条短平快，个体业务结果简单、易衡量 ✓ 强调执行，结果导向，优胜劣汰

(续)

区别	策略型组织	执行型组织
部门文化	✓ 鼓励创新，在一定尺度内对试错宽容，氛围自由 ✓ 鼓励多元化，培育创新的土壤 ✓ 早上10点多上班，晚上加班，保证双休和节假日，工作时间灵活	✓ 半军事化管理，强调纪律性 ✓ 统一仪容，统一话术，统一思想 ✓ 早上9点开早会，晚上6点开夕会，周末和节假日需要进行排班
人才标准	✓ 更高的人才门槛，高学历代表了学习能力、深度思考的能力、创新能力 ✓ 更长的培养周期和投入 ✓ 严进宽出	✓ 英雄不论出处，主要看业绩，评价标准比较简单 ✓ 更短的培养周期，优胜劣汰更加激进 ✓ 宽进严出
绩效考核	✓ 以OKR为主，自下而上提目标 ✓ 收入与绩效相关，但不直接挂钩	✓ 以KPI为主，自上而下派指标 ✓ 收入与业绩直接挂钩
薪酬激励	✓ 对贡献综合考量、看重长期收益 ✓ 固定收入占比高，以奖金为辅 ✓ 同层级头尾薪酬只差几个月奖金 ✓ 几乎无季度性波动	✓ 与结果直接挂钩、所见即所得的、看重短期激励 ✓ 固定收入少，以浮动的提成、奖金为主 ✓ 同层级头尾薪酬可以差10倍以上 ✓ 季节性波动极大
精神激励	✓ 诉求强，渴望获得名誉和影响力 ✓ 更重视公开的表彰和正式的奖项等	✓ 诉求相对弱，更加注重实际收益 ✓ 更看重直属上级的个人认可和情谊

销售部门属于典型的强力执行部门，销售人员的激励方式一般有自己的特色。

首先，销售人员的激励严格遵循"多劳多得，优劳优得"的原则。销售人员的薪酬以浮动的提成、奖金为主。奖金、提成是一种与业绩直接挂钩的物质奖励，反馈周期比较短。提成基本上是月结，而奖金有月度绩效奖、季度绩效奖、年终奖。这些奖励基本上是所见即所得的，对销售人员的刺激作用明显。

这样就会造成头部和尾部销售人员的收入差异巨大，并且在淡季和旺季销售人员的收入会进一步拉开差距，但这是公司所乐见的：

- 能降低公司的固定成本，当收入出现波动的时候，可以避免亏损。
- 拉齐销售人员和公司的利益，在业绩好的时候，尤其是在旺季，销售人员会追求更高的目标，获取更高的收入，从而提高公司的收入和利润。
- 在业绩不佳的期间，低收入的销售人员会选择主动离职，可以减轻公司经营负担，降低公司的管理成本。

其次，销售人员的激励需要遵循"所见即所得"原则，及时兑现。 因为销售工作的性质决定了销售人员的流动性比较强，相对其他岗位，销售人员在公司的工龄相对较短，所以需要以"所见即所得"的短期激励为主。

销售团队需要有一定的压强，从而保持高绩效表现，这会不可避免地带来竞争和淘汰，而企业也不要依赖销售人员个体，而应该维持整体战斗力。当然，头部销售人员是宝贵的资产，需要公司进行妥善的留存，但团队整体维持在一种健康的流动状态不是坏事。"流水不腐，户枢不蠹"，一个缺乏流动性的销售团队反而更加令人担忧。

对于大部分企业来讲，给销售人员制定超过一年的激励计划不太靠谱，如分四年授予的期权，太长期的激励对短期业绩的提升没有帮助。当短期的业绩压力火烧眉毛时，销售人员对太长远的利益就不会感兴趣，销售人员会觉得那是个画的大饼，看得见吃不着。

如果公司的资源过分投入在长期激励，就会见不到激励效果，就是严重的资源浪费，甚至还会有负面效果。当销售人员业绩下滑面临汰换的时候，如果其持有期权等长期激励，就会给管理者和公司很大的阻力，迫使公司付出更多的成本进行人员汰换。

奖金有月度绩效奖、季度绩效奖、年终奖，对于销售激励而言，奖励周期需要和产品的销售周期相匹配，越及时的奖励效果越明显。如果奖励发放周期远远超过了销售周期，激励的效果会非常差，也很难留存住优秀的销售人员。

比如，某 IT 设备的平均销售周期是 3 个月，那么奖金和提成就应该以季度为周期发放，从员工的感受出发，以年度发放的话就是拖欠了。如果某电子产品的平均销售周期是 1 周，那么提成和奖金就应该随月薪发放。

对于销售周期很短的零售行业来讲，季度奖、月度奖可能更合适，年终奖的激励作用有限。年终奖的反馈周期太长了，短期业绩出问题，年终奖的激励作用是显现不出来的，很多销售人员甚至都等不到、等不及年终奖的兑现。而对于销售周期长达几个月的企业级产品和服务，年终奖更加合适。

再次，销售人员需要精神激励，包括集体荣誉激励、个人荣誉激励、正式的表扬，以及非正式的认可等。很多销售组织把荣誉激励搞得很好，对文化建设投入很大，是可以极大地增强团队的凝聚力和战斗力的。但我们需要了解：精神激励不能脱离物质激励，所有激励的基础是有吸引力的利益分配。脱离了物质激励谈荣誉激励就是画饼充饥。

荣誉是一种背书，对于很多人来讲，荣誉可以提高个人的影响力，可以给简历镀金，但是大部分销售人员找工作不太依赖简历，而更加依赖战绩和关系。相对于管理、产研及其他专业岗位的人员，销售人员对这种影响力的诉求比较弱，销售人员更需要实实在在的佣金和奖金。

在大部分企业中，销售岗位的底薪比其他岗位都要低，佣金和奖金是销售人员收入的主体部分。这就意味着销售人员的成本支出在企业固定成本中的占比相对较小，而浮动部分恰恰是企业乐于分享的，销售人员如果带来了收入，企业是不介意销售人员多拿走一部分的。加上企业对增长的诉求大，销售人员直接带来增长，所以对销售人员的需求量大，销售人员的编制预算充足，招聘销售人员的门槛也比较低。销售部门一般宽进严出，销售人员找工作比较容易，但长期留下来比较难。

正是因为以上原因，销售人员的招聘方和求职方都比较务实，不看简历和 PPT，只看业绩。如果授予荣誉，最好带点实际利益，否则激励作用有限。千万不要授予"开恩"式的激励，适得其反。

销售岗位因其挑战性和高流动性，要求从业者具备较高的独立作战能力和市场生存能力。这种职业特性可能导致销售人员的工作年限相对较短，进而影响他们与公司之间情感联系的深度和对公司的认同感。相较于产品、研发或运营等岗位的人员，销售人员可能不会对企业领导有强烈的感激之情，即使有，也可能只是暂时的。销售人员大都比较务实，并且受利益驱动，如果员工对领导没有五体投地的顶礼膜拜，领导"开恩"式的低成本"赏赐"一定会引起员工的反感和鄙视。而有些领导觉得跟员工吃个饭、聊个天都是恩赐，这就属于自我感觉过于良好。

因此，销售管理者在面对这一现实时，应该避免产生过强的自我意识，避免过于强调自己的权力或地位，而是应专注于其作为人力杠杆的职责。这意味着销售管理者需要通过有效的管理和激励机制，帮助销售人员实现个人目标的同时，也推动公司业绩的增长。销售管理者应当认识到，团队需要实打实的激励，不要一味地强调荣誉和付出。

也正是因为销售工作高流动性的特点，销售团队成员之间的感情往往很深厚，也正是因为职业生涯的不安全感，他们之间会结成互助关系，形成非常强的线下凝聚力，也就是常见的"拉帮结派"，这是销售团队成员有效的职场生存策略。在很多销售型组织中，我们会看到销售人员的招聘大量来自老员工推荐，有老乡、校友、前同事等。也正是因为这种心态，所以他们对集体的荣誉比较看重，销售经理可以设计一些团队比赛，并且设置实质的奖励和荣誉，往往可以点燃销售人员的斗志，让他们充分参与。

而在工作之余，销售人员私下的友谊也会延续，经常一起喝酒、吃饭、娱乐。优秀的销售管理者往往有比较高的团队内威信，除了经理的身份，往往也是大哥、大姐的角色。如果员工的工作出现过错，他们的批评可以做到简单、直接。就算是偶尔比较强烈，员工也大都会比较好地消化掉。而销售经理的认可和表扬，也更被销售人员所看重。

最后，正向激励和负向激励用俗话说就是奖惩，这两者要平衡使用。 使用时要遵循以下原则：

正向必奖，负向必惩，奖惩及时，循序适度。

正向必奖，负向必惩：这两句话非常容易理解，我们不做过多解释。如果团队做出了成绩或者取得了进步，管理者一定要敏锐地察觉并且给予肯定，这样员工才有动力持续提高。如果个别员工犯了错误，一定要实时处理，否则不良的行为就会持续蔓延，乃至于造成更大的伤害。这种处理可以是制止、口头批评，甚至是惩罚。

奖惩及时，循序适度：及时的奖惩制度对于维持销售团队的高效运作至关重要。当员工犯错时，管理者应立即进行适当的处置，以阻止错误行为的继续发生，并防止对业务和团队造成更大的伤害。同样，当员工取得成就时，也应实时给予表扬，并将这些成就反映在当期的绩效评估中。这样可以确保激励措施的有效性，增强员工的积极性和满意度。

如果奖励延迟，那么之前的成就可能会失去其应有的激励效果；而如果惩罚被拖延，尤其是对于那些已经过去一段时间的错误，不仅可能引起员工的不满和怨恨，而且也不能有效地起到警示和教育的作用。惩罚的目的是纠正错误行为，并提醒其他员工注意，而不是为了伤害犯错误的员工。

因此，管理者应当采取及时和恰当的管理措施，既要能够迅速纠正错误，又要能够及时表彰成绩，以此来维护团队的正义和秩序，促进团队的健康发展。这样的做法将有助于构建一个基于相互尊重和公平的工作环境，员工知道他们的贡献会被认可，而错误会得到及时的纠正。

当你看到房间里有一只蟑螂的时候，房子里往往已经有一窝蟑螂了；当一个造成重大损失的过错发生的时候，往往很多小的过错已经发生多次了。管理者如果对小的过错不闻不问，而是等小的过错慢慢积累成大的过错，新账老账一起算，施以雷霆手段，不仅为时已晚，于事无补，并且管理难度会加大，甚至会造成重大业务损失和人事风险。

同样的道理，员工取得的卓越成绩往往是基于长期的努力和持续的进步。如果管理者忽视这一过程中的辛勤工作，仅仅在成功时给予一次性的奖金，那么这样的激励措施可能不仅不会得到员工的感激，反而可能被视为对过往努力的一种补偿，甚至被认为是拖欠已久的。

因此，管理者应该关注员工在整个工作过程中的表现，包括他们的成长、积累和稳定输出。及时地认可和奖励这些努力，可以更有效地激励员工，并增强他们对公司的忠诚度和归属感。当员工感受到公司对他们长期努力的认可时，他们更可能将这种认可视为对其价值的肯定，而不仅仅是对最终成果的奖励。

更重要的是，如果管理者在员工成长的过程中给予足够的指导和鼓励，一定可以加速员工的成长，让员工更好地成长。当员工取得重大成就的时候，他会认为领导的栽培是他的成就不可或缺的，他会认为是公司成就了自己，他对于来自公司和领导的嘉奖也会更加感激。

所以，对于员工每个小的成就，都应该有一个小的嘉奖，可以是口头的表扬、当众的肯定、小礼物、绩效评定等；对于员工的每一个过错，都应该有个实时的反馈，可以是口头批评、复盘检讨、书面警告等。奖惩的轻重要符合成就或过错的程度。而不要一上来就对大的成就进行重奖，或者对大的过错进行重罚。

如果抓住一点错误就重罚，过度使用负向的激励，那管理未免就太严苛了，会打击团队的积极性和主动性；如果一味地奖励，那是靠金钱"贿赂"下属，奖励的边际效用会递减，边际成本就会越来越高，大家对于奖励习以为常，最终也会失去积极性。管理者需要平衡使用正负激励，做到有奖有罚、奖惩分明。

管理需要的是稳定的预期，管理不需要"惊喜"，奖励与惩罚都不要太突然。

五、强大心力，能够承压

成为经理并进入人事管理层是职业发展的一个重要转折点。在这个分水岭之前，工作主要聚焦于个人的执行和成果；一旦成为经理，职责便转变为关注整个团队的绩效和发展。作为管理者，其角色转变为人力杠杆，旨在激发和优化团队的潜力。

在这个过程中，管理者需要承担压力和责任，就像杠杆在撬动物体时会受到力的作用一样。如果杠杆的韧性不足，承重的时候就会折断；如果管理者的能力、心力不够强大，那么他们可能会面临挑战，甚至可能导致团队的瓦解。

因此，作为管理者，不仅需要具备强大的个人业务能力，也需要有个大心脏，承受来自于各个方面的压力，化解团队负面情绪，以饱满的热情面对团队，创造一个积极的工作环境。

经理要对业绩负责，还要对人负责，并且要责任到人。以前作为一个销售人员，如果完不成业绩，大不了自己出去找工作。但如果一个经理把团队搞砸了,很有可能团队被裁员甚至裁撤,那就是一群人丢了饭碗,经理需要为更多人负责。

如果团队内有业绩长期不达标的员工,也看不到他有提高,那经理必须要做出艰难的决定,并且采取果断的措施:给负面评价,给低绩效,扣罚奖金,降职降薪,甚至解雇。这些工作都很难,有时会面临员工的激烈反抗,有时候会面临员工情绪崩溃,有时会感到强烈的自责,管理者需要有一颗大心脏来应对。

管理的团队越大,人事纠纷有可能就越多,人事矛盾处理起来非常耗费心力。经理必须能够管理自己的情绪,控制自己的行为,面对员工的负面情绪和攻击性行为,首先要能够做到不为所动,不升级对抗;并且,保持冷静和理智,化解矛盾和冲突。当经理和员工发生纠纷的时候,很多经理会随性而为,与员工直接对抗,最后两败俱伤。

职业生涯往高阶走,就要处理更加复杂的利益分配,经理很难让所有人满意,团队越大,这种不满意就越多。比如:经理的销售额总需要拆解到团队每个销售人员头上,每个人都想要小一点的目标;经理的销售区域也要分拆给团队每个销售人员,每个人都想要大一点的地盘;年终奖的预算是有限的,很难做到让所有人都满意;如果绩效需要强排,那被打 C 的人肯定不开心。经理如何做到公平、客观,同时又照顾到所有人的主观感受?

这些都非常消耗心力,"心力交瘁"说的也许就是这个意思吧!销售经理需要抗住压力,凝聚团队,培养他们以提高业务能力,鼓舞团队以提高士气,并且监督团队以提高工作效率,当他们遇到困难的时候及时介入,亲自进行战斗,赢下一张张订单。

管理者扮演着关键的中间角色,作为上级和团队之间的中间人,他们需要确保问题不会直接传递给高层管理者。这包括各种类型的问题,如人事、业绩、管理等方面的问题。管理者的职责是在问题波及更高层之前,将其妥善解决,或至少进行初步处理。如果每个管理者都让问题自由向上传递,那么公司最高管理层将面临巨大压力。

在团队面前，管理者代表公司，负责传达公司的战略、使命、价值观、计划和目标。管理者应该充分理解这些内容，并有权利对其进行解释和做出决策。

在公司面前，管理者代表团队，传递一线业务的反馈，做出承诺，并确保实现目标。管理者与团队是一体的，团队的问题就是管理者的问题，团队的成就也是管理者的成就。

因此，管理者需要具备解决问题的能力，同时也要具备沟通和协调的技巧，以确保团队和公司之间的信息流畅传递，问题得到及时处理。这样，管理者不仅能够保护公司高层免受问题的直接冲击，还能够确保团队的需求和成就得到公司的支持和认可。

在一个销售组织中，销售经理是最基层的管理者，销售经理对基层业务人员有最直接的影响力，是管理层和一线业务人员最直接的纽带，所有的战略、规划、计划、目标、文化都是通过销售经理落地的。销售经理的队伍的执行力是公司战略执行力的保障。想要管理好销售人员，必先管理好销售经理。

公司需要对销售人员进行严格的优胜劣汰，所以销售人员的流动性很高；但销售经理则需要相对稳定，因为销售经理是优胜劣汰机制下的胜出者，他们都是经验丰富的销售老兵，沉淀了丰富的经验、资源、人脉，是公司需要保留的对象。俗话说"铁打的营盘，流水的兵"，如果销售人员是流水的兵，那么销售经理团队就是铁打的营盘，稳定的销售经理群体是团队的压舱石。

销售人员数量庞大，战场战损率极高，职业生命周期非常短，而销售经理能从里面冲杀出来，并且生存、发展到职业生涯后期，他们必然有过人的本领。一般来讲，他们有几个明显的特质：

第一，销售人员是企业里面可以直接感受到竞争之残酷的群体，他们每天要么在被淘汰的边缘挣扎，要么淘汰别人。所以销售人员有更强烈的竞争意识、经营意识和执行力。企业的竞争本身就是残酷的，但是淘汰周期更长，大部分员工无法切身地感知。而有强烈竞争意识、经营意识、执行力的人，更加适合领导整个组织。

第二，优秀的销售人员都有一颗冠军的心，冠军文化是刻在每个销售团队骨子里的。这个是由销售的工作性质、薪酬结构、竞争氛围决定的，追求高绩效、永不言败、永不躺平是销售冠军的DNA。没有销售基因的销售人员都被淘汰了。

第三，优秀的销售人员有极强的单兵作战能力，以及解决问题的能力。销售人员的工作业绩清晰明了，能力孰高孰低对比鲜明、一目了然，不依赖多部门协同，也无法甩锅。销售人员的工作没有标准答案，虽然有SOP，但是实际情况总是变化的，需要非常灵活地应对，找到问题所在，并且自己给出答案。不会做菜的人，也许可以点评菜品；但没有打过仗的人，是不能带兵打仗的。

第四，优秀的销售人员拥有较高的情商，为人处世比较得体，不卑不亢。这一点显而易见，销售人员与客户建联、维护客情、长期合作靠的就是高情商。而良好的情商是领导力的基石，优秀的销售人员一般有成长为优秀管理者的潜质。

第五，优秀的销售人员对市场、对产品、对客户、对竞争对手有非常直观、清晰的感知。

市场喜欢什么？潮流是什么？销售人员最清楚。

产品好不好卖？有什么缺陷和改进点？销售人员最清楚。

客户满不满意？哪里不满意？哪里满意？销售人员最清楚。

竞争对手在进攻？在苦苦支撑？还是已经放弃？近期有什么动作？销售人员最清楚。

销售人员的信息来自大量客户的直接反馈，样本量大、反馈真实、维度全面。

但一般来讲，数据分析、运营策略制定、流程设计、框架搭建等领域并非销售人员的专长，如果销售人员可以补齐这一课，无疑会产生巨大的化学反应，让销售人员拥有更高的视野和更广阔的职业发展路径。

这也正是为什么大部分销售管理者都有一线销售经验，甚至很多企业 CEO 也都是销售、BD 出身。销售经理作为销售人员中的佼佼者，是企业培养的重点人才。

很多优秀的销售人员、销售经理有着非常优秀的特质，有丰富的经验和资源，尤其掌握了一定的基盘客户，并且掌握了获客能力。他们如果离开了公司，在市场上的生存能力也是比较强的。只要找到货源，对接到合适的供应商和供应链，就可以高成功率地创业、展业。他们也是公司宝贵的资产，需要留存的人才。

在多年的销售从业经历中，我也观察、访谈了多个行业的销售经理，收集了销售经理每天都必须要做的工作内容，并以此梳理了一套销售管理标准操作流程，包括销售经理岗位的三个核心功能，并具体化到每天必须做的六件事情。为了容易记忆，我将其称为销售经理的"三功六事"，刚好和销售人员的"三段六式"凑成一对。

销售经理的"三功六事"是销售经理的标准操作流程，不见得 100% 适合每个公司和你所在的岗位。该标准操作流程依然需要基于你所处行业、你的公司、你的公司的产品的市场定位，进行定制化开发。

销售经理的"三功六事"不是一个通用的管理者手册，并不追求大而全地覆盖所有工作内容，也不过多论述跟销售无关的管理职责，低频的管理动作也基本不涉及。销售经理的"三功六事"只关注销售经理每天的工作内容，以及如何去做，我称之为"销售经理的一天"。

在千头万绪的工作中，在激烈的市场竞争中，在巨大的业绩压力下，希望这套销售管理标准操作流程能够对各位有所帮助、有所启发，帮助各位取得更好的职业发展。

第 3 节 销售经理的一天

销售经理要做的事情有很多，但我们把最重要的归纳一下，主要围着以下三个目标。这三个目标是这个岗位的核心功能，也是销售经理的主要"战功"。

- **抓文化**：打造积极向上的冠军文化，维持高昂的士气。
- **抓纪律**：严格捍卫纪律、规则、制度，确保销售铁军的执行力。
- **抓业绩**：通过各种手段促进业绩达成，提高团队的战斗力，并且确保得到战果。

销售经理的每一项工作都要朝这三个目标努力，而每天必做的有六件大事，我们按从早到晚的顺序排下来。

第一事，早晨开晨会：一日之计在于晨。

第二事，上午盯业务：躬身入局，参与战斗。

第三事，午餐会交流：名师带高徒，及时复盘。

第四事，下午盘策略：运筹帷幄，统筹全盘。

第五事，傍晚开夕会：苟日新，日日新，又日新。

第六事，晚上加餐：帮扶后进，不叫一人掉队。

下面让我们逐一进行介绍。

一、三功

1. 抓文化

文化、价值观对一个销售组织是至关重要的，我会把"抓文化"放在销售经理的"三功"之首。

首先,"抓文化"才能让公司的战略顺利落地执行。

- 管理十人团队,管理者应该和每个人成为好朋友、好兄弟、好姐妹。
- 管理百人的团队,管理者会给他们分工,制定流程和规则,并且尝试认识每个人,虽然见面时会偶尔忘记某人的名字。
- 管理千人,甚至更大的团队,管理者会感觉在开一台大型轮船,难以灵活操控,但是它自己会按照惯性往前走。并且管理者不可能认识船上的每一位船员和乘客。

所以我们提到:

- 小型团队的管理靠人际关系。
- 中型团队的管理靠流程和规则。
- 大型团队的管理靠方向和信念的拉齐,包括战略方向、使命、愿景、文化、价值观。

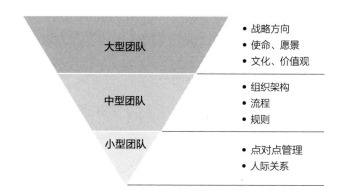

虽然销售经理所管理的团队是个小型作战单元,但一个销售小组也是一个大型企业的一部分,需要深度认同公司统一的文化、价值观。如果企业高层的使命、愿景、价值观不能够被基层理解和接受,那企业就不是一个有机的整体,各个基层业务单元就是一个个的小帮派,公司也就成了由一群小帮派加盟而成的乌合之众。这样的企业没有什么竞争力,遇到挫折就会溃散掉,打不了硬仗。

如果销售团队成员不认可公司文化,不认可公司的使命和愿景,也就无法理解公司的战略。如果一线业务人员不理解公司的战略,就不能理解战略的具体举措,如规划、计划、项目、指标、变更等,那么这些举措就无法很好地落地。如果战略无法落地,那企业就会迷失方向,企业这艘船就只能向前开,直到触礁或者撞上岸。如果企业大了,没有良好的企业文化,就没有统一的战略方向,也就没有长久的业务。

其次,"抓文化"能够有效提高团队士气。

战略落到基层,就是具体的业务,销售经理相应地提高团队的业务能力,就能够落地企业战略。

文化落到基层,就是团队的氛围,销售经理根据企业文化打造团队氛围,就能够提高团队士气。

业务能力是销售人员对竞争对手的物理攻击。

团队士气是销售经理对组织施展的魔法加成。

业务能力是脑力。

团队士气是心力。

脑力,让你掌握谋生的知识和技能。

狩猎者的脑力是熟悉丛林中每种动物的习性和每种植物的功效:狩猎者可以布置陷阱,投掷标枪,捕获猎物。

耕作者的脑力是熟悉作物的生长规律和节气变化:耕作者可以安排农事,计划一年的劳作,收获食物。

工匠的脑力是熟悉物件的制作工艺和各种材料的属性:工匠娴熟地制作出瓦罐、竹席、刀剑、家具或者房屋。

销售人员的脑力是产品知识、行业知识、"三段六式",让你打败竞争对手,赢得订单和佣金。

心力,让你可以在困难的局面下坚持战斗,让你团结群众的力量,实现更大的目标。

心力让个体团结起来,形成了部落,部落可以更好地保护个体,可以更好地组织耕作,组织更大型的狩猎,从而让闲暇的个体从事手工业和政治、军事活动。

心力表现为虔诚的信仰、强大的动员能力、野心与欲望、隐忍与退让……部落相互征战、妥协、结盟,逐渐形成了国家,形成了更加璀璨的文明。

心力让领导者魅力四射,让追随者无比坚定,让军事家雄心勃勃,让士兵舍生忘死。

心力让销售人员克服工作中的困难,步步高升,从新人坚持到高管。

心力是感性的力量,是影响自己和他人的心理活动、情绪状态,让员工在艰难的竞争中永不放弃。

一个健康、积极、向上的企业文化可以有效地提升组织成员的心力,让组织始终保持旺盛的斗志,让团队成员面对重重困难也能够持续、稳定地输出。

企业文化的简单表述往往只是其核心理念的浓缩,它们有时也会被称为价值观、使命、领导力原则……往往是几句话,或者是几个好听的词语,加上诠释的语句通常也不过百字。而这些理念的真正价值在于它们在日常工作中的体现和实践。如果企业有硬性要求,员工也都可以朗朗上口地背诵,但日常实践效果如何往往不得而知。很多公司搞文化建设就是口号上墙,但是墙上挂着一套,员工实际操作另外一套,根本起不到效果,反而让员工觉得公司很虚伪。

而战略太高深、文化太缥缈、企业太复杂、高管太忙。基层管理者需要首先深刻理解,并且认同企业的战略和文化,通过一件件具体的事,落地执行公司的战略;在每天具体工作中做出表率,践行公司的文化;在日常的员工管理中,督促员工做出正确的行为。

口号上墙很方便,但践行文化、价值观是需要成本的。公司必须通过制度来保障这一点，管理层在遇到重大决策的时候，也需要做出表率，践行公司的文化。比如，很多公司的文化、价值观中包含"客户第一"或者类似文案。在商业社会中，这句话非常正确，但公司是否明确定义了"客户第一"的标准？是否从客户的角度考虑了"客户第一"？是否付出了成本来确保这句话落地？

比如，某公司宣扬自己的企业文化是"客户第一"，但为了节约成本，砍掉了大量客户体验改善的项目和功能；客户的投诉率居高不下，只要不影响销量，管理层也视而不见；当发生产品质量问题时，公司会盘算到底补偿的成本高，还是客户流失的成本高，然后选一个成本最低的方案……这就会很违和，失信于员工，失信于客户。从企业生存的角度来讲，该公司做的也无可厚非，但"客户第一"就显得名不符实，改成"极致的效率"更合适。

又比如，某公司宣扬自己的企业文化是"正直、诚信"，但是在展业过程中，对客户过度销售、捆绑销售，对竞品进行抹黑，对销售人员的不端行为纵容甚至鼓励，为了赢得订单、赚取利润不择手段。该企业不如就直接说：我的价值观是"要赢！"反而更坦诚。

抓文化不是喊口号，需要公司高层把文化、价值观细化，拆解成可以执行的具体事项，拆解成可以检测的具体指标，拆解成可以调研的具体问题，然后分配给基层的管理者，由他们进行执行、落地。

信奉"客户第一"的企业，就需要分配最高的权重给"客户第一"相关的指标，如投诉类指标、复购类指标、满意度指标等。

信奉"正直、诚信"的企业，在展业过程中就要体现"正直、诚信"。比如，就需要减少价格的模糊性，避免折扣弹性和价格虚标，规范中间商的行为，放弃价格歧视策略，等等。

企业真的做到了"价值观"和实践的言行一致，就可以把自己具体的努力进行包装，并且大肆宣传。宣传责任要压实到销售经理头上。可以通过匿名调研的指标，如员工的认同度、客户的认同度、员工士气评估等，也可以通过具体的任务，包括培训、考试等各种活动，加强销售经理对成员的价值观宣贯、培训，从而让绝大部分员工都能够相信、接受、践行企业的文化、价值观。

一个文化健康、积极、向上的团队一般有以下几个特点：

绝大部分员工对自己的企业充满了自豪感。

绝大部分员工对企业文化、价值观、使命深信不疑。

绝大部分员工是企业产品的忠实粉丝，自愿花钱购买、使用。

绝大部分员工会主动维护企业的利益，哪怕并非自己的职责所在。

绝大部分员工会对外充分表现自己对公司的热爱。

如果不是绝大部分，而是只有少部分员工，甚至只有高管这么想、这么做，那这个企业的文化就是有问题的。

文化、价值观做得比较好的企业，在日常的销售中，员工会主动、自发、自豪地宣传企业的价值观故事，并试图以文化、价值观打动客户，这样文化、价值观才会真正起到作用。有一次，我在看车的时候，曾经有个品牌的销售人员自豪地介绍：他们店是厂家直营的，他是该品牌的员工，他们公司的车都是好车，做工、用料、品质、技术都不用怀疑，他是从某国际车企跳过来的，就是看重了这个企业的发展……

这个销售人员由衷地认可自己的公司，充满了自豪感，他的介绍热情而充满信仰，也深深地打动了我。可惜我只是去做调研的，不然我就买了。

2. 抓纪律

付出诚实的劳动，赢得美好未来；热爱你的事业；多做事，快成长……

这些是价值观，如果员工信奉这些价值观，就会每天努力工作，甚至主动加班。

按时出勤、不旷工、不早退。

这些是纪律，员工为了避免触犯纪律，不得不每天按时上下班。

文化、价值观让员工主动做正确的事情，纪律让员工被动杜绝错误的事情。

文化、价值观是正向的，纪律是负向的。

文化、价值观是软的，纪律是硬的。

销售经理的第二功就是"抓纪律"。

第一，所有的文档化、制度化的规则都是纪律，包括《员工手册》《业务行为规范》《红线管理》《销售SOP》《新媒体运营规范》《国庆节排班表》《××小组公约》《××门店晨夕会管理办法》等。尤其是对于销售人员来讲，考勤、仪容仪表、客户接待、语言规范、行为规范、门店值班、舞弊等行为和相应处罚都应该在文档中明确定义，并且走公司正式流程，审批通过后坚决执行。

以某销售团队的晨夕会纪律为例：

- 晨会时间为每个工作日9:00，夕会时间为每个工作日18:00。（以城市考勤时间做调整）
- 销售人员请假或有特殊情况迟到需在会前通过企业微信向销售经理报备，销售经理需在会前将请假名单报备至销售运营，未报备按照迟到或旷会处理。
- 晨夕会期间，禁止玩手机、接打电话（合理安排与客户沟通的时间），特殊情况需向销售经理报备。

反之，经理随便立的规矩不是纪律，领导的讲话不是纪律，有可能是一个具体安排。上级的安排需要服从，但不可以对违背者扣上违反纪律的大帽子，更不要滥用处罚，否则就会让团队变得非常唯上，气氛变得不民主，凝聚力变差。违反纪律才能进行处罚，经理自定义的处罚属于"私刑"，被处罚者往往不服气，也有可能不合规，给公司和管理者带来麻烦。

第二，纪律往往附带着违反之后的处罚标准，但制定纪律的目的是为了规范行为，而不是惩罚。销售经理抓纪律是盯住不让人违反纪律，而不是眼睁睁地看着别人犯错误，然后伺机进行处罚，这就成了"钓鱼执法"。纪律发布前需要形成共识，发布后需要教育，不要冷不丁发布个纪律，然后强力执行。处罚前也务必进行警告、劝诫，如果持续违反才执行处罚。

子曰："不教而杀谓之虐。"

虽然销售工作强调执行力，强调铁军文化，抓纪律是销售经理重要的工作，但销售经理也要秉持"菩萨心肠，雷霆手段"，通过抓纪律来规范销售团队的行为。

第三，如果员工确实违反了纪律，经理也履行了充分教育、告知的义务，那还是要严格执行，标准统一，持之以恒。

不能亲疏有别，采取双重标准，这会让纪律的权威性受到严重的质疑。

不能严以律人，宽以待己，这会让经理的权威性受到严重的质疑。

不能忽紧忽松，运动式"抓纪律"，这会让员工无所适从，很容易造成大面积违纪，又大面积处罚。

3. 抓业绩

"抓业绩"作为销售经理的三大职能之一，放在最后不代表它不重要。业绩是销售工作的核心，销量是销售团队成功的关键衡量标准，它直接关联到公司的收入和市场份额。销售经理的主要职责之一是确保业绩目标的达成，这需要通过有效的销售策略和执行力来实现。

"抓文化""抓纪律"本质上是为了确保业绩的达成。积极的团队文化和严明的纪律是建立高效团队的基础。它们能够提升员工的士气，增强团队协作，从而提高业绩。良好的文化氛围能够吸引和保留优秀的销售人才，这对于长期的业务增长至关重要。

只有树立了积极、健康、向上的团队文化，氛围和谐，纪律严明，才有了高绩效的土壤。罔顾低落的士气、混乱的秩序，在乱象丛生的团队抓业绩无异于痴人说梦，缘木求鱼。

二、六事

1. 早晨开晨会：一日之计在于晨

不管是零售行业的销售，还是大客户销售，我都建议销售经理每天开个销售晨会。

有线下门店的零售企业普遍9点左右上班，和大多数企业的上下班时间保持一致，比较容易组织开晨会。开晨会也是很多零售行业的惯例。

大客户销售人员需要经常出外勤或者出差，开晨会并不普遍，但我依然推荐在月底、季度末、年底的业绩冲刺期用开晨会的形式加强管理。大客户销售人员中存在以见客户的名义迟到早退，私自在家办公，甚至旷工的现象。如果形成了惯例，甚至成了企业的文化，对销售团队的战斗力是一个非常大的折损。

跑外勤的销售人员是需要灵活度，但不代表可以纪律涣散。如果时间允许，所有销售人员可以先回公司开晨会，然后再各自出去跑客户。如果有必要，如业绩特别差，或者项目特别紧急的时候，也需要晚上回来开完夕会再下班。如果和客户见面的时间冲突，则需要提前请假、报备。

有的销售人员散落在全国各地，销售经理对他们远程管理，在这种情况下，更有必要开晨会。本来销售团队就先天松散，经理缺乏客户、市场、竞品、供应商、团队成员的第一手信息。成员日常就比较松懈，没有被发现；业绩落后，经理也难以诊断问题；到了最后，业绩没有达成，经理缺乏充足的信息和洞察，也只能相信成员的借口和说辞，而无法进行追责。如果缺乏管理，团队就会名存实亡，业务就会垮掉。所以，更要按照"六事"进行团队管理。

正如标题，一日之计在于晨，开晨会是销售团队打开一天的正确方式，开晨会有几个目的：

- 提振精神，鼓舞士气。说白了就是刚起床没多久，给大家醒醒神，开工了！
- 快速部署当天的工作，强调一下当天的目标，开夕会的时候要检查的内容！
- 如果有重要信息，顺便同步一下。

晨会的时长控制在 15 分钟以内，尽可能简短。所以晨会尽量采取站会的形式，一是可以控制时长，二是有助于醒神。

晨会规模以 20 人以内为宜，成员可以围成一圈，或者一字排开，所有人在经理面前一览无余，经理说话可以被每个人清晰地听见。可以以销售团队为单位开，也可以以门店为单位开，也可以以公司为单位开，主要是控制人数，不要把晨会开成大会。大会集合起来就很浪费时间，如果有人迟到，稀稀拉拉的特别影响士气。如果管理者控场能力不足，团队纪律性不强，下面可能有人开小差、小声嘀咕、人进人出，非常影响效果。

▶ **晨会流程** ◀

晨会的流程可以参考以下几个步骤。

（1）考勤和形象检查（2 分钟）。

1）报数，销售经理通报每组考勤情况。谁迟到了，公示一下，表示警告，会后销售经理需统计迟到、旷工情况。

2）检查仪容仪表，对不符合标准的进行提醒，对离谱的（准备穿拖鞋、短裤见客户）要求回家更换。

（2）晨会问好和士气提振（1 分钟）。

声音洪亮的集体口号可以提振精神，让团队集中注意力。

参考话术：

经理：××的同事们，大家早上好！

销售：好！很好！非常好！

外人可能会觉得喊口号这件事情很奇怪，或者很低级，但对于销售人员来说是非常有必要的。销售部是一个企业的战斗部，销售人员是企业的战士，需要直面市场上最残酷的竞争，是企业竞争中战损率最高的一群人。销售是一个极其依赖能量值的职业，即使每天要经历无数的挫折、冷眼与嘲笑，销售人员依然需要长时间维持高昂的士气和斗志。

对于销售人员来讲，集体主义是必须要坚持和践行的，集体主义可以极大地增强团队的战斗力，提高团队韧性，维持团队的高产出。有仪式感的集体活动是提振士气的有效方式，喊口号可以瞬间让团队成员集中注意力，当然还有其他的方式，如集体鼓掌，以及召开交心会、表彰大会、誓师大会、庆功会等。销售管理者应该学会使用这些工具，在每天劳心劳力的竞争中，带领团队坚持战斗，取得骄人的业绩。

(3) 目标达成回顾（5分钟）。

1）总体目标进度。如有多个小组，强调组与组的对比、竞争。

2）该表扬时就表扬，该批评时就批评。注意当众表扬个体、批评团队。除非处罚通报，否则不要当众批评个人，人家脸上挂不住。

(4) 重点信息透传（5分钟）。

根据实际情况安排。如更新政策、强调纪律。

(5) 鼓舞士气（2分钟）。

再次鼓舞士气，适当来口鸡汤，来点爱，不要太多。以响亮的三次鼓掌结束。

然后大家解散，开工。

一共用15分钟的时间搞定，精神焕发地开始新一天的战斗！

2. 上午盯业务：躬身入局，参与战斗

开完晨会，销售经理千万不要自己跑到办公室一屁股坐下，然后闷头对着电脑。我们说过，销售经理不能脱离一线业务，趁着业务高峰期的大好时光，要躬身入局，参与战斗，指导、帮助销售人员做单，并且自己也能够及时获得第一手客户洞察和市场信息。

在这里需要说明的是每个行业不同，有的行业业务高峰期在下午，有的在晚上，有的分几波高峰期。我在这里只是打个样板，设计上午盯业务，但切不可生搬硬套。销售经理什么时候盯业务，要取决于什么时候是业务高峰期。

盯业务的重点是"盯"，这说明经理尽量不要打搅正常的业务进行，毕竟这是在业务高峰期，销售人员很忙，客户很多。如果发现存在问题，经理可以记在小本上，晚点在午餐会的时候1对1给予反馈，或者在夕会的时候跟团队一起协商。但如果发现需要及时纠正的问题，或者销售人员需要经理的帮助，经理也需要果断出手。

盯业务包括以下几个内容：

巡检督查。

聆听客户。

处理高优事项。

（1）巡检督查。

巡检督查的对象是整体的门店，包括门店的位置、形象、5S、流程、人员、体验，主要有以下内容：

- 门店客流是否有变化，动线是否合理，附近是否有竞品或其他影响因素出现。
- 门店环境，需要满足5S要求。每日打扫卫生，保持门店干净整洁，商品陈列合理。
- 销售人员的仪容仪表、精神风貌。个人装束、发型、卫生是否得体。

- 是否正确佩戴工牌，是否执行销售 SOP，话术是否合适。
- 日常在门店内进行巡查，对销售人员的工作进行监督和指导，及时解决销售人员/客户的问题。

（2）聆听客户。

顾名思义，聆听客户是了解客户的想法，包括需求、诉求、反馈、问题等，也了解销售人员对于客户的应对。聆听客户有以下几种形式，包括：

- 销售听音。当销售人员通过信息系统拨打客户电话时，销售经理接入系统听音，在不介入的情况下观察销售人员和客户的对话，从而发现问题，提出指导，帮助销售人员改进，获得客户洞察。
- 客户陪访。销售经理每日选择不同的销售人员（以中尾部销售人员为主）进行陪访，发现销售人员存在的问题并记录下来，在夕会进行分析、讨论。陪访以旁听为主，帮助为辅。在谈单的过程中，主动权要交给销售人员，如销售人员无法搞定客户，销售经理再出手帮助。

（3）处理高优事项。

处理高优事项包括资源调配、协作方沟通、营销活动跟进、客诉纠纷等事项。各个行业大相径庭，我在此就不一一赘述了。

3. 午餐会交流：名师带高徒，及时复盘

很多管理者喜欢把自己锁在"深闺"里，团队不大，却给自己安排一个办公室，闲着没事待在里面，还经常锁着门。我建议不要这样做，我本人对团队有几个具体的要求：

- 除非开内部会议，管理人员尽量不要在公司写字楼办公，要在业务现场办公，有门店要在门店办公，有项目要在项目组办公。
- 门店不设店长办公室，管理者需要和团队坐在一起。
- 管理者必须定期和成员一对一沟通，而午餐会就是一个非常好的场合。

吃午饭是一个和团队成员1对1交流的好时光，千万别浪费在一个人单独进餐上。吃饭的时候，经理更多的是以一个"自然人"的身份和同伴用餐，顺便聊天；而不是以"上级"的身份开会，顺便吃饭。这时候，员工不会把经理视作一个管理自己的人，而会把经理看成一个"饭搭子"，大家不是对立的，而是一伙的。忙碌了一上午，往往饥肠辘辘，吃午餐的时候多巴胺会大量分泌，人通常感到非常轻松愉快，这个时候，各种建议、指导、批评可以更加顺利地指出，也更容易被接受。管理者不要浪费这么好的沟通机会。

午餐会是个笼统的概念，我想要强调的是每天需要和一些业务人员进行小范围沟通，目的是对团队成员进行辅导，并且从一线获取更多的信息和反馈。形式未必一定是午餐，可以是找个闲暇时段和员工散个步，溜达着聊天；也可以是中午一起喝杯咖啡；也可以是一起喝下午茶；也可以是一起在办公室找个房间聊一聊。重点在于找个安静的地方，花个30到60分钟的时间，轻松地和员工坦诚沟通。

午餐会一对一沟通要以尾部销售人员、销售新人为主，频率可以高一些，每一两周就要聊聊。尾部销售人员、销售新人因为业绩不达标的流失率是最高的，业绩垫底总是会被动、主动地离职。但改进总比离开划算，管理者需要让自己的团队减少战斗中减员。管理者要多关注尾部销售人员、销售新人，主要关注工作中存在的问题、遇到的困难、心中的困惑，从而帮助他们成长，提高新人成材率，帮助后进销售人员提高，避免减员。如果能够帮助他们提升业绩，便可以极大降低招聘成本，避免士气受挫，避免工作交接中的折损。

午餐会不要天南海北地瞎扯，不要聊太远大或者空洞的内容，午餐会不是闲聊。午餐会中可以偶尔闲聊，但是午餐会是工作的一部分，目的一是老带新，培养新人和后进；目的二是听取业务人员的反馈，获取一线业务的信息和认知。

销售人员见客户不打无准备之仗，经理和销售人员进行一对一午餐会也要有所准备。所有有目的的会面，都需要提前准备一下，午餐会的目的就是对员工最近工作的复盘和指导。经理需要简单梳理一下该员工之前的一系列表现，包括成长、优点、不足、问题、困惑，有针对性地进行复盘和指导，在短短的午餐时间达到沟通的目的。

首先，最好基于上午听音、陪访，给销售人员做出具体反馈，不管是批评还是表扬，针对具体细节更加容易让人接受。如果经理泛泛地给出一些标签化、印象化的批评，员工的第一反应一般是否认，这样就很难进行改进。上午经理亲自花时间观察销售人员接待客户，如果有针对性地提出改进意见，销售人员一般会马上唤醒回忆，有问题是赖不掉的，只要承认问题就可以改进。并且经理反馈得越具体，销售人员会越能感受到经理对自己的重视，也就会同样重视经理的反馈。

错误的指导，员工拒之千里。

经理：小明，你最近跟客户沟通的时候都不挖掘需求。

小明：有吗？没有吧？

经理：有啊，你记得上周有个……

小明：哦，是吗？

面对正确的指导，员工甘之如饴。

经理：小明，我发现上午你跟进了两个客户，客户问你某款车型的情况，你介绍了半个小时，结果客户走掉了。

小明：唉，真倒霉啊！

经理：这是因为你没有挖掘需求就开始卖了。

小明：那咋办？

结合最近发生的事实，让员工意识到问题所在，结合具体案例进行具体分析，但更重要的是系统性地给出解决方案。如果经理只能够零敲碎打地给出一些反馈，效果不见得好，销售人员该犯错的时候还是会继续犯错；如果可以把销售人员的问题进行汇总,分析底层的原因,销售人员就可以彻底改进,业绩飞跃式地提高。

通过午餐会这种轻松愉快的场景,系统性地帮助销售人员分析自己存在的问题,传授销售的方法论和打单技巧,经理也会和销售人员建立比较强的个人情感连接。销售人员需要和客户建联,经理也需要和团队建联,一个彼此有情感连接的团队才是个有战斗力、有士气的团队,才能在激烈的竞争中拿到业绩。

4. 下午盘策略:运筹帷幄,统筹全盘

销售经理作为管理者,不可避免也需要做大量案头工作,对整体的策略、人员管理、业务经营状况进行通盘的分析、思考、决策。

人员管理:招聘、业绩排名、表现评估、培养和指导方案、激励与处罚、末位淘汰等。

团队管理:激励计划、团队竞赛、部门绩效评估、资源分配、部门调整等。

业务管理:目标和进度、收入和成本、各个绩效指标的状态、销售报表的整理与阅读等。

由于这一部分各个行业和岗位差异很大,我就不展开讲述了。

5. 傍晚开夕会:苟日新,日日新,又日新

夕会和晨会的作用是不同的:晨会以鼓舞士气,开启一天为主要目的;而夕会是每日的复盘,发现问题,解决问题,让团队、销售人员每天都要变得更好,每天都有新的成长。

夕会不是站会,需要大家坐下来,需要数据的支撑,所有人对着大屏幕,经理带着大家认认真真做一天的复盘。

夕会不是大会,人太多效果就不好了。因为夕会需要大量对于细节的盘查、询问、讨论,如果太多人参与效果就会非常差。要么七嘴八舌,会议变得非常发散;要么大部分人都处在等待状态,跟目前讨论的话题不太相关,很容易走神，各干各的，会议效率很差。

夕会到了第三步"抽查、盘点"的时候，如果人数太多，如超过15人，就可以考虑分成多个小组进行。这样可以抽查得更多，盘点得更细，询问得更加深入。

▶ 准备工作 ◀

团队业务日报

销售经理导出系统数据，或者整理业务台账，汇总数据及核对，做出当天的业务日报，用于向上一级管理者同步，并且对自己的团队进行每日复盘。很多数据工作人员喜欢把报表弄得非常丰富，各种数据维度、各种过程指标、各种比例关系一应俱全，报表巨大无比，所有的小字挤在一起，这个是完全没有必要的。销售报表（日报、周报）设计有个重要的原则：

每个人只看能够影响自己的指标，比如，自己的KPI以及影响自己的指标，队友的表现，自己的排名。展示过多无用信息会加大报表阅读者的分析难度，也有可能造成信息泄露，更是无谓地增加了所有人的工作量，降低了沟通效率。不要为了展示数据而展示数据，不要为了满足读者的好奇心而呈现数据。

销售人员的业务日报只需要有两个维度即可：①销售漏斗。②相互竞争的销售单元（人、团队）的比较。如果销售的标的是完全不同的品类，可以分品类呈现。漏斗呈现的是从线索到成交的主要环节，每个环节定义一个核心指标，看这些指标的层层转化关系。销售日报的指标可以简单一点，漏斗不需要太精细化，五六个转化环节即可，也就是五六个指标和转化率。

环节与环节之间的转化需要周期，只有同一批样本的不同环节才能形成转化率关系。日报一般样本量比较小，无法看出环节与环节之间的转化率关系，所以日报只看数量即可。但是周报、月报样本量大，并且每周跟进的话，可以看清楚每周的转化率。

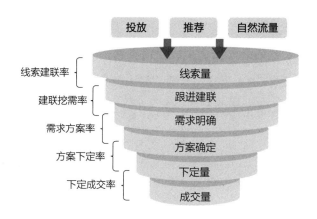

日报需要营造销售单元之间的竞争氛围，鼓励优胜劣汰，所以需要再加上相互竞争的销售单元。

	销售1组（5人）	销售2组（4人）	销售3组（5人）
线索量	42	34	28
跟进建联	21	19	16
需求明确	19	8	11
方案确定	12	4	6
下定量	6	6	3
成交量	5	2	4
人均成交量	1	0.5	0.8

销售经理看的报表尽量简单明确，一目了然，方便销售经理定位问题并且追责。上面的例子的颗粒度是到销售小组，当然也可以精细到人，方便有针对性地进行分析（数字仅为示意）。

	销售A	销售B	销售C	销售D	销售E	销售F
线索量	42	34	28	42	34	35
跟进建联	21	19	16	21	19	29
需求明确	19	8	11	19	8	19
方案确定	12	4	6	12	4	15
下定量	6	6	3	6	6	10
人均成交量	5	2	4	3	2	8

销售人员个人日报

经理如果要了解销售人员个人的业绩表现，可以通过团队业务日报。团队数据报表的来源是 CRM 系统，只要销售人员按照要求使用系统，就会有实时、精准的数据以报表的形式呈现。

- 线索量：在系统中录入线索，系统就会自动统计。
- 跟进建联：只要在系统中完善客户信息，就可以在系统中定义为建联。
- 需求明确、方案确定：在系统中填写客户需求，使用系统配置方案，并且生成报价单，在系统中申请折扣，这些动作可以被明确跟踪并且定义。
- 下定、支付、交付都会有明确的系统留痕。

所以销售经理如果想要看数据，完全不需要通过销售日报汇总，直接看信息系统的报表就好。人工的数据统计也不靠谱，要么错误率高，要么存在弄虚作假的情况。但是管理者依然有必要让销售人员每天上报自己的数据，销售日报的目的是强调销售目标和工作的进度，让销售人员对于自己的目标、进度、困难、问题有更清晰的认知，从而让销售经理和销售人员可以更高效地达成共识。

销售日报可以简短一些，不超过 100 个字，主要让销售人员自己统计一下当天的成果，做个简短的数据复盘，在开夕会前一个小时提交，发在工作群里，形成氛围，让大家提前互相比较一下各自的当天业绩。可以参考以下格式。

王小明 6 月 5 日日报：
本月目标×× 、实际完成××× 、实际完成率×%、预计完成×××
每日目标漏斗：

- 线索获取×××

- 客户跟进×× (跟进率偏低,主要是这批线索质量不高,客户电话打不通,明天需要多打一些,或者自己开拓)
- 明确需求××
- 下定量×
- 成交×
- 战败及战败原因

问题和改进措施:(进度落后/目标未达成的,必须写)

1. 今日到店量较多,目前未完成拨打量,开完夕会后继续拨打
2. 1人到店未成单,原因:××××,计划晚上再打一通电话进行确认

▶ 夕会流程 ◀

(1) 问好及提振士气(3分钟)。

1)大家工作了一天,都很疲劳,开会前经理可以与团队互动,交流一下,稍作放松。

2)提振士气,鼓舞斗志。包括:

- 向大家问好,喊喊晨会时的口号。
- 集体鼓掌,庆祝今日成就。
- 经理对今天的好人好事公开表扬。

(2) 目标达成情况分析(5分钟)。

内容包括但不限于:

1)小组整体目标达成情况,也就是团队业绩日报的展示和解读。

2)个人目标达成情况及排名,对后进者的点评。

- 进行小组业绩比拼展示,制造悬念,宣布本日、本周胜出者,刺激好胜心。
- 对胜出者、表现好的销售人员公开表扬,集体鼓掌表示祝贺。

- 避免对失败者的公开羞辱，但是可以当众展示，刺激好胜心，或者是集体鼓掌，表示鼓励。

(3) 抽查、询问盘点（15分钟）。

针对目标进度靠后，或计划与实际情况差异较大的销售人员进行抽查盘点、改进措施询问。每日选3~5个销售人员，主要是尾部销售人员和销售新人。先结果，后过程，解决方案明确，落地动作跟进：

1）询问目标差异，经理的数据与个人日报核对，盘查落后原因。

2）对销售人员存在的问题、解决方案达成共识，明确改进措施和动作，如下班后加餐、陪同谈单、加大拜访量和拨打量等。

3）最重要的是经理需要当场打开CRM，找出今天未能按预期成交的客户，经理可现场进行外呼抽检。建议经理亲自外呼，首先可以现身说法，亲自展示正确的"六式"SOP和"初次沟通四步法"，帮助销售人员提高；其次，也可以验证销售人员是否偷懒、作假、舞弊。如果销售人员的说辞和经理当场打电话从客户处听到的不一样，那销售人员就需要解释，如果解释不通那他就麻烦了。

比如：

销售人员小李在客户刘总处花费了大额的客户招待费，上周又报销了一笔几千元的餐费，但是本周依然没有按时关单，王经理在日会上当场抽检。

王经理："刘总你好啊，我是××公司销售经理老王。"

刘总："王总你好。"

王经理："上周小李过去拜访您，我本来想一起聚聚，可惜出差了，没见成您。"

刘总："谁？啥时候？"

在经理的抽检下，小李的小动作就全部露馅，客户迟迟未能成交的真实原因就浮出水面了。只要经理盘得细，小李平时偷懒，谎报军情应付领导的询查，把客户招待费挪用，虚假报销这些问题就无所遁形。

又比如：

销售人员小宋丢掉了一张高价值订单，王经理在日会上当场抽检，给客户郑先生打电话回访。

王经理："郑先生你好啊，我是××公司销售负责人王××，我们与您沟通了很久，但后来您放弃了我们公司的产品。我想打个电话回访一下，也方便我们以后提高。"

郑先生："王总你好，你是不是搞错了，我上周已经买了啊！你们的销售人员小宋给我推荐了一个代理商，还帮我申请了折扣呢。"

…………

在这通电话之下，在全体团队面前，小宋的舞弊行为被当场拆穿，有可能是飞单，也有可能是串渠道，甚至有可能小宋把假货卖给了客户，所以公司系统没有记录。视舞弊行为的严重程度和涉案金额，小宋会受到不同程度的惩处。这种当场抽检对于团队的震慑作用极大，可以极大地减少个别销售人员的舞弊行为。

也有其他可选择的动作：

- 当场让销售人员对今日未能成功建联的客户再次拨打电话。
- 请优秀销售人员帮助分析问题。
- 或提问其他销售人员遇到这种情况会怎么处理，增加团队互动，引导所有人积极思考，避免其他销售人员走神。

抽查、盘点及改进措施询问丰俭由人，如果团队业绩很好，团队战斗力很强，文化健康，那就避免过多的抽检和盘查，过度抽查会让员工觉得不被信任。抽查本身也很花时间，所有人看着经理检查一个人，其他人的注意力很难保持太久，毕竟跟自己不相关。

在这种情况下，抽查、盘点以培训、辅导为主，抽查内容包括：销售技能、销售策略、打单流程、系统使用、产品知识掌握等。在夕会上，经理可以更加轻松、愉快地与团队做案例讨论、复盘，或者安排培训活动。

如果团队业绩比较差，团队表现一般，士气低落，舞弊横生，经理需要躬身入局，身先士卒，对销售进行更细颗粒度的管理和监督，并且加大抽检的频次和覆盖面，加大对个别销售不良行为的打击力度，对不良文化形成震慑。对于那些问题比较大的尾部销售人员和销售新人，可以在夕会后单独留下来，进行加餐。不要占用团队其他人太多的时间。

（4）总结行动计划（10分钟）。

总结会议，安排后续任务，明确夕会后（或第二天）的动作，并且在后续的晨会、夕会上跟进：

1）再次同步重点事项。

2）夕会后、第二天的动作要求。

3）有力量地结束，提振士气。

4）如果有必要，给尾部销售人员、销售新人安排加餐。

6. 晚上加餐：帮扶后进，不叫一人掉队

相较于同级别其他岗位，销售人员的底薪比较低，而收入的主要部分依赖提成、奖金。如果销售人员的表现不佳，那么其收入就比较低，就算没有被末位淘汰掉，也会自动流失。如果有的销售人员持续表现较差，经理不要轻易放弃，应该有针对行地进行帮扶。

尤其是新员工，刚开始的时候因为不适应或者没有掌握方法，业绩垫底是家常便饭。新人的战损率非常高，经理要额外关注他们，否则招了一批又一批，任由他们自生自灭，公司的招聘成本很大，经理的管理成本很高，团队因为经常遭遇战损，士气也会很低落。

晚上的"加餐"之所以不叫"加班"，我并不是为了美化加班，加班是

单纯地由员工做完白天遗留的工作，而"加餐"是补课性质的，是经理针对后进销售人员的问题进行指导、培训。

"加餐"没有惩罚意味，更多的是帮助性质的。如果没有"加餐"，销售人员有可能掉队，甚至被淘汰。

"加餐"也不只是让员工自己留下来努力，更需要销售经理额外的付出，需要经理躬身入局，亲自带领，亲自示范：

- 如果销售人员的线索量不够，那么经理需要带领销售人员做拉新工作。
- 教销售人员使用线上的营销工具，如广告投放工具、各类垂直媒体网站等。
- 教销售人员运营新媒体账号，甚至亲自带销售人员晚上一起做视频，或带着他们做直播，让他们观摩、学习、实践。
- 如果销售人员的线索量不足，同时行动力也不足的话，经理甚至可以带着销售人员地推获客。
- 如果销售人员的电话拨打、话术有问题，可以组织销售人员晚上赶在客户方便的时间批量进行电话外呼，经理盯着销售人员进行外呼，并且有针对性地给予指导。
- 如果销售人员的客户拜访有问题，显然晚上不可能去找客户了，但是经理可以让销售人员留下来准备第二天的材料，如客户拜访计划、PPT材料、谈话要点、话术等。自己亲自帮助销售人员，不打无准备之仗。如果有时间，第二天经理可以跟着一起陪访，当天可以给予更多的指导。
- 经理也可以组织后进的销售人员集体"加餐"，进行培训，包括产品知识、销售技能和SOP、客户洞察、系统使用等。

"加餐"不是必要的，也不是强制性的，否则经理自己和团队都很疲劳。"加餐"是为了帮助遇到困难的销售人员渡过难关，愿意为团队付出自己时间的经理一定会得到团队的认可和爱戴。

"加餐"结束,销售人员下班出门前,一对一向销售经理沟通工作进度及第二天工作计划。

(1) 明日外呼、拜访、接待计划,核心漏斗指标目标逐一确认。

(2) 明日策略和行为改进方案的再次确认。

(3) 销售经理整理汇总后留档,确认行动计划。

附录

销售法则80条

购买心理学

法则一：人脑中有两套相对独立的决策系统，它们分别是理智与本能。

- 理智（新脑），慎重决策系统，深度思考，权衡利弊，考虑长远，负责影响重大的关键决策。

- 本能（旧脑），快速决策系统，负责处理大量简单、日常的事务。

法则二：两套决策系统在不同情况下会被激活，并且主导决策。

- 你跟对方讲感受，他的旧脑负责处理被输入的信息，就会唤醒他的感性思维，他就变得感性。

- 你跟对方讲道理，他的新脑负责处理被输入的信息，就会唤醒他的理性思维，他就变得理性。

法则三：在销售过程中，客户才是决定性的力量，客户拥有最终决定权，销售人员需要始终站在客户的角度思考问题。

法则四：不要试图说服客户，没有客户是被销售人员说服而购买的，销售人员只是帮忙参谋，并且进行引导。

法则五：个人购买和企业采购的原理没有本质区别。企业也是由个人构成的，是个人购买倾向的集体作用力结果；个人客户的大额购买也涉及集体决策，也涉及流程。

法则六：购买不是突然间就发生的单次行为，而是一个循序渐进的过程，在这个过程中，销售人员的介入越早越有利。

法则七：客户购买是由需求驱动的，需求分成了起念、寻源、权衡、明确四个阶段，我们称之为"需求全生命周期"。

法则八：拒绝会导致失败，但拒绝不是失败，只有当销售人员糟糕地应对客户拒绝之后，才会导致销售人员的失败。

法则九：拒绝的六个层次及其应对法则。

拒绝类型	拒绝程度	含义	应对法则
敷衍	☆	客户不认可，但不希望引起尴尬	切换话题，或者择日再聊
沉默	★	客户不认可，并且不在乎尴尬	切换话题，使用冷场话术，让话题继续
否定	★★	客户直截了当地不认可	继续沟通需求，相应地调整策略
提出异议	★★★	客户不认可，并且有自己的观点	尝试理解客户，并且深刻共情，求同存异
反驳	★★★★	客户不认可，有自己的观点，并且攻击销售人员的观点	可以回应，不要回击；表示理解和支持；强化共识，弱化差异
断然拒绝	★★★★★	客户中止了销售过程	三次拒绝处理原则

法则十：拒绝定律一，拒绝会累积，小的拒绝会累积成大的拒绝。

法则十一：拒绝定律二，初次交流客户不太容易拒绝你，但是，一旦客户拒绝之后，再次拒绝就再无心理障碍。

法则十二：拒绝定律三，越正式的拒绝越困难。面对面，看着对方的眼睛，拒绝对方很难；电话拒绝其次；发信息拒绝再次；发邮件拒绝相对容易；最容易的拒绝是拖延，客户的不拒绝、不承诺也是拒绝。

法则十三：成交定律一，信任和好感会累积，承诺会升级。

法则十四：成交定律二，对产品价值的认可＋对销售人员的信任＝成交。

法则十五：成交定律三，关单过程要正式，不要给客户轻易拒绝自己的机会。

法则十六：成功的销售人员一出手就成交，背后是客户好感和信任的累积，是很多个小的承诺的累积，累积到突破了购买决策所需要的临界值。

销售的三个阶段

法则十七：在购买过程中，客户会综合使用新脑、旧脑进行决策，销售人员也必须擅长感性沟通和理性沟通。

法则十八：销售人员需要综合使用多种销售策略应对客户，无法指望一招鲜吃遍天。

▶ 阶段一：以友好建立联系 ◀

法则十九：每个人都会对陌生人有防备心，尤其面对销售人员的时候防备心就更重了。因为他知道，对面这个人想要赚自己的钱。

法则二十：不要过早地开始销售，因为这会强化客户的防备心，很容易换来客户的初次拒绝。

法则二十一：在建联阶段，尽量避触发客户的新脑，要充分调动客户的旧脑，激发他感性的一面。

法则二十二：在建联阶段，销售人员以朋友的身份对客户提供帮助，会让销售人员建立巨大的心理优势，建立良性的沟通模式；而销售人员一旦把自己定位成卖东西的，客户就会获得巨大的心理优势，销售人员就会在之后的沟通中被动。

法则二十三：建联的过程也是筛选无效需求的过程，建联困难的客户往往是低意向客户。

法则二十四：建联成功的最主要标准就是，得到充足的客户信息，从而可以制定相应的销售策略。

▶ 阶段二：以理性推介方案 ◀

法则二十五：销售人员推介的产品方案必须要基于客户的真实需求，需要给客户提供价值。

法则二十六：在推介方案阶段，销售人员需要引导客户的新脑。销售人员表现得越专业，越容易打动客户的新脑，当客户的新脑接受了销售人员之后，销售人员说什么客户都能听进去。

▶ 阶段三：以感性促进决策 ◀

法则二十七：过度的对比、权衡，对客户是一种精神内耗，也耽误客户使用产品和推进业务进度；过度的需求、方案沟通，对销售人员也是一种无效劳动，不要浪费时间，马上推动客户下决定。

法则二十八：在决策阶段，销售人员需要调动客户的旧脑，让客户的魄力、勇气、冲动、感性、情绪等发挥作用。

成交的六个步骤

▶ 初次沟通（起式）◀

法则二十九：线索有保质期，越新鲜的线索价值越高，随着时间的流逝线索的价值会急剧下降。

法则三十：在初次沟通中，销售人员不需要完成全部销售流程，不需要做完所有的事情，只需要建联、留资。

法则三十一：对客户的每一通电话、每一次拜访、每一次会议，销售人员都应该做充分的准备。

法则三十二：在初次沟通中，销售人员如果展示了对客户的充分了解，会增加销售人员的可信度、专业度，消除陌生感，快速与客户拉近距离。

法则三十三：每个销售人员都应该有自己的话术库，针对常见的客户类型、销售场景、产品方案，制定出相应的话术，并且在话术库中长期维护。

法则三十四：心理暗示会自我实现，与客户沟通之前多做积极的心理暗示。暗示自己会成交，暗示客户会喜欢自己，暗示自己非常专业。

法则三十五：情绪会传染，让客户感受到你饱满的热情和友好。跟客户打招呼，不要只说"你好"，称谓可以展示你对客户的熟悉度，迅速拉近距离。

法则三十六：提前排除客户在忙的可能性，锁定 30 秒的自我介绍不被挂断。这样会展示出对客户的了解，给客户自己是熟人的心理暗示，快速拉近距离。

法则三十七：带有姓名、职务的，正式的自我介绍，可以抬高自我价值。销售人员的名字值得被客户记住。

法则三十八：沟通中多与客户互动，引导客户多给肯定的答复，建立良性沟通。

法则三十九：提前了解客户资料，唤醒客户回忆，可以赢得客户信任、积累正面响应、迅速拉近距离。

法则四十：不要一上来就卖！卖东西给客户，卖不是重点，重点是积累客户的好感和信任。

法则四十一：客户不方便时，销售人员需要主动提出另择时机致电，并敲定时间，获得客户承诺，锁定下一次的沟通机会。

法则四十二：面对客户的沉默，销售人员有责任让话题继续下去，要提前准备冷场话术。

法则四十三：客户否定不算真正的拒绝，销售人员不要放弃，要继续尝试与客户建联、沟通。

法则四十四：永远不要和客户辩论，嘴上赢了，单子就输了。

法则四十五：面对客户的异议，可以不认同，但要尝试理解，并且深刻共情，同时寻求双方观点的共同之处，求同存异。

法则四十六：面对客户的反驳，可以回应，不要回击，解释自己观点的合理性，而不要分析客户观点的不合理性；要强调共识，弱化分歧。

法则四十七：面对拒绝，不放弃、不得罪，尝试三次挽回，如果依然不行，止损保温。

▶ 明确需求（虚实）◀

法则四十八：明确需求要循序渐进，分四步走，即明确销售对象（MR. BUS）、需求挖掘、需求强化、需求收敛。

法则四十九：需求点就是痛点和爽点。

- 企业客户的购买需求主要由痛点驱动，面对企业客户，销售人员需要多挖掘痛点。
- 个人客户的购买需求主要由爽点驱动，面对个人客户，销售人员则多刺激爽点。

法则五十：企业客户的痛/爽点大都是功能性的，而个人消费者的痛/爽点大都为个人心理感受。

法则五十一：挖掘出的需求点需要进行强化，通过戳痛点、撸爽点，让客户对自己的需求更加笃定。

法则五十二：如果需求太多、太杂、太散，销售人员要引导客户收敛需求，让纷繁复杂的需求成型，长成拟推介产品方案的样子。

法则五十三：在需求沟通阶段，销售人员多提问、多附议，让客户充分表达。这时销售人员应该像个记者，而不是个演讲者。

法则五十四：在需求发散阶段，多问开放式问题，有助于客户充分表达，获取更多信息；在需求收敛阶段，多用封闭式问题，有助于减少不确定性，尽快形成结论。

法则五十五：可以与客户持有不同观点，但始终与客户持有同一立场，以客户价值为出发点。

▶ 推介方案（出招）◀

法则五十六：专业的人设是销售人员的个人品牌，可以让客户先入为主地产生信任。

法则五十七：顶尖的销售人员，总是引导客户自己提出销售人员心中的那个方案。

法则五十八：在客户对产品产生渴望之前，一切细节讲解总显得枯燥，容易引起客户的抵触情绪，并且重新唤醒客户的防备心理。

法则五十九：如果没有过硬的业务知识，在产品方案推介中，销售技巧和方法论是失效的。

法则六十：只有客户对产品方案的价值充分认可之后，才能跟客户报价。不要提前报价！

法则六十一：《处理拒绝六步口诀》

及时回应，绝不回击；
立场一致，深度共情；
求同存异，强化共识；
不怕拒绝，继续尝试；
调整策略，不行换人；
战败复盘，客户保温。

▶ 关单逼单（大招）◀

法则六十二：方案推介完成，不要等，不要问，销售人员要引导客户做关单动作，如下定、签约、付款等，尽快推动成交。

法则六十三：最后关单阶段客户拒绝成交，事已至此，销售人员没有什么好失去的了，需要加大力度，切换策略，进行逼单。

法则六十四：销售需要了解客户类型，找到合适的定位，从而相应地制定逼单策略。

	正向策略	负向策略
第1步	撸爽点，提供情绪价值	戳痛点，充分共情
第2步	非常享受，产生依赖	非常难受，无法忍耐
第3步	提出关单，维持关系	提出关单，要求改变

法则六十五：《逼单口诀》

> 遇弱则强，遇强示弱；
> 处尊者敬，位低者怜；
> 理性言利，感性念情；
> 同性同好，异性相吸；
> 千人千策，因人制宜；
> 彼有所长，我可赞之；
> 彼有所欲，我可许之；
> 彼有所痒，我可挠之；
> 彼有所傲，我可激之；
> 彼有所痛，我可刺之；
> 彼有所惧，我可吓之。

▶ 止损保温（后手）◀

法则六十六：对明确战败线索，不宜持续投入跟进。投入产出严重不符，销售人员需要止损、保温。

法则六十七：战败不是战斗的结束，还有大量后续工作要做。

- 如果是因为销售人员个人原因导致的战败，马上换人跟进，调整销售策略。

- 如果是因为销售策略不当导致的战败，项目输了，之后的项目还有机会。
- 如果是因为产品竞争力不足导致的战败，客情依然需要维系，产品需要升级。
- 如果出现大量客户因战败流失，公司必须进行整体性复盘，调整战略，进行变革。

法则六十八："止损保温"三句真言：
- 设定止损线，逼单失败不纠缠。
- 买卖不成仁义在，时机成熟再找我。
- 拒绝我没关系，帮我介绍客户，补偿一下我呗？

▶ **锁定胜局（收式）** ◀

法则六十九："锁定胜局"三件事情
- 管控意外，落袋为安。
- 做好服务，维护客情。
- 推荐朋友，打造私域。

法则七十：销售人员深刻理解了决策、购买、销售的原理之后，需要根据具体情况，灵活运用方法论和技巧，切不可生搬硬套流程和话术。

从销售到管理

法则七十一：人事业务，双管齐下。抓人事，团队才会有士气、有战斗力；抓业务，找到正确的方法和策略，士气和战斗力才能转化为战果！

法则七十二：运筹帷幄，身先士卒。管理者不能脱离战斗，销售管理者不能远离客户。

法则七十三：氛围民主，纪律严明。这样销售团队才能增强凝聚力，并且形成集体战斗力。

法则七十四：善用激励，奖惩分明。正向必奖，负向必惩，奖惩及时，循序适度。

法则七十五：销售激励要严格遵循"多劳多得，优劳优得，所见即所得"的原则；激励兑现周期一定要匹配销售周期。

法则七十六：销售人员需要精神激励，但不能脱离物质谈精神，所有激励的基础是有吸引力的利益分配。脱离了物质激励谈荣誉激励就是画饼充饥。

法则七十七：销售人员的竞争是激烈而残酷的，优胜劣汰，弱肉强食。销售管理者需要心力强大，能量充沛，才能带领团队持续前进。

法则七十八：销售经理的主要功能是抓文化、抓纪律、抓业绩，三者缺一不可。

法则七十九：销售经理每天做的六件事：早晨开晨会，上午盯业务，午餐会交流，下午盘策略，傍晚开夕会，如有必要晚上"加餐"。

法则八十：销售是一份极具挑战和成就感的工作，只有真正热爱它才能做好，祝你成交！

后 记

销售是一个非常值得尊重的工作；在职业发展中，也是一个人人必备的软技能。

对我个人而言，我之所有无比尊重销售这个工种，最重要的原因是：深谙销售之道，也能让我们成为更好的自己。销售之道表现在对人性深层次的理解，以及对自我情绪和行为的控制。

在本书中，不管是客户大脑的决策机制、需求的全生命周期、购买的流程，还是销售的"三段六式"，都是在分析人的心理，研究如何顺应这些心理，引导这些心理。本书通篇都在讲如何洞悉客户的人性，但是，更加重要的是销售人员要洞悉自己的人性，并且控制自己人性中的负面因素。

销售是一个对抗人性的工作，尤其是要对抗自己人性中的懒惰、恐惧、贪婪，一个优秀的销售人员总有一颗强大的内心，心中总有一团不灭的火焰，总会让自己充满能量，可以紧紧地压制住自己人性中的懒惰、恐惧、贪婪，在激烈的竞争中砥砺前行。

在不同行业中，从线索到成交的转化率各不相同，但毫无疑问都很低。

我所在的行业的转化率从千分之个位数到百分之个位数不等，转化率超过10%的销售人员凤毛麟角；2B软件行业的转化率为10%～20%；IT设备的转化率高一些，偶尔可能高于20%……

这意味着对于销售人员来讲，成交是小概率事件，而被拒绝才是常态。虽然我们内心渴望"一出手就成交"，但对于大部分销售人员来说，在大部分场景中，一出手就会被拒绝。

日复一日，面对永无止境的尝试，面对常态化的拒绝，人的惰性都会被激发出来。面对每天扑面而来的高强度竞争，谁都是挣扎着才能起床；一想到高高在上的业绩目标，谁都不想去上班；一想到一开口就可能会被拒绝，谁都会情绪低落……但优秀的销售人员总是会抱着对"赢"的执着信念，每天激励自己，重新收拾自己，披上战袍——或西装、或职业装、或工装，精神抖擞地投入一场场新的战斗当中。

面对陌生人，面对充满质疑的目标，面对不友好的回应，甚至带有一丝丝的粗暴和无礼，人都会抗拒，甚至心生恐惧，不管多么外向的人都不例外，人都喜欢做让自己轻松愉快的事情，人都不喜欢做让自己难堪的事情。但销售人员会迅速调整自己的状态，把恐惧、羞怯、尴尬埋藏在内心深处，不管对方处在什么情绪状态，总会以饱满的热情和勇气来面对他、感染他。

销售是做人的生意，目的就是帮公司赚钱，从而获取自己的佣金和奖金。销售是高度利益驱动的工作，这毋庸置疑。销售的链条很长，利益环节很多，竞争很激烈。同时，销售的自主性和自主权都很大。

部分销售人员会心存侥幸，剑走偏锋，甚至走歪门邪道，串通客户甚至竞争对手不当获利。而优秀的销售人员总是心怀长远，心存敬畏，尊重客户和公司，坚持道德标准，克制住自己内心的贪婪，而不被短期利益所蒙蔽。

销售管理也不是一件容易的事情，对于管理者而言，销售是需要长期建设、长期维护、长期运营的工作。销售高度以人为本，但又决不能依赖个体；销售追求高能量状态，以应对高强度竞争，但又要避免个体和组织的过度折损和疲劳；销售主要以利益驱动，但又非常重视文化和氛围……

为了持之以恒地追求高绩效表现，销售的激励、文化、制度、系统都需要齐头并进。这对销售管理者，尤其是对以销售为主业的综合管理者提出了较高的要求。

本来我只是想简简单单写本客户心理学、销售技巧的书，从而帮助销售人员提高销售转化率和关单能力，获得更好的职业发展。但是写着写着就延伸到了销售体系建设、线索和需求的生命周期管理、销售团队管理，以及销售人员的心理建设，也希望本书对销售管理者有所启发，对你们的业务有所帮助。

后 记

在这个过程中,我享受到了创作的快乐和分享的快乐,是这种快乐让我在工作之余坚持写作。从初次提笔到本书付梓,前后历时约一年,共交付16万字。为了这16万字,我估计一共产出了30多万字,删删减减、修修改改直到最终定版,感谢赵屹、解文涛两位老师在这个过程中的指导和支持!

感谢陈劲教授。二十多年前,陈老师在浙江大学教书的时候,我就蹭他的课;陈老师到了清华大学,我竟然还能得到他的指导,并且拿走了他的好几本书。"师者如光,微以致远",感谢陈老师的管理学启蒙、指导、鼓励以及为本书作序。能得到来自管理学界重量级学者的认可,令我受宠若惊,学生将继续努力。

感谢陈老师的博士后学生,我的高中同学、好朋友于飞,于博士在本书创作初期、后期均给了很多有价值的建议。

感谢广汽埃安新能源的古惠南先生、纷享销客的罗旭先生、水滴科技集团的沈鹏先生、CGL集团的庄华先生。以及范厚华先生、苏杰先生、贺学友先生、林学聪先生的推荐。

最后,我要特别感谢您——我的读者,感谢您在茫茫书海之中选择了我的作品,希望这本书让您不白读,对您的工作有实质的帮助。

长期从事用户增长的职业习惯敦促我向您提一个小小的请求:如果您对本书还算满意,此刻能否写几句书评发在您的朋友圈、社交媒体,或者您购买店铺的商品评价页?帮助我,也帮助更多正在苦苦摸索的销售人员,非常感谢!

洋洋洒洒写了16万字还没有尽兴,总感觉在很多领域还没有写透。所有未尽话题,我们下本书见吧!

祝你:一出手就成交!

《一出手就成交》销售工具箱

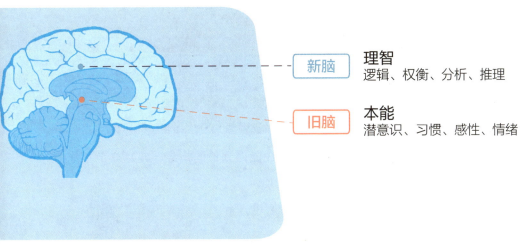

新脑	理智	逻辑、权衡、分析、推理
旧脑	本能	潜意识、习惯、感性、情绪

第一阶段 旧脑：以友好建立联系
- 起式：初次沟通
- 虚实：明确需求

第二阶段 新脑：以理性推介方案
- 出招：推介方案

第三阶段 旧脑：以感性促进决策
- 大招：关单逼单
- 后手：止损保温
- 收式：锁定胜局

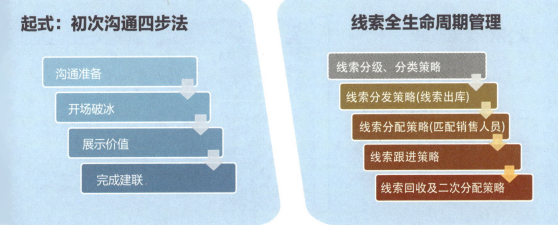

起式：初次沟通四步法
- 沟通准备
- 开场破冰
- 展示价值
- 完成建联

线索全生命周期管理
- 线索分级、分类策略
- 线索分发策略（线索出库）
- 线索分配策略（匹配销售人员）
- 线索跟进策略
- 线索回收及二次分配策略

虚实：明确需求五步法

- 明确销售对象
- 需求挖掘
- 需求强化
- 需求收敛
- 需求明确

客户需求全生命周期管理

销售动作	需求挖掘	需求强化	需求收敛	需求明确
需求阶段	模糊的需求	发散的需求	初步的需求	明确的需求
客户行为	起念	寻源	权衡	明确

出招：推介方案五步法

- 打造专业人设
- 匹配需求
- 证明收益
- 专业讲解
- 拒绝处理

拒绝类型	拒绝程度	含义	对策
敷衍	☆	客户不认可，但不希望引起尴尬	切换话题，或者择日再聊
沉默	★	客户不认可，并且不在乎尴尬	切换话题，抛出冷场话术，让话题继续
否定	★★	客户直截了当地不认可	继续沟通需求，相应地调整策略
提出异议	★★★	客户不认可，并且有自己的观点	尝试理解客户，并且深刻共情，求同存异
反驳	★★★★	客户不认可，有自己的观点，并且攻击销售人员的观点	可以回应，不要回击；强化共识，弱化差异
断然拒绝	★★★★★	客户中止了销售过程	三次拒绝处理原则

大招：关单逼单

一、了解客户类型
二、设计销售人员的角色定位
三、制定逼单策略

	正向策略	负向策略
第1步	撸爽点，提供情绪价值	戳痛点，充分共情
第2步	非常享受，产生依赖	非常难受，无法忍耐
第3步	提出关单，维持关系	提出关单，要求改变

后手：止损保温

收式：锁定胜局

- 管控意外，落袋为安。
- 做好服务，维护客情。
- 推荐朋友，打造私域。

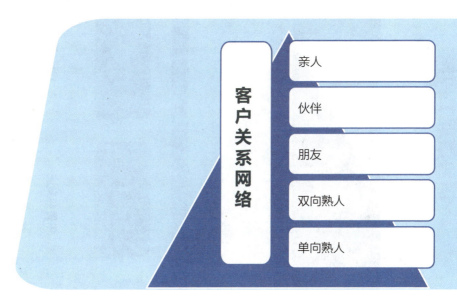

销售管理工具箱

销售组织管理原则
- 人事业务，双管齐下，运筹帷幄，身先士卒
- 氛围民主，纪律严明，奖惩分明，善用激励
- 强大心力，能够承压

抓文化 / 抓纪律 / 抓业绩

早晨
开晨会
一日之计在于晨

上午
盯业务
躬身入局
参与战斗

中午
午餐会交流
名师带高徒
及时复盘

下午
盘策略
运筹帷幄
统筹全盘

傍晚
开夕会
苟日新
日日新
又日新

晚上
加餐
帮扶后进
不叫一人掉队